博雅

博雅文庫

廣博的知識開擴視野；典雅的文章提昇心靈
閱讀博雅——享受知識的樂趣

博雅文庫

鹿橋歌未央

樸月◎編著

臺灣商務印書館

吳氏全家福：右起：鹿橋（吳訥孫），二姐吳詠香，父吳藹宸，兄吳威孫，母楊魯璵，妹吳詠江，大姐吳詠裳，弟吳哲孫（諶德容提供）

鹿橋三兄弟：大哥吳威孫（右），鹿橋吳訥孫（中），弟吳哲孫（左）（諶德容提供）

祝宗嶺（伍寶笙）二十歲　於長沙八角亭 1937（樸月提供）

西南聯大校門（謝宗憲提供）

西南聯大學生宿舍（謝宗憲提供）

「小童」時代的鹿橋　十九歲　攝於雲南蒙自　1938 年

（吳昭屏提供）

中央訓練團歌詠隊　前排左四為李抱忱　右二為鹿橋
1944 5 28（樸月提供）

鹿橋二十六歲《未央歌》完成 1945 6 9（吳昭屏提供）

鹿橋慕蓮結婚照 1951 12 1

（吳昭屏提供）

少年同窗　一生知己　左：鹿橋　右：李達海（吳昭屏提供）

鹿橋初為人父 1952（吳昭屏提供）

帶著愛妻稚子環遊世界走天涯（吳昭屏提供）

鹿橋夫婦於乙園夫妻石 2000 7 30（吳昭屏提供）

考察東方藝術（吳昭屏提供）

李抱忱（前坐者）鹿橋夫婦（搖椅後立）樸月（左二）等於李府 1979 3 24（樸月提供）

鹿橋工作中 1998 12 2（樸月提供）

鹿橋於《市塵居》新書發表會之一 1998 12 10（樸月提供）

鹿橋　周夢蝶於《市塵居》新書發表會之一 1998 12 10

（諶德容提供）

鹿橋為樸月解說《未央歌》手稿（樸月提供）

鹿橋與鹿於讀易齋 2000 7 30（樸月提供）

樸月與婁成後、祝宗嶺伉儷　2000 10 25（樸月提供）

鹿橋金婚全家福 2001 12 1（吳昭屏提供）

「博雅文庫」序

臺灣商務印書館
董事長　王學哲

每一個文明國家，都應當有一兩家出版社，足以代表這個國家獨特的文化。商務印書館自從一八九七年創辦以來，始終以文化事業為己任。本館在台灣創立近六十年，出版圖書超過萬種，成為台灣主要的出版重鎮。

「博雅文庫」是一個兼具知識性、文學性與趣味性的文庫。其內容包含文學、歷史、哲學、政治、社會、法律、財經、宗教、醫學、生化……等範圍浩大廣博，表達的方式趣味典雅，所以稱之為「博雅文庫」。本館特邀請吳涵碧女士主編這套文庫，涵碧女士曾經在文化界服務多年，著有「吳姐姐講歷史故事」五十冊，對於企畫約稿別具慧眼，她一直認為追求知識是社會進步的動力。但是追求知識首先要讓讀者對書籍產生興趣。因此本文庫固然是知識性叢書，卻能引人入勝。

「博雅文庫」的作者群，除了執牛斗的學者、作家，更網羅不同領域的專家，凝結其平生所得，成一家之言，所以「博雅文庫」景緻多變，燦爛雋永，誠如先父王雲五先生所言「以出版提昇文化」。

目錄

翰墨因緣　479

遙寄雲天

樸月

編完了《鹿橋歌未央》的全部文稿、照片，心中充滿了溫馨、喜悅，還有「了卻心願」的愉快與輕鬆。這是我的第二十三本書了，但是，出版這本書，卻不在我自己的規劃之內。也可以說，出這本書，對我來說是個「意外」。

鹿橋姑父雖在文藝界享有盛名，卻一向行事低調。他親近的文友們都知道：他不希望我們「寫」他。因此，我也謹守著他的告誡：不寫他。但彼此在談話間倒有個「約定」：誰先「走」了，另一個人就要「寫」，以誌交誼。

第一次被他「特許」寫他，是在二〇〇〇年我到北京開新書發表會時，認識了《未央歌》裡「伍寶笙」的原型祝宗嶺姑姑。知道我與祝姑姑一見如故，使姑父高興得忘了他的「戒律」，要我寫一篇稿子以誌這段「奇緣」。我提醒他：

「那可免不了會寫到您喲！」

他竟也欣然同意了。於是，我寫了〈我見到了伍寶笙〉，並在《中國時報．人間副刊》發表。

與祝姑姑的情誼，並沒有因著時空的阻隔而中斷；我返臺後，開始與她以電郵飛越海峽兩岸頻密的通信。也因此，我成了《未央歌》裡的「小童」與「伍寶笙」之間音訊的橋梁。姑父在來信中曾對我表示感謝：

「宗嶺那邊多謝你在中間向兩方電傳，飛越太平洋通消息。這是我們半世紀以來最感親切的經驗。」

二〇〇一年的七夕，祝姑姑去世。為了紀念她，我又為她寫了一篇〈依然在我心深處〉；這等於是〈我見到了伍寶笙〉的續篇，寫我們認識之後彼此的交往與互動。但這一篇稿子，因著姑父的癌症復發，病情急轉直下，而沒有給他看，也沒有發表。二〇〇二年的三月十九日，姑父去世之後，我為紀念姑父寫了一篇〈從小童到鹿橋〉，發表於《中時．人間》。《中華日報》副刊主編吳涵碧也來電邀我寫關於鹿橋的稿子，我才從電腦裡把〈依然在我心深處〉找出來，交由「華副」發表。後來又應她之邀，發表了〈往事如煙──鹿橋姑父與我〉和〈一生一代一雙人──鹿橋與慕蓮的故事〉。

沒想到這幾篇稿子，促成了今日這本書的出版。涵碧從「中華」退休後，應「商務」之聘，擔任顧問，也負責規劃出版事務。她想起這些與被稱為「商務鎮館之寶」──《未央歌》相關的稿子，興起結集出書的念頭。

姑父久居海外，因此，他雖以《未央歌》、《人子》名滿華文世界，有機會「認識」他的人卻不多。能與他深交的，更寥寥無幾。她認為，出版這樣一本書，可以幫助喜歡《未央歌》的讀者，進一步的認識鹿橋其「人」。更何況，我還是絕無僅有不但認識《未央歌》裡的「伍寶笙」，還有幸被她許為「忘年知己」的！

我也認為，姑父應該有一本幫助讀者認識他的書。但就這幾篇稿子結集出書，雖然省事，卻不是我所能認同的做法。一則那太單薄，二則也太片面了；我與姑父、姑姑之間，彼此親如家人，熟不拘禮。尤其姑父，基本上一直還是「小童」心性。我又是從小在長輩嬌寵之下長大的，對長輩人品、文品檢視甚嚴，不輕許可。但對我所親近的長輩，相待的態度，卻不是「敬畏」，而是「親愛」。尤其，我們彼此既許為忘年知己，又都有些小孩心性，相處間，雖然也常有嚴肅談文論史的時候。平居之間，卻總是「沒大沒小」的，談笑雅謔，不拘形跡。就「以誌交誼」的層面來說，這當然有「存真」的趣味。但以我們相處的關係來「認識」鹿橋其人，未免太淺視了鹿橋，對他並不公平；他不僅於此。除此之外，鹿橋有他文化底蘊深厚，博學深思，屬於「哲學家」的一面；有他自處於天人之際，方圓之間，自然素樸，返璞歸真，屬於「自然之子」的一面；有他在本業上治學嚴謹，獨樹一幟，為學術界欽仰推崇，屬於「學者」的一面；有他溫良恭儉，雅人深致，屬於典型「文化人」的一面；有他率性任真，摯誠無偽，年逾八旬，依然「赤子之心」的一面；有他包容寬厚，關愛青年學子，欣然提攜後進，深具「長者風範」的一面……這些，都不是我那幾篇文章所能呈現的。

因此，我希望的做法是：由我無條件的把我所擁有的資料和資源提供出來，請「商務」另聘「能人」來做這件事。

但涵碧認為，「商務」想出版的並不是嚴肅專業的傳記或紀念文集，而是一本很人情味、很溫暖，結合鹿橋與《未央歌》的書。「做」這樣一本書，以我與鹿橋夫婦和伍寶笙（祝宗嶺姑姑）之間親睦深厚的情誼，是「捨我其誰」，不作第二人想的。

但她也承認我的想法並沒錯；只就我的「觀點」來認識鹿橋，是「不公平」的。因此，提出了「折中」的方案：我的文稿他們當然是要的。但我可以又「寫」又「編」，把我認為重要的文章、資料收錄書中。

我面臨了一個抉擇：在我的抉擇裡，是可以撇開我個人的因素的；因為，我不認為這一本書對「樸月」有多重要。但，對「鹿橋」的意義就不一樣了。他的作品與文學定位，後世自有評論。但，這將是為他這個「人」留痕的書！鹿橋姑父是否應該有這麼一本書？答案當然是肯定的！因此，我對吳涵碧的答覆是：我願意考慮。

對我來說，於心耿耿，需要慎重思考的問題卻是：我不知道鹿橋姑父是不是願意由我來為他「編寫」這本書！因此在答應考慮之後，我習慣的仰首穹蒼，以姑父生前我們對話的聲口語氣，對他提出「警告」：

「您得乖乖地讓一切順利進行，不許搗亂！如果進行不順利，疙疙瘩瘩的話，我就視為您沒有意願要我為您編寫這本書，那我就『不玩了』！」

我能這麼「理直氣壯」的跟他說「這種」話，因為雖然是我「編寫」這本書，「主角」可不是我！所以，我不認為這是「我的」書，而是「他的」書。而且，我雖然著手進行編書作業，卻還沒有正式與「商務」簽約，隨時可以放手。那，他若真想「要」我為他編寫這本書，當然得「合作」一點，不能找我「麻煩」！

著手挑選我想要的文稿並不難；我大致上胸有成竹。除了我隨手保存的資料外，他生前也曾把一些相關的資料、照片交託給我，並把許多他認識的親友介紹給我（現在想想，好像他早預見了這件事似的）。選取這些「熟人」的稿子，授權當然都不成問題。像雷戊白不但提供她在《傳記文學》上刊登的長稿，還幫我約了她與鹿橋姑父中學同學的父親雷穎伯伯寫稿。張素貞姐也立刻就把授權書寄了回來，並主動聯絡為她出書的「三民書局」授權。而最讓我感謝的是姑父的「小朋友」少白（謝宗憲），一力承當了為姑父寫「傳」的「重責大任」。

我真正遇到的困難是：我選的文章不僅是這些容易「找到人」授權的，還有兩篇我認為非常重要的文章，寫作的時間距今都超過了三十年！一篇是楚戈先生寫的訪問記〈未央歌未央〉。楚戈先生人在臺灣，我雖然見過，平素卻無往還。經過吳涵碧親自聯絡，陶幼春女士幫忙，很快的取得了授權。另一篇是我從李霖燦先生《會心不遠集》裡選出的〈田園交響樂〉，寫作的年代距今四十年！李霖燦先生已然仙逝，聽說他的兒子早歲出國，定居加拿大，似乎與國內各界都相當疏隔。想循「出版社」的路線尋找，又發現當年為李先生出《會心不遠集》的出版社也早已停業了。

人海茫茫！而這篇李先生為「延陵乙園」寫的文章，我認為以見鹿橋其人，尤其見他崇尚自然的心志極為重要，實難割捨。也許有人認為，時隔四十年了，我就算用了，也不會有問題的。但我不想這麼做，一則，可能讓自己與「商務」都擔上違反「著作權法」的風險。二則，於情於理不合；我自己也是寫作的人，可不想被人這麼對待。

也是「精誠所至，金石為開」吧？李霖燦先生曾任「故宮」副院長，雖然「商務」

已然到「故宮」打聽過，未得要領。但我還是不死心，想起我在「故宮」出版部任職的好朋友宋正儀。打電話去說明情由，並問她是否能幫我查詢尋找李先生家屬的管道。

正儀聽我說完，想了一下，說：她記得去年「史博館」曾為李霖燦先生辦過展覽，當然會與他的家屬聯絡，她幫我去打聽！她的工作效率驚人，當天就有了回音：傳來了李先生的兒子李在中先生的電話、地址和電子郵箱！而當天晚上以電郵聯絡的結果是：第二天我打開電腦的時候，李在中先生的回信已經到了！

李在中先生對這件「天外飛來」的事件也非常驚異。開玩笑說，這本書雖說是我編，恐怕天上還有個「編輯團隊」在冥冥暗助呢！不然，這麼人海茫茫，遙隔萬里的，怎麼可能找得到他？因此，不但同意授權，而且還提供了他父親珍藏與姑父相關的珍貴文件給我使用！

中間另一段驚險的插曲，是我想在書中使用伍寶笙（祝宗嶺姑姑）和她的夫婿婁成後伯伯的相關信件和文章，要請婁伯伯授權。我知道他們前些時才搬過家，因為在同一區，曾說電話不會改。誰知電話打過去，傳來「這個電話號碼已停止使用」的信息。打手機，手機都在關機中。傳電郵，婁伯伯的信給退了。雖然同時傳給明昆大哥的信沒退，但幾天也沒回音。心裡不禁也有點發毛；跟他們聯絡的線斷了怎麼辦？他們的新地址我可沒有呀！

忽然想起，多年前婁大哥曾給過我一張名片。好不容易找出來，上面有手機號碼，跟我手邊的不同。試撥過去，通了。那邊「喂」了一聲，我忙問：

「妻大哥嗎?我是臺灣的劉明儀。」

他在那邊笑了:

「明儀呀!你的信收到了,老爺子說沒有問題。這幾天我們在北戴河渡假,明晚回家。我們回家再通電話,看怎麼把授權書給你。」

他給了我新電話;原來後四碼的電話號碼並沒變,但區號改了。他們回家後,我在電話裡跟妻伯伯、妻大哥都說了話,十分開心。對這件事,他們也都很支持,覺得是件好事。沒兩天,妻大哥就把妻伯伯簽了名的授權書,以掃描檔案傳來了!

編這本書,我也得到姑父家孩子們的充份支持與配合。其實,與姑父、姑姑相交近三十年,因著遠隔著太平洋,又語文不通,我跟他們家四個孩子都沒見過面,也不認識。但大概姑父、姑姑生前常跟孩子們提起有這麼個遠在臺灣的「表姐」吧?他們對我似乎也並不陌生。因此,在二老去世後,老三昭屏主動打電話給我,並努力的使用他不甚熟稔的中文,跟我保持著電話與電郵聯絡。為姑父編寫這本書的事,我是從一開始談,就徵詢他們意見的。他們也都表示樂觀其成。當我提出:我希望書中也能有他們為父母親寫的文章時,老二昭婷、老四昭楹表示願意寫文章紀念父母。讀到他們親情濃郁的文章,為之動容,並深有所感的是:他們真不愧是鹿橋姑父的子女!若非都另有本業,在文學上,必然也能走出一片天地來!

昭屏則承當了為我找照片的工作。為了找照片,他特意從洛杉磯橫跨整個北美洲飛到波斯頓的姑父故居搜尋。然後為我傳來了一百八十多張的珍貴照片!這其中,必然有他對父親的孺慕，也有對我的信任。原本互不相識的「表親」，因此有了親切的互動。想必姑父、姑姑也會感覺欣慰吧？

諶德蓉女士隨詠香姑姑學畫，又嫁給了詠香姑姑的同學董彝九先生。她的兩個孩子，是詠香姑姑的義子，稱姑父為「二舅」。因此，我喊她董嬸嬸。她珍藏著當年詠香姑姑留下的珍貴照片，這一次特意尋出提供；最可貴是其中有一張姑父童年時代的全家福；鹿橋姑父的父母生了九個孩子，存活其六。在這張照片中，我們終於看到了他完整的八口之家。我把照片掃描了傳給昭屏看，他驚訝的說，這張照片，連他都從來沒有看到過！而昭屏除了提供了閩侯吳氏以鹿橋姑父的祖父母為中心的家族照片。此外，又提供了二〇〇一年十二月一日，姑父、姑姑金婚，所有家庭成員全員到齊的照片。這恐怕也是姑父最晚期的照片了；三個半月之後，姑父去世。這兩張照片，在時間上，相隔約近八十年。而影中的人物，涵蓋了鹿橋姑父上自祖輩，下至孫輩的上下五代人！

與姑父高中同學，又同住聖鹿邑數十年的陶光業伯伯，提供了「吳訥孫」（那時還沒有「鹿橋」這個名字）高中畢業時致「哥們」的紀念册留言，少年情懷，宛然在目。謝宗憲（少白）除了寫傳，提供他在乙園照的照片外，又提供了他到昆明時買的「西南聯大紀念册」中的珍貴記錄。李在中先生，更神通廣大，在文字資料之外，竟然給我傳來西南聯大校歌合唱的錄音檔！只為了希望能藉此啟發我編書的靈感。可惜因為是錄音檔，無法在文字書中與讀者共享。石麗東傳來姑父姑姑到休士頓演講時，與美南華文作協文友的合照。吳季芳提供了她與夫婿初訪鹿橋姑父時，姑父複製送她的畫像……林林總總，不能縷述。

這些或喜出望外、或峰迴路轉的事層出不窮；各方的協助、資料竟是「不速而至」的源源湧來。以前總覺得任何工作，能「如意」已是難得。而做這件工作，竟不僅是「如意」，更是「勝意」！這當然不是為我，而是那麼多鹿橋姑父的親人、友人，藉此表達他們對他由衷的敬慕親愛，和對這本書的寄望與支持。這使我明確感應：姑父的確是願意我為他做這件事的！他既如此鼎力「幫忙」完成了這些「非常任務」，我也失去了任何可以半途而廢的「藉口」，當然勉力以赴！

讓我慚愧的是：這件我「獨居其名」的工程，其實不僅有個「天上編輯團隊」為後盾，還有個「幕後編輯團隊」為支援。更令我感動的是：「商務」並沒有編列使用這些文章與照片的經費預算。這些親友們，幾乎都是「無償」的將文章與照片提供我使用的。如果不是他們無私無我的協助與奉獻，這本書絕不是現在這樣的面貌。在此謹致最深摯的謝忱！

完成這麼一本自問已竭盡所能以呈現「鹿橋」的書，對我來說，是為這段深摯的忘年情誼畫上了圓滿而美麗的句點。能以此酬謝姑姑親如家人的關懷，報答姑父許以知己的厚愛。遙寄雲天，亦可告慰姑父、姑姑在天之靈，而無愧無憾了！

鹿橋小傳

引言

在討論這本書的內容時，王壽南教授提出：

「書中應該有一篇『鹿橋小傳』！」

我也認為應該有！但，為鹿橋寫「傳」，卻不是我能力所及；因為我與鹿橋姑父雖然彼此視如「忘年知己」，我所「知」的，只是這個「人」。對他的一生事跡行誼，卻不曾探究。

但我也並不擔心他會沒有「傳」；我心中早有了一位為「鹿橋」寫「傳」的不二人選：謝宗憲——少白。

他不是姑父給我介紹的朋友。知其人，是在當年「清蔚園‧與鹿橋有約」網站的討論區裡。他以「少白」為名，時常回覆一些別人提出關於「鹿橋」的問題，如數家珍。在姑父去世之後，他還貼過一篇「鹿橋年表」。我想，這個人跟姑父一定很熟。問雷戊白知不知道「少白」是誰？戊白說，她認識少白，他是姑父的「小朋友」謝宗憲。

我們開始以電郵通訊，是在姑父仙逝之後。我一直稱他「少白」；對我來說，這個筆名比較親切。

少白是東海大學建築系畢業的。當他一九八四年進聖鹿邑華盛頓大學深造時，姑父正好從華大退休，在校園中失之交臂；他與姑父是在當地華人活動的場合中認識的。姑父本身對建築既有興趣，亦有獨到的研究與見解。學建築的他，與姑父也算同行，當然是「可與言」的。姑父首次出版《未央歌》，是他自己在香港印行的，總印量只有一千一百本，他自己保留了一百本送人。主要贈送的對象，是聯大師長、同學及親戚，很少送給後生晚輩。回美後，因為存量不多了，格外珍惜，就收了起來。而姑父特別親自題字，送了少白一本。由此可知他深受姑父賞識，是被姑父視為親近的「小朋友」之一的。

他一九八六年在華大得到建築與營建管理雙碩士，一九九〇年回臺開業。一九九二年以臺中市市立示範托兒所設計案，獲得省政府優良建築設計獎。

雖然回了臺灣，一年間，他還會回聖鹿邑一兩次。去的時候，就住在姑父家裡。在姑父的朋友中，少白恐怕是他生命末程最後「見」到他的人。姑父一直很關心他的終身大事。在姑父去世的前一個月，少白特地帶著未婚妻去波斯頓給姑父、姑姑看。姑父病重後，身體虛弱，就很少見「外人」了。顯然對他而言，少白不是「外人」。這一次見面，總算讓姑父對他的婚事放了心。

因此，對〈鹿橋小傳〉我有恃無恐；能為鹿橋寫年表的人，當然就能寫傳！而以他與姑父的深厚關係，他必不會推辭。

感謝他一力承擔寫「傳」的重責大任！對日後研究鹿橋的人，這一篇〈鹿橋小傳〉

將居「重要文獻」的地位，是無可置疑的！年表，也出於少白。內容雖與「小傳」重疊，但在了解鹿橋一生行誼上，具有「一目了然」的便利。

姑父在出版《市廛居》時，親筆寫了「簡介」，特意傳給我一份保存。附在書中，也是難得的一件珍貴文獻。

家譜，則是我以姑父這一房為上線而編寫的。從他的曾祖父，到孫女，上下六代。前幾代的資料，來自陳曼宜姐；她的母親是姑父的堂姐吳語亭女士。這份家譜，應該算是我送給四位表弟妹的禮物；為他們留下一份「中國傳統」的根源。因為他們生長在美國，所以也都附了他們與配偶、女兒的英文名字。

這一章節中，配置了姑父的家人，和與他半生經歷相關的照片，這些照片，將帶我們走入時光隧道，重溫姑父獨特豐美的一生。

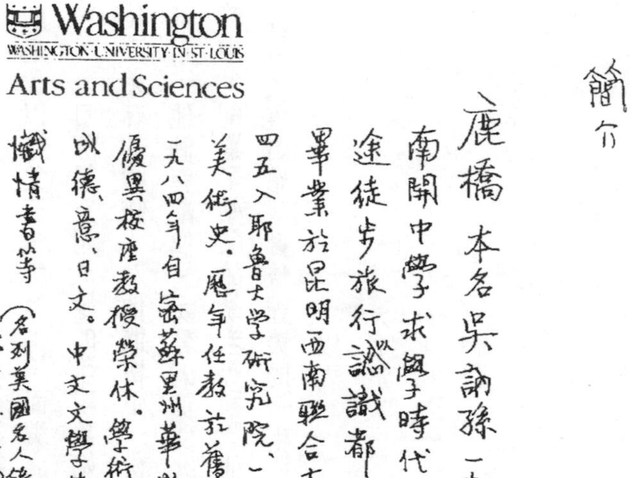
Washington
WASHINGTON·UNIVERSITY·IN·ST·LOUIS
Arts and Sciences

簡介

鹿橋 本名吳訥孫 一九一九年生於北京。在天津南開中學求學時代多次或偕伴或獨自作長途徒步旅行認識都市以外之大中華。一九四二畢業於昆明西南聯合大學留校為助教一年 考取自費留美 一九四五入耶魯大學研究院、一九五四年得博士學位專修美術史。歷年任教於舊金山州立大學、耶魯大學一九八四年自密蘇里州華盛頓大學以麻林可德優異校座教授榮休。學術論文多以英文出版或譯以德、意、日文。中文文學著作有未央歌、人子、懺情書等（名列美國名人錄、世界名人錄）Marquis. Who's Who in America / Who's Who in the World 因有三個基金資助，名稱皆長，且是英文縱簡也好。

Nelson I. Wu
Edward Mallinckrodt Distinguished
University Professor Emeritus
6306 Waterman Avenue
St. Louis, Missouri 63130
(314) 725-7227

鹿橋親筆簡介

吳訥孫（鹿橋）小傳

謝宗憲

吳訥孫，筆名鹿橋，英文名Nelson Ikon Wu（Ikon是他的小名音譯）。是位左手寫詩篇右手寫論文的作家及學者，集理智研究與感性創作於一身。在西方藝文界，他是位知名的中國藝術史教授，名列美國名人錄、世界名人錄。曾得過傅爾布萊特和古根漢獎金的研究講座學者榮譽（Fulbright and Guggenheim Fellow），榮獲愛德華．莫林可德優異校教授頭銜，並以傑出特級終身教授頭銜退休。一九九八年，華盛頓大學與聖路易美術館聯合成立「吳訥孫學術講座」以表彰他在學術上的成就。在華人文壇，他則是位以《未央歌》、《人子》等暢銷書知名於世的作家。許多人認為《未央歌》的人物、情節脫離現實，然而《未央歌》裡純真善良，樂觀自信，認為甚麼事都不難的人物對吳訥孫而言並非虛構。細品他的一生，吳訥孫本人活脫脫就是個從《未央歌》世界走出來的角色。

一九一九年六月九日，吳訥孫出生於元明清故都，文化重鎮的北平。早一個月，北平學生因抗議在法國巴黎召開的和平會議，決定把一次大戰戰前德國在山東的一切權益交給日本，而北洋政府竟準備在和約上簽字，因而掀起了五四運動。許多知識分子大力

鹿橋與謝宗憲於波斯頓 2000
（謝宗憲提供）

鹿橋徒步旅行　穿破千雙鞋 1936
（吳昭屏提供）

提倡新文化運動，主張以白話文取代文言文。西方的多種政治哲學，如無政府主義、共產主義等，也紛紛在中國的知識界傳播，使中國出現一次前所未有的思想大解放。這年十月，孫中山改中華革命黨為中國國民黨。在政治、文化上，這是波濤洶湧的一年。

吳訥孫祖籍福建福州（閩侯）。吳家為福州仕宦世族，詩禮傳家，文風鼎盛，從乾隆至光緒百餘年間出了十一位舉人，三位進士。吳訥孫祖父吳弼昌（號訥瓶）為光緒乙丑科舉人（一八八九），曾任山東濰縣縣令，訥孫之名即由祖父名號而來——訥瓶之孫。父吳藹宸行三，舊體詩做得很好。北京大學畢業後出國留學，精通外文。雖然學的是礦科，但是身處動盪時局，未能學以致用，幾番被政府派去辦外交。一九三〇年代末期曾派駐布拉哥，海參崴等地為總領事，一九六五年八月在北京逝世。吳藹宸生了子女九人，但只有三男三女長大成人。訥孫行二，兄威孫，弟哲孫，二姐為畫家吳詠香。

一如傳統簪纓門第，吳家重視子弟教育，從小請了名師宿儒來家塾教孩子中國古籍。父母家教亦甚嚴，吃飯時要求碗裏一粒米都不剩（《市廛居》P.142），因此雖然身處新舊交替，西風東漸，白話文取代文言文的時代，在這樣的家庭背景下，吳訥孫薰陶出他根柢深厚的人文素養及傳統農家節儉情操。雖說自廿六歲赴美讀書起在美國住了五十餘年，他一直保有中國傳統讀書人的情操與習性。

一九二六年吳訥孫六歲時，隨母親去福州老家省親，由於在北方講的是官話（國語），福州老家人的話他一概聽不懂。在那兒呆了幾個月，北伐的革命軍逼近福州。當時，他的祖父剛去世，而父親早兩年出任外交部駐湖北交涉員，釐定章制接收漢口俄租界，並兼任特區管理局第一任局長，當時在湖北省做事。於是祖母和全家上下討論後商定，家中的命根子，訥孫三兄弟都由一位家塾老師帶回鄉下暫避。在鄉下，孩子們都被美麗的鄉土風情所吸引，成天在鄉間嬉戲。這年十二月革命軍來到了鄉間，村人開歡迎會，這是吳訥孫第一次見到青天白日旗（《市廛居》P.231）。

沒多久，父親來信要全家到天津去。船經過了山東煙臺，水手們迅速地把青天白日旗換成了五色旗，原來在北洋政府轄地看見青天白日旗會開炮的。一路的海水沒有大風波，人世上倒是有一場巨浪狂濤。雖說南北交戰卻不礙民間交往，回憶這件事時他說：『中國文化的特色就是，政權甚至武力可以使國家分化，人民的理想是彼此認同與和平的，帝力於我何有哉』。（《市廛居》P.233）吳自小就有「朋而不黨，更不吞聲哭」的觀念氣度，對於政黨更沒什麼好印象。一九四四年吳考取自費留學後，去重慶接受出國前訓練。他是三十一期中央訓練班第六中隊的隊長。受訓時隊職官要求學員們入黨，只有三個人不肯，其中一位就是吳訥孫。

到天津後，吳訥孫隨即去了漢口，但住沒多久又回天津。一九二七年他在天津上學，一九三〇年在天津公學跳級念初一，三一年時轉學天津南開中學。一九三六年畢業，是這一屆最年輕的學生，他得到了獎學金，保送燕京大學。

中國傳統教育觀念並不在培養專業技術人士，而是在進德修業造就人格。讀書人的胸襟是為天地立心，為生民立命，繼往聖絕學，開萬世太平。西方教育思想傳入後，西方的專才教育才讓中國人有了學什麼專什麼的觀念。吳訥孫小時候大家對教育的觀念還是很中國，很傳統的，他就在這樣的看法中成長。終其一生，這個基調始終未改。他當了一輩子教授，始終認為大學教育應該是培育通才，而不是技術人員。他對子女、學生、青年朋友的期許也是要跳出這個學什麼專什麼的窠臼才好，如此才能做人。

吳訥孫少年時代，參加過李抱忱指揮的合唱團，唱過太和殿前千人大合唱①。沒想十幾年後在李抱忱新港居所結識了李的表妹，也是他日後的妻子薛慕蓮。就讀天津公學時，有一位鄭菊如老先生教他中國古籍，上課之外常跟他說古道今。上南開中學時，吳訥孫從葉石甫及孟至蓀兩位國文老師身上受益良多。當時的吳訥孫也不真的是循規蹈矩，一心向學的學生。常常被主任傳去談話。他不記得犯過什麼大錯要叫去受申斥，也不記得談了些什麼，只記得先生坐在一張大辦公桌後，背後牆上掛著的一個立軸，軸上寫著李白的〈秋下荊門〉及蘇軾的〈詠郭熙秋山平遠二首〉。吳站在桌子旁邊，先生說話時間多，吳應對的時間少，注意力集中在思索這兩首詩的含意。（《未巳集——南開中學一九三六班師生文集之三》P.27）

許多人認為吳訥孫自幼由家塾老師開蒙學習中國古籍，從小就對文學有興趣。但據他自己描述，『十二歲插班上南開初中二年級，那時好動貪玩，第一次離家住校，唸書成了次要的事，生活才是真經驗。一學年下來，上下兩學期各有三門不及格。南開規矩是若上下學期不及格是三門同樣的功課，或是兩學期六門不及格的功課中有國文，英文，算學各一門就要刷出去。（我）這三門有兩門不及格，上下學期不及格科目又不同，於是得以補考升級。（我）並不是從小就喜歡文學』（《未巳集》P.28）

吳訥孫的文學創作經驗，恐怕萌芽於寫日記。他的教育，日記經驗佔有很重要的成分。他自小寫日記，多年來從未停歇。寫日記讓他練習觀察、分析，記實，也提高了他的創作能力。他認為日記不是記事而已，大事自有存檔，他用日記訓練思想方法及分析人情。（《市塵居》P.006）初中時已寫了十幾本，高中畢業徒步旅行南下時，把日記和一些物品寄存在天津的朋友家中。後來由於抗戰的烽火，他沒再回去，這些日記都散失了。（《市塵居》P.005）

南開中學畢業那年，吳訥孫十七歲，得獎學金保送燕京大學。這時他向遠在西伯利亞任國民政府駐布拉哥總領事的父親請示，想要休學一年，徒步旅行看看都市以外的中國。（《市塵居》P.256）吳念中學時「南開少年團」經常外出郊遊踏青。畢業那年春假曾遠赴泰山，曲阜和鄒縣。但隻身徒步旅行，還是從未有過的行為。吳訥孫會興起這個念頭，主要是被他親身經歷的一件事震嚇到了。

當時吳家叫了工人修屋子，吳訥孫一人在他的房裡讀書。中午時分女僕對他說：『少爺你去吃飯吧！這兒有我呢。』吳訥孫一時也未多想就離開了，過一會他才突然意識到女僕是在那兒幫他看著工人，不讓他有機會偷東西。日後談起這事時，吳訥孫仍很難過的說：『同樣都是來自農村的勞動者，只因為女僕在我家，她就可以去懷疑另一個勞動者的清白，怎能這樣呢！』這事讓他驚覺到販夫走卒的世界竟然與他的生活有如此大的差距。所以他想旅行中國，用一年的時間，徒步看祖國河山，經歷一下各地風俗，並親身體驗農村農民生活。

由於書信往來甚慢，他只好先進燕京生物系等待來信。十月間父親回信許可了他這一請求，但要求一定要有同伴。於是，吳訥孫收拾起行裝與南開好友陸智周（後來在西南聯大也是同學，《未央歌》裏的朱石樵的原型。在此前他們已經同在安徽、浙江一帶走過一千五百多里路）一九三六年十一月自天津出發，沿津浦路南下，一人背了一個背包。一九三七年六月因陸智周要去北方投考大學，兩人在徽州分道。陸智周東行去杭州，吳訥孫去祈門及景德鎮。（《市廛居》P.256）當他走到南京時，蘆溝橋事變發生了。平津的幾所大學遷移至長沙，吳訥孫也中止了他的旅行，進入位於長沙的國立第一臨時大學。

在當時徒步旅行絕不是件遊山玩水般的賞心樂事。好幾次因為走過的地方，在國軍剿匪戰爭之後，貧苦特甚，有時要日夜不停才能走出一個沒有人煙的地帶。身上需隨時攜帶乾糧，有時預先把信寫好帶在身上，若真遇到不幸，只希望有善心人士代他發那最後一封家信。（《市廛居》P.150）至於盤纏，則是由家裡依旅行路線分次將錢匯至前頭的城市，等吳訥孫到了再去領取。出外靠朋友，沿途遇到年長的人，吳訥孫滿口大爺大叔，一路都有人幫他。那八個月，大江南北他走了大約一萬五千華里（約七千五百公里）。

吳訥孫自己認為，由於這一番看山野農村的經歷，使他瞭解了當時的社會，「體驗到中國和中華文化，對他後來升學、讀書以及對世界前途的思索有著極大的影響。」（《市廛居》P.295）。吳生長及求學過程都在都市裏，對於中國農村及農民，他始終充滿了溫情及敬意。但究其一生的農家經歷，主要就是這趟旅行。曾有人問他：『中國文盲佔百分之八十五，怎麼現代化？』他的回答是，中國識字不識字的人算在一起，至少有百分之八十五以上的人都有教養。而且識字的人並不見得比不識字的老太婆、苦力、農夫有教養。（《市廛居》P.47）談到文化遺產，他認為中國傳統文化把人世與自然視為一體的人生觀，在青年一代若因為西化、工商業、政治法律而被拋棄了，還來得及在農村中、老農夫、老農婦的行止中找回來。（《市廛居》P.45）這些觀察與期許，恐多是來自這趟旅行。

西南聯大與《未央歌》

一九三七年七月七日發生了蘆溝橋事變，中日戰爭爆發，未幾平津淪陷。八月，清華大學奉令與北京大學、南開大學在長沙合組「國立第一臨時大學」。十月十日，臨大正式開課。一九三八年一月，南京淪陷，政府遷都重慶，只得再將臨大遷往雲南昆明。第一學期結束後，全校師生，分海陸兩途入滇。吳訥孫走的是海線，自長沙由粵漢鐵路至廣州，搭船至香港，由港乘輪至安南之海防，再自海防乘滇越鐵路抵達昆明。臨時大學遷滇之後，旋奉令改名「國立西南聯合大學」。吳訥孫出發前把身外物都打發了，只將許多書同自七七事變起寫的好幾本日記，寄存在南開中學老同學在長沙的家裏，這些東西後來在長沙大火裏都燒成了灰。（《市廛居》P.05）

聯大集合三校精英，可說名師如雲。就文學院來說，中文系有詩人聞一多、朱自清、作家沈從文諸人，外文系有一十三歲就當上北大教授，又是文學重鎮「新月派」的大將葉公超、學貫中西的民國第一才子錢鍾書，哲學系有當時中國最有影響力的哲學家馮友蘭等，歷史系有雷海宗、陳寅恪、姚從吾、錢穆諸大師，無論人格、學識，都是一時之選。當時物資欠缺，生活清苦，瘴氣瘧疾橫行，教室宿舍都是土磚屋茅草房。但這群來自大江南北的學生臥虎藏龍，日後卻也出了不少名人。最著名的當然是諾貝爾獎得主楊振寧，李政道。在當時的學生裡，後來各領一時風騷的殷海光、吳訥孫還不算是頂有名的②。

在西南聯大這幾年是吳訥孫一生中最值得留戀的時光，在這裡他成長為一位智識上體魄上都成熟的青年。昆明也是他最喜愛的中國城市，曾有一度他還打算死後將一半的骨灰埋在昆明。聯大時的吳訥孫愛種花，特別喜歡種竹子和菜。喜歡唱歌也作歌。他還參加了學校的排球隊，代表學校參加比賽。他是愛思考的人，經常思索人類前途及人生歲月。在戰時能夠上大學是多不容易的事，因此他有一種嚴肅的責任意識，立大志向，要解決世界大事。當時因為對世界的未來沒有明確看法，想不出有什麼理由把新生命領入這世間來，所以打定主意不結婚了。（《市塵居》P.28）有時對某些問題苦思不得其解，只好去請教哲學系教授馮友蘭，馮笑著說：『你想得太辛苦了，去運動運動吧。』

吳訥孫原先唸燕京大學生物系。到了昆明先是不分系，在校友會的資料中有一時期還把他算在了哲學系裏，而吳卻自以為仍在生物系，他只是旁聽了兩門馮友蘭與馮柳漪的哲學史。後來他接到了父親的來信，那時父親已調至海參崴，要求他學習國際公法，

將來與父親一樣入外交界。吳訥孫便又旁聽了政治系的外交史。（《市廛居》P.257）

聯大的大一英語教學延續清華的方法，分小組教學，每組廿人左右，共分十六組。錢鍾書在一九三八年十月抵聯大，在外文系開三門課，吳訥孫的大一英文就分在錢鍾書組。吳訥孫的表現，特別得到錢鍾書的注意與鼓勵（《市廛居》P.295，《懺情書》P226）錢鍾書在聯大的時間很短，一九三九年十月離開了昆明。吳訥孫對錢鍾書的學問佩服不已③，在一九九一年還託人將《未央歌》轉交給錢鍾書。

讀大二時吳訥孫對文學發生了很大的興趣。他的寫作習慣是從那時開始，每天平均總得寫好幾千字，在聯合大學沒有先生督促，朋友之間彼此喜歡他的作品他就不斷的寫。這些文稿，保存了滿滿一箱子，內容都是和昆明的學生生活有關的。每一本約兩百頁，字寫得很小，有些是日記、短篇、或幻想故事，有些是詩，也有歌，其中有一本後來以「懺情書」之名在臺發行。（《市廛居》P.292）當時上海有一本極走紅的綜合性雜誌《西風》，於一九三九年刊出了徵文的消息，題目是《我的——》。（《市廛居》P.293）吳訥孫投了三篇，其中一篇是《我的妻子》，雜誌社給加了副標題〈結婚第一年〉，文章在六百八十五名參選者中被評為了第八名。這次的徵文是他在文壇上第一次嶄露頭角。值得一提的是，張愛玲也投了文章，拿到了名譽獎的第三名（第十三名）。

一九三九年秋，戰事彌漫歐洲，其父下任後在倫敦寫書，由於德國飛機的疲勞轟炸，其父便帶著家眷回到香港。於是吳訥孫便又休學去香港省親，當面向父親懇請准他入文學院。這次會面有個小插曲，吳父看到了那篇徵文，問他「什麼時候結的婚？」吳訥孫才知道某些事情是不能隨便亂寫的。

抗戰時淪陷地區來的大學生多要打工，否則憑每月七元的貸金（後來增加到廿多元，但校內包伙就要十餘元）實在無法維持生活及學業開銷。除了寫文章，吳訥孫三年級時考入了昆明廣播電臺，據說這個電臺性能是抗戰後方最高的。他打工兼做播音員，播紀錄新聞是主要工作。夜晚二時到四時把重要新聞播送到敵後地下工作人的各基地，供他們編報紙用。那一陣他和幾個同學學著編寫些小節目，當時吳訥孫的家人從歐洲來香港，便常聽他在無線電上的表演。（《市廛居》P.313）

一九四二年，他由外文系畢業，（《市廛居》P.257）留校任助教。一九四四年的春天，父親一再來函催促出國留學，信中說：這個時候不出去，將來再學外國文的成績就不會太好。父親嚴命報考教育部第一屆自費留學，吳訥孫考取了第十七名。那時出國不是件容易的事，留學考試過了，還得到戰時陪都重慶受一段時期的訓，吳訥孫辭了助教職前往重慶。在等著出國留學那兩三個月，他住在一位父執輩的家中。忽然有了一段沒有著落的空閒日子，他便興起了寫一本小說的念頭。朋友們聽了就為他準備紙、筆和墨水，那時最感缺乏的是紙，朋友想方設法找到了一種很好的紙（《未央歌》「謝辭」中曾提到說感動得要落淚）。鋼筆的藍墨水不夠用了，他就加了水調稀了好用得久一點。為了躲警報，於是每天到後面的山洞裏去寫。

在吳訥孫的回憶中大學歲月有一股「活潑、自信、企望、矜持」的樂觀情調，是個黃金似的美好，身心發育時的生活。可以解釋何以《未央歌》中的西南聯大，會呈現出一種世外桃源般的情調。雖說時間是抗戰時期，這本以西南聯大為背景的書真正要寫的是友情。他認為人生就在少年時期，能讓男孩和女孩忘卻掉性別的差異，成為至交好友。這個時期一過，就要陷入了禮教的規範，不再有體會這種人間美麗情誼的機會。

常有人批評，《未央歌》與時代脫了節，在抗戰那樣的背景下，漫天烽火，怎麼可能有如此清純的生活呢？其實日機疲勞轟炸昆明是從一九四〇年開始，在這之前昆明受戰爭影響其實不大，而校園生活與外界其實是有段區隔的。就以學生伙食而言，也未必如某些人的回憶都是些花生米、白菜、八寶飯④。吳訥孫認為，當時的苦難是衆所周知的，不需要特別強調，「否則這麼一本以情調風格來談人生理想的書為通貨膨脹記起流水賬來，文字還乾淨得了麼？人物性情還能明爽麼？昆明的陽光還會耀眼麼？雲南的風雨還能洗脫心上無名的憂傷麼？」他一貫的態度是「我以為中國人最高的人生哲學，在最艱難的環境裡，也絕不輕易承認失敗，還要露出笑臉來表示，我們樂觀得忘了愁苦，健康得忘了創傷。經人提起時再回頭查看，愁苦的經驗早已無影無踪，創傷早已平復了。於是又高高興興地去忙，去向更高的理想奔走。甚麼事都不難。」有人問為什麼把人寫得這樣，天下那有這樣多的好人。他說：『你是欣賞文學還是看電影？』

《未央歌》裡的主要角色，雖然天資不一，都是年輕而肯用心思索的人。（《市廛居》P226）該書問世後一直有人在猜，作者在這本有點自傳體味道的小說中扮演了那個角色？吳訥孫原本就是「小童」的原型。大余是由兩位學長的儀態合併而成，但也多少加入了吳本人的一些想法，他在序裡提到「書中這個『我』小的時候就是『小童』（小孩子），長大了就是『大余』（長大了的我）」（《未央歌》P.18）。不過，還是小童比較像他本人。

他出國時，《未央歌》已寫到第十章。進了耶魯大學碩士班後，心裡是憋極了，故事傾瀉而出，為了寫這本小說沒去上課，幾乎要被開除。書成當天，是他二十六歲生日。寫完後就在朋友間傳閱，也沒想過要出書，還是同學顧獻樑極力催促，這本書才與讀者見面。

一九五九年，書稿完成十四年後，吳訥孫將《未央歌》帶到香港，自費由香港人生社印刷一千一百本（《市廛居》P.306），其中一千本用一般的紙，印來出售。另一百本用較好的紙，只送不賣。書印好後，第一本送給聯大的校務委員梅貽琦（聯大不設校長，由三個學校原先校長擔任校務委員）。這本書他以「鹿橋」之名發表，這個筆名他從西南聯大時期就開始使用了。原先為「鹿樵」，取深山樵子之意。他念高中時，北京有一名媛名鹿篤桐，是他的乾姊姊，鹿字由其姓而來。後來發現明末的吳梅村曾自署鹿樵生，只好改名鹿橋。《未央歌》發行後頗引人注意，到處都有人討論這本書，普遍受到了青年學子的熱愛。吳訥孫便以鹿橋一名揚名於華人文壇，這本書問世後暢銷至今。一九六七年，書改由臺灣商務印書館出版，迄今仍一再刊行。香港文學史家司馬長風對這部作品頗為讚譽，認為「在戰時戰後時期，長篇小說有四大巨峰：一是巴金的《人間三部曲》，二是沈從文的《長河》，三是無名氏的《無名書》，四便是鹿橋的《未央歌》了。《未央歌》尤使人神往。」（司馬長風：《中國新文學史、下卷》）。一九九〇年《未央歌》被中國時報票選為四十年代影響我們最深的書第一名。一九九九年《亞洲周刊》由來自全球各地的學者作家評選出了「二十世紀中文小說一百強」，《未央歌》列第七十三位。

有大陸出版社請他同意授權出版，他堅持一定要用正體字，直行排印刷。他對簡體字深惡痛絕，認為簡體字斷絕了中國文化傳承的命脈；如果不認得正體字，怎麼去閱讀那些蘊藏著中國文化精髓的典籍？此事遂不了了之。今天在大陸看到的《未央歌》都是簡體字盜版。

西南聯大是抗戰時期三個學校的臨時組合，勝利後就各自復員歸建了，實際只存在八年，但吳訥孫筆下的聯大生活卻鼓舞著一代一代年輕學子的心靈。每一個被《未央歌》感動的讀者，都是在追求一種理想的意境。聯大孕育出未央歌，而未央歌所描述的永恆校園也讓聯大在許許多多的讀者心中復活了⑤。

赴美與延陵乙園

一九四四年除夕，吳訥孫提著一個小皮箱從昆明出發飛越駝峰去印度，（《市廛居》P.221）元旦時抵達了印度。在印度旅行了一個月，最後在孟買上了運輸艦，繞澳洲赴美國，足足走了一個月。（《市廛居》P.48）一九四五年春，他進了耶魯大學，改學美術史，沒多久二次大戰就結束了。當時中國學生一窩風的理工熱，搞文史已屬下乘，學藝術則更是『父母皺眉、女友嘆氣』了（唐德剛語）。吳訥孫學美術史，實在是

鹿橋慕蓮婚宴　李抱忱夫婦（左一、右二）主婚

（吳昭屏提供）

鹿橋夫婦懷抱長子昭明

（吳昭屏提供）

違背當時的主流觀念。但他選擇了適才適性，最接近他心性的道路，這也是他「小童式」的天性流露。研究生時期的吳訥孫課餘還是要打工的，每一兩星期到紐約去一天，做與電影生產有關的中文版的事，如電影對話的翻譯與錄音。除了一些娛樂性的長篇電影以外，他也做新聞短片（《市廛居》P.261），拍過大西洋城選美的片子。一九四六至四七年間，他還在紐約社會研究新學院研究院（New School for Social Research）選習美術心理學及美術哲學。

一九四九年他取得耶魯大學美術史碩士學位，留校任助教並繼續攻讀博士學位。這一年中國發生天翻地覆的大事，國民政府潰敗到臺灣，共產黨則在北京宣布建立中華人民共和國。吳訥孫出國時原本計畫兩三年就回去了。但是局勢變化太大，一切都非人力所能控制。而他所學的美術史這一行在亂世是毫無用處的。（《市廛居》P.77）故里正在土改肅反，而臺灣在他們心中是個孤懸海外的荒島。有家歸不得，他只好客居異鄉，在那兒娶妻生子，成家立業，一呆就是五十多年。

吳訥孫在卅二歲，一九五一那年與薛慕蓮女士結婚，薛慕蓮為衛斯里女校生物碩士。婚後兩年一個，生了四個孩子。老大昭明學建築、老二昭婷學生物、老四昭楹學醫，都出身哈佛。老三昭屏則是上了高一就直接跳班上華盛頓大學，二十歲以雙學士畢業。學生時代就鍾情於話劇，後來當了演員。生子後，他遇一聯大學長，對方問：『原來的大志願到哪裡去啦？聽說你也結了婚，也生了孩子了！』吳訥孫答：『希望我的孩子可以出一份力，我們一起都幫幫忙（解決世界大事）』（《市廛居》P.32）他認為他當父親的責任是『我要盡我貝的文化責任，生養、撫育、教導幾個好孩子，奉獻給人間世。』（《市廛居》P.32）原先兩人都任教職。環球旅行回家後，兩個大的孩子上學去，兩個小的送托兒所。頭一天下班接小孩時，老師說兩個孩子一到托兒所就站在窗前，望著馬路不肯離開，在那兒站了一整天。第二天也是同樣情形，兩夫妻心疼極了。於是吳訥孫懇請其妻辭去教職，專心理家帶孩子。對於這個請求，薛慕蓮雖有微詞⑥，還是辭去了耶魯的職務。從此他們的生活，就靠著剛出道不久的吳訥孫在大學執教，簡直不夠家用的微薄薪水，和寫作的稿費維持。教書沒多久，吳訥孫看到了陳其寬的畫，驚為雋才，打算購買幾幅他認為是重要關鍵的作品，於是與薛慕蓮商量，每月薪水全交家用，演講及寫稿收入則拿一部份買畫。（《陳其寬畫集》序，吳訥孫）雖然艱苦度日，始終不改讀書人習性。吳訥孫是個看事看光明面，與人為善的人，這樣的想法，一直到他晚年都沒有改變；他也用這樣的態度教導兒女，堅持著「乾淨」的為人處世原則。昭屏在某一齣戲有暴力動作，夫妻倆看了氣了好幾天。

既然一時回不了中國，只好在美國經營一個可以安身立命的天地。他很服膺潘天壽傳述弘一大師的名言：寧可文藝以人傳，不可人以文藝傳。為學首在做人，做人才是最重要的。做人就從生活態度，言談起居做起，知識學問是落實於生活的理念與態度。他到美國時就立下一個心願，要將中國文化之美介紹給西方人。住在研究院宿舍時，朋友多，宿舍就太熱鬧了，人一多他就不得不躲出去。起初，他只是要在鄉間山林裏去找一塊清靜的地方獨處、默思，不一定要住在那兒，於是買了塊地，又決定自己動手打造心

乙園一景

（謝宗憲提供）

中的靈修場所。當初買地設定的條件是「一片山林地，要有樹，不要有修好的路；要有山石，不要有房屋，還要有水。」所以要有林水山石，因為這符合中國文化對居住環境的需求。大家聽說他要買荒地，不買房子，都搖頭說他不切實際，他也不屑解釋。以助教的微薄薪資當然是買不起什麼好地段了，所以看了一段時間都沒找到適合的土地。一九五一年二月的一天，他應邀去康州的Cheshire鎮演講，認識了一位當地人。次日那人就告訴他找到了一塊符合他標準的地。吳訥孫過去看了看，地方偏僻得很，荊棘生滿，行走也不易，只有一條土路通達，但有一條小溪通過。（《市廛居》P.076）看過後他還開了小飛機從天上鳥瞰這塊地，才決定分期付款買下。他父親賜名這塊地為「延陵園」，延陵是吳姓的堂號。吳訥孫把它改為「延陵乙園」，因為他有一個哥哥，不敢僭越。他又把園子所在的鎮譯為且溪，因為「且」在甲骨文中是「祖」字。又以此字命名園中的那條溪水，紀念他在一年前去世的母親，取「源遠流長」的意思。

兩夫婦以半工半讀所餘，購買舊用木材，親手築室。一九五二年元月木屋粗成，吳氏夫妻及屋子還上了當地報紙，編輯給這條新聞安了個標題：Young Chinese couple「pioneering」in America（中國年輕夫妻在美國拓荒）。這時僅完成一小木屋而已，夫妻兩花了六年時間，將周圍環境整理，挖一人工湖，建一小型音樂台，種了許多杉樹。後來木屋屢經增建，愈見規模。吳訥孫不是一個會積蓄的人，在聯大時室友李達海見他對用錢漫不經心，還主動將吳家裡匯來的錢收起幫他保管（這事成了《未央歌》裡的一段情節）。有了這塊地，有幾次孩子要繳學費都用它做抵押向銀行貸款才籌繳了事。而屋子則因銀行認為過於簡陋，拒絕當作抵押品。

中國文人素有文酒之會雅風。經營乙園略見規模後，從一九五二年起，每年的六月第一個星期六學校剛放暑假時，他邀請耶魯的藝文人士到乙園來，各人發表當年度最得意作品，相互品題。次日再邀請幫忙的學生們一起來野餐、交流感想。幾年下來，乙園文會遂成為當地盛事。一九六五最後一次文會來了七百多人（《市廛居》P.263），一半以上他並不認識，真是少長咸集，群賢畢至。吳訥孫以其微薄助教薪資，在養家餬口之餘，憑藉一己之力，將有中國生活情趣的延陵乙園及文會介紹給美國東岸藝文界，達到他出國時立下的心願。

乙園一九五一初建時只有平房三間，第二期增建樓房（風雨樓），一九七九秋天大火。當時他任教於華盛頓大學，乙園的鄰居打電話告訴他屋子失火，房子燒了好久。鹿橋當下走出屋外散步一圈，讓心情平靜後，照常去上課開會。幾天後剛好在華府有個會議，他繞道回乙園視察災情，屋近全毀，他意識到，他心中一個夢想的建築物是永遠不可能實現了。從隔年夏天起，吳訥孫每年暑假都回乙園，在舊的地基上蓋新的屋舍，從殘存的屋宇接續新的建築。一直到了七十餘歲，左眼已漸老化時他還在做木工修房子，繼續打造心中之夢。吳訥孫將四個子女的名字納入乙園，分別是『明湖、婷屋、屏石、楹柱』。婷屋的空間架構頗為奇特，中國傳統三合院的空間架構竟然可以在一間屋子裡表達出來，屋內隱含著中國建築空間的層次及風水觀念；更特殊的是，早在四十幾年前，這屋子已經有節約能源的觀念了。夏天的生活空間較大，冬天則活動集中在一區，以節省暖氣費用。

乙園是吳訥孫設計庭園與房舍的試驗場所，一個他自道『左轉入山林，右轉回庭院的實驗性設計』。雖然不是主修建築，吳訥孫的創意絕不輸給有天分的建築師。人在婷屋走動，有的地方狹窄，有的地方高敞，有時在室內，有時在室外，走動的路面又時時不平。一九七六年臺灣舉辦中正紀念堂競圖，聖路易市的華人建築師組隊參加，吳訥孫總結乙園的園林設計經驗，放入這個設計案的園林中。一九八一年他也曾在東海大學發表有關中國庭園演講。對他而言，這不只是書上讀來的知識，更是親身體驗的空間感受。

吳訥孫自述延陵乙園『像個難民營，又像靈修舍，正如我們的世界一樣』。經營田園是藝術，生活其中則是教育，乙園是他教育子女、學生將知識學問落實於生活的場所。剛開始夫妻兩人一起經營乙園，隨著子女逐漸長大，最後六人一起建設自己的家園。吳訥孫在《中國與印度建築》一書的卷首自題：獻給慕蓮、昭明、昭婷、昭屏、昭楹，一起構築延陵乙園的伙伴。希望在無法回去前，我們能在那裡再相會。乙園經營了幾十年，歷經大火及幾度增修，始終也沒有完工的一天。這兒是吳氏一家人共同成長生活的家園，或也將是兩夫妻最終的長眠之地。

左手寫詩篇右手寫論文

一九五四年吳訥孫在耶魯大學取得美術史博士，他的博士論文是董其昌的傳記、時代及山水畫。這篇論文開了一個新方向，把歷史、哲學思想，與文藝潮流試作綜合研究。畢業後旋奉清華大學校長梅貽琦之命任教於舊金山州立大學，為這所學校創辦了東方美術史課程，一年後返耶魯大學教書。這段期間他考上了聯合國的即席口譯員⑦，又與唐德剛，周策縱，周文中等人創白馬文藝社。胡適為該社導師，頗看重這一群青年學者。但這群小青年對文藝各有各的看法，不大理會胡適的意見。一九五八年，他得到了耶大獎金和美國學術研究聯合會的基金補助，休假一年，從事美術史方面的課題研究。他那時已有四個孩子，最小的才六個月，最大的也不過六歲。吳訥孫夫婦帶著孩子，所謂的「帶腿的行李」開始了環球旅行。他們以京都為基地，遊歷了東南亞、近東、埃及、土耳其、希臘、西歐、英國、愛爾蘭。《未央歌》就是這一趟旅行在香港出版的。也就是在這趟旅行，吳訥孫首度來臺，見了許多西南聯大時期的師長同學及親戚。

任教耶魯時，吳訥孫優游乙園，以詩文自娛，是學生心目中的偶像，他也逐漸成為一位世界聞名的中國藝術史教授。一九六五年吳訥孫休假至京都大學客座，當時美國各校爭聘，各自提出優厚條件。只有位在密蘇里州聖路易市（吳將其譯為神鹿邑、聖鹿邑或鹿邑）的華盛頓大學未開條件，請他自行提出。他深感誠意，乃選擇華大。從一九六七年返美到他退休，在這兒教了十七年。

接受華大教職後，吳訥孫在學校附近買了一棟三層樓的老房子。搬進去以後，發現主臥室原有的格子壁紙有多處泛黃髒了。要換壁紙，花費不少，得另外想辦法。他把格子數目大略計算一下，與《易經》六爻卦辭的字數差不多。於是利用課餘開始逐字逐句的將易經抄到牆壁天花上。這一構想，源出於日本的傳奇故事，一個瞎子樂師為鬼魂所苦，找了高僧在他身上遍寫經文，好讓鬼魂看不到他。結果高僧漏了耳朵未寫，鬼魂遍尋樂師不獲，乃揪了他兩個耳朵離去。《易經》抄在牆上，有趨吉避邪之作用。書寫完後，竟使原本看來壁紙陳舊的房間，成了他家最有名的景點。吳家沒有貴重的家具，書桌是自己用雜貨店丟棄的箱子做的，上面再放一塊木板就成了。吳訥孫在西南聯大用慣了箱子，而孩子也覺得這樣很好。他覺得欣慰『孩子很乖，不必教就願意簡單過日子』，『教孩子不用多說，你的行為就替你講話了』。有大陸學生來華大唸書，拿著他聯大老友的書信去拜見吳教授，吳也是送他箱子桌板。

一九六三年吳訥孫出版了《中國與印度建築》（Chinese and Indian Architecture）。當時人文學科寫論文的風格像科學論述一般（如三步一註，五步一解，專在細微之處下功夫的繁瑣史學），在他看來，這樣的著作既沒有生命也沒有文采。吳訥孫這本書篇幅並不多，文字部分僅四十頁而已，其它多是圖片。西方人每認為中國建築停留營建技術階段，並未提升至藝術層次。這本書的貢獻在結合空間觀念於文化中，凸顯中國建築特色（詳《中國傳統建築的延續》漢寶德者）。其中一張將北京紫禁城的空間層次比擬成金字塔的圖廣為流傳，在許多討論中國建築的文章中都被引用。他把印度的空間觀以圓來表示，圓象天，是出世的。把中國建築的空間以方來表示，方象地，是入世的。傳統中國士人的生存空間觀是「天人之際，方圓之間」，也就是人與自然達到均衡。後來他對中國印度建築的空間做了進一步解釋，中國的空間是虛中，清楚表現在漢瓦當的紋飾上，左青龍右白虎前朱雀後玄武，中間則是人來人往的空間。印度則是實中，以佛塔（浮屠）為具體代表。人可以接近浮屠但絕無法進到中間位置。從這點來看，他認為將毛澤東紀念堂建在紫禁城中軸線上，屍體置放其中嚴重違反了中國的空間觀念。

一九六八年，進華大次年，吳訥孫榮獲愛德華．莫林可德優異校教授頭銜，在美國學術界，這是一種崇高的地位，獲得這種資格的教授可以在任何系開任何課。一直到他退休為止，華大藝術系只有他一個人得到這個頭銜。不過吳訥孫從不在意這些身份，也從未使用過這項特權。他始終認為：聲名，有一點是很好的，但是不要太大。錢有一點也很好，不要太多。地位有一點也不錯，不要太高。這樣才可以在世間遊走，學習增長。（《市廛居》P.310）在中國文化，『名』是『實』之賓，是副，是身外之物。求實還來不及，名已是次要。（《市廛居》P.119）吳訥孫並不好名，但他重名。因為中國文化不以為在人以上，或以外，有一個極權（政治及宗教上的絕對主宰）⑧，中國的賞罰都在人間，不在隔世。他是中國傳統文化涵養出來的人，儒家有三不朽，立德、立言、立功，都是要在這個世界上實現的。中國人相信的是蓋棺論定，名留青史，要在這個世上留下好名。他重視這個名。進華大兩年後，吳訥孫接任考古美術史系主任。當時正是美國鬧學潮的年代，吳訥孫平常與學生互動良好，夜間不時會帶些點心去系館與趕作業的學生聊聊，系主任任上倒也沒遇過不好處理的狀況。

一九七四年，《未央歌》問世十六年後，吳訥孫出版了他第二本文學著作《人子》。相對於《未央歌》的唯美而又純真，《人子》卻有著參禪式深沈的境界。《人子》共十二篇，寫作的時間頗長，〈幽谷〉、〈汪洋〉、〈忘情〉三篇在聯大時期就成型了。有的文字完成較晚，一九七四年看到鄰居小男孩抓螢火虫得到靈感，他寫了一篇短文「變戲法的小男孩」，後來改寫為〈明還〉。〈人子〉、〈宮堡〉、〈鷂鷹〉原先都是以英文撰寫，譯成中文後才發表。在這段期間他還寫了〈天聾地啞〉、〈見龍在田〉兩篇，但因與人子章法不合，所以沒有收入這本書。〈明還〉、〈獸言〉、〈見龍在田〉三篇英文稿還在美國的刊物上發表過。

《人子》問世後，引起很大的迴響，許多人撰文討論。還有人認為《人子》一書充滿著濃厚的中國情調，吳訥孫是現有中文作家中最有可能得到諾貝爾文學獎的人。對此一說，他沈痛的提醒：「中國人不要老盼望外國人說你好或不好，不要迷信以外國人眼光來肯定中國文化或文學的價值。」「更要不得的是，很多人愛拿諾貝爾獎或什麼外國獎來衡量一部作品。它得不得獎是另外一回事，我們千萬不可以失去自尊心，把中國文學由不懂中文的外國人去評定。」在他看來，說他有可能得諾貝爾獎的話簡直是在罵人呢！

一九七五年，吳訥孫來臺參加國建會，這位馳名國際的藝術史教授及文藝作家，卻選擇了農村建設組。他認為這沒什麼好奇怪的，因為他對自己的定位是一位「思想家」。他最喜歡用「我不練空手道，但是我用腦子練空手道」來形容自己。這次來臺，有人表示要安排總統接見，他堅決謝絕。他堅持「君子朋而不黨」，不與政治沾邊。而他對海峽兩岸的執政黨，素來沒有好感。吳訥孫出國隔年，聯大教授聞一多因為參加標榜第三勢力（有別於國共兩黨）的民主同盟。對於當時的國民黨及國民政府時有嚴厲的批評，在昆明被國民政府情治機關暗殺。一九六七年，《未央歌》在臺灣發行，吳訥孫應邀在台大演講。曾與吳在西南聯大同宿舍的臺大教授殷海光因為言論不見容於當道，早一年起被迫不准授課。當天殷海光也來聽演講，但有人事先警告殷，只能聽演講不許發言，也不許與吳訥孫談話。演講結束，殷海光默默離去。吳訥孫看著老友瘦削的背影，心中難過極了。一九九〇年臺北行政院文化建設委員會及中央日報合辦了一場現代文學討論會，討論《未央歌》及《人子》兩部作品，邀請吳訥孫參加，但他婉謝出席。一來由於夫人不良於行，不能離開她獨自遠行（《市廛居》P.274），再者中央日報是當時執政黨的黨報，他不願與政黨扯上關係。後來吳訥孫去了趟中國，那次的見聞更讓他悲痛不已。總結兩黨治國成績，他認為自西方進口的政黨政治對中國的文化命根傷害最大，因為不合國情。以黨來革命是可以，以之治國成績並不好。（《市廛居》P.272）他深信「朋而不黨」的古訓，也深信文明社會的基礎是建立在知識的自由流通上。這一年，臺灣遠景出版社出版他學生時期的部分文稿，書名《懺情書》。

一九七七年，吳訥孫去國已經有卅二年了，這期間他從來沒有機會回過中國。中國當時剛剛經歷了文化大革命，百廢待興，也努力地與美國發展友好關係。吳訥孫受邀作為美中關係恢復後的第一個人文界訪問團，訪問中國一個月。去了北京、瀋陽、西安和江南地區共七個城市，主要是看一些歷代繪畫。吳訥孫興沖沖的帶了《未央歌》與《人子》要呈給孟志蓀老師。不料當時天津在唐山大地震之後不對外開放，沒能見到孟老師，他很是失望。但到底是通了音訊，書也寄到了，總算把願望做到一部份。按禮應是行客拜坐客，但當時管制很嚴，交通由政府提供，很少有個人行動。親朋一律是來訪，不能循禮去拜會。在北京要與大哥見面，一到北京飯店就打了一通電報，也寫了一封信通知他。兩天後，招待他們的幹部拿著他發的電報和信來了，說電信應經過他們工作小組發，他哥哥也要通過他那邊的領導，才能與他聯絡。面對這種聞所未聞的規矩，這位鄉音無改鬢毛已衰的歸人只好自嘲說未能入境問俗。在北京他見到了聯大的學長、學姊及同學，這些歷經文革動亂的故人，會見這位來自美帝的遊子時，客氣而謹慎，不復學生時期的坦率及相容無間。吳訥孫沒想政治壓迫人性竟至於斯，連親兄弟都不能自由通信，悲痛極了。而一些老同學的遭遇更讓他哀傷，如與他一起徒步旅行的陸智周，在『困難時期』餓死於成都。訪問團員按規定回美國後要交一個報告，他沒寫，以沈默代表了他的意見，因為他無法下筆。每次回想起這次作客故鄉的見聞就難過⑨。這是他第一次也是最後一次回大陸。

在那一段很悲痛的時間裡，略能給他慰藉的是年年增多的外國學生，越嚐到中國文化的味道，越要深入，有些甚至比中國人還要有中國味了。吳訥孫熱愛中國文化，但他思索問題則從超越地域國籍的人與人之關係切入，因為他認為一顆平和的心裡只有與人方便的念頭，才能在世界各文化裡，看見自己伙伴。（《市塵居》P.15）一九七八年，吳訥孫赴塞席爾群島開世界情勢研討會，談個人對宇宙人世看法。這是美國一位富翁所舉辦的，每兩年邀請十來位學者專家談談一些大的議題。與吳訥孫同房的是大名鼎鼎的

環遊世界時四件「帶腿的行李」1956

（吳昭屏提供）

鹿橋夫婦金婚日與四子女 2001 12 1

（吳昭屏提供）

巴吉明尼斯特・富勒⑩。

一九七九年，中美斷交。吳訥孫很關心臺灣這塊土地及他的親友，來臺住了半年。他一生來臺近十次，這是住得最久的一次。一九八四年，他自華盛頓大學以傑出特級終身教授頭銜退休。有這個頭銜的人退休後，仍可以在全校每一個學院科系中開課講書，可謂為人師者的最高榮譽。不過他再也沒回去課堂授課，因為他心中有許多計畫要進行。除了許多構思過但未動筆或未完成的文學作品外，他打算寫一系列有關自己想法的文章給生長於農村，尚未受到科技污染的青年看，也想收一些生徒，將自己的思想傳承下去。不過這些計畫，大多沒有完成，因為想做的事太多了，經常是一事未完就分神到其他事去。中文電腦問世後，他也學著上機打中文，還練習用繪圖軟體畫圖。因為夫人不良於行，他將自宅樓下一個房間改為套房，設計圖就是他自己用電腦畫的，八十歲了還掛念著要更新電腦設備。也盤算著到再到臺灣時要跟聯大同學徒步環島。退休十年後，他的左眼逐漸老化，視力衰退不少，吳訥孫買了一把胡琴，打算如果雙眼都不行了就改玩音樂。到老他都不改「活潑、自信、企望、矜持」的樂觀情調。

一九九八年，睽違臺灣十六年後，吳訥孫夫婦又來到臺灣，這次是應歷史博物館之邀來臺演講。他心裡很清楚，這是他們夫妻最後一次來臺了，夫人已不良於行，到哪兒都由吳訥孫推著輪椅。趁他來臺之便，時報出版社出版了《市廛居》。格林文化出版社出版了取材於《人子・明還》之繪本《小小孩》。同一年，華盛頓大學與聖路易美術館聯合成立「吳訥孫學術講座」。

早在一九九六年下半年底吳訥孫檢查出得了直腸癌，二〇〇〇年舊疾復發，子女擔心兩位老人無法照顧自己，貼錢買下昭婷波士頓住家旁的房子，請二老搬過去。二〇〇二年，吳訥孫因癌細胞擴散在波士頓去世，享年八十三歲。過世前兩三個月，子女輪流請假到波士頓照顧他。這時醫生告知吳訥孫醫療團隊已經無能為力了，雖知道來日無多，他的神情氣度仍一如往昔。中國知識份子講究泰山崩於前而不變色的涵養，吳訥孫真有傳統讀書人的養氣功夫。三月中，他知道來日無多，自己要求住進了醫院，就再沒有出來。臺北時間的三月十九號晚上八點四十二分，無憾的安然而逝，家人都隨侍在側。

吳訥孫生長在西學東漸的時代，但他自幼接受傳統的教育方式及經書研讀，涵養出傳統中國文人的認知，書本上學來的不只是知識，更是必須實踐於生活中的信念。雖說在耶魯得了博士，又在美國居住了五十餘年，卻一直保有中國讀書人的風範，他是位『百分之百的恂恂儒者，謹言慎行的謙謙君子』。（《書緣與人緣》唐德剛，P.183）由於廿六歲離開故國，使他一生保持著中國人傳統待人接物，處事涵養的態度。從某種觀點而論，離鄉背井反而成就了吳訥孫，讓他可以一輩子過著適才適性，表裡如一，最接近他天性的生活方式。如果留在大陸，以他的率真直言，大概逃不過肅反及文革等動亂。若是到了臺灣，以當時的言論環境，恐怕也未能見容於當局，他的老友殷海光就是殷鑑。

吳訥孫不是四體不勤，五穀不分，只能坐而論道，不能起而力行的書生，他喜歡自己動手做事。心裡有個想法，再艱辛也要完成，看事永遠豁達，決不為愁苦困住。吳訥孫一生與世無爭，不求官，不求利，不求名而年輕時就享盛名。他以一己之力，靠教書及寫作的收入，打造出自己安身立命的生活空間。他的才情足以讓自己不用為五斗米折腰，亦不必為現實所迫去屈就一些醜陋的事情，讓他一輩子保有赤子之心，孩子似的率真。

《未央歌》問世已四十餘年，至今仍為暢銷書。所以能歷久不衰，可能是因為每個人心中都有股對真摯友誼的渴望及對自我的期許，每個人都有夢，只是限於才情信心，沒有幾個人敢去實現夢想，這本書填補了青少年心中這一份缺憾。《未央歌》人物個個活潑自信企望矜持，吳訥孫也是個敢做夢，亦有能力將夢想實踐的人。滾滾紅塵，溷濁俗世，能有幾人如此。

①據低他三屆的南開學弟雷穎回憶：『訥孫是一位天才人物，書念得好，也能玩。南開有個「南開少年團」，人數不多，可說都是同學中的精英份子。吳訥孫和我都是團員。訥孫對體育音樂都有興趣，我們同在南開歌詠團唱歌。指揮找來一首國外名曲，希望徵求中文譯詞。訥孫有一篇應徵，其詞意之佳，文藻之美，實在令人激賞。指揮大加讚美，選定為正式歌詞。』

②據諾貝爾獎得主楊振寧回憶，那時的教學場所非常簡陋，學生住的是茅草房。就餐時，沒有凳子，同學們圍著一張桌子，站著吃。飯就裝在一個大桶里，飯中有時還有沙子。同學們盛第一碗

飯時常常不盛滿，很快吃掉，然後再盛第二碗；不這樣就吃不上第二碗飯。

抗戰勝利後各校陸次復員北遷，西南聯大於一九四六年五月四日結束，僅留師範學院於昆明獨立設置，改名『國立昆明師範學院』。二〇〇〇年我在昆明師範學院看到學生在餐廳打飯後，或是帶回教室寢室，或是坐在路旁樹下吃，還有人走著走著就吃將起來。餐廳裡不但沒有椅子，連桌子都沒了。我告訴吳先生西南聯大遺風猶存，他高興極了。

③有一回談到錢鍾書，吳先生頷首道：『大學者。』對錢的《談藝錄》亦非常推崇。當談到被夏志清評為卅年代以來最偉大的小說《圍城》時，他臉一沈說：『中國人不是這樣的。』就不再言語了。吳先生是個敦厚的人，《圍城》一書對人物描寫文字十分尖刻諷刺，或許這就是他從未看完這本名著的原因。

④一九九〇年我頭一次去昆明。再見到吳先生時，他說要好好問我些問題。從居民衣著、吃食、市容、交通都問到了。我在一個建築工地看到工人吃午飯，小販用三輪板車載著白米飯，炒肥豬肉及煮南瓜，工人就吃這些。吳先生聽了說：『抗戰時期我們吃的都比他們好。』原來當時運輸不便，本地產的東西就在當地銷售，學校伙食菜色沒想像那麼差。所謂八寶飯是穀、糠、秕、稗、石、砂、鼠屎及霉味摻雜在一起的米飯。有些黑心米商會在米內摻砂石以增加重量，但這種事也不是經常遇到。（見《學府紀聞 國立西南聯合大學》）

⑤原西南聯大之校舍現幾已不存，目前在雲南師大校園內僅留有當時土磚屋一棟。另有三個紀念亭所組成的一個紀念公園及紀念堂，紀念堂內展示一些聯大文物，裡頭有一本《未央歌》。我告訴吳先生這事時，他直嚷著說：『西南聯大已經不存在了！要找西南聯大只能去《未央歌》裡找

了！』

西南聯大結束後，北大，清華，南開都認聯大畢業生為校友。每次來臺只要時間允許，他都會去清華大學，或住個幾天或跟聯大校務委員梅貽琦上墳。

⑥吳家有一次宴客，吳太太請當時任職於華大東亞圖書館的韓瑛婕幫忙。聊天時說：『我一個衛斯里碩士回家帶孩子！不過我一個碩士換這些孩子的學業也是值得。』吳家子女有兩個博士、一個碩士、一個雙學士。

⑦當時美國排華法令尚在，種族歧視猶存。中國知識份子在美國教書的機會並不多，連一代文宗胡適都只在普林斯頓大學屈就中文圖書館長。大家最企盼的工作就是進聯合國，多是擔任翻譯。當時有三百餘位學者顯宦一起考試，僅錄取數名。吳先生考上最難的即席口譯，由此可見他英文的造詣。（見《書緣與人緣》唐德剛著，P.184）

⑧吳先生沒有宗教信仰，他篤信儒家的教誨『敬鬼神而遠之。未知生焉知死』。不過他曾遇到一件怪事。念中學的時候有次吃完午飯，他躺在二樓床上休息，突然聽到外頭有腳步聲，他探頭一看，是個身著古代盔甲的武將在走廊漫步。吳先生嚇得閉上眼睛，過一會聲音就消失了。學美術史後才知道那是明代武將的服裝。

⑨我第一次去北京天津前，打電話給吳先生問他有甚麼事要我辦。吳先生交代一些事後說：『你要瞭解中國還是從書本去瞭解吧，中國人怎會變成這個樣子！』。

⑩Richard Buckminster Fuller 接受的正統教育並不充足，最高學歷是在哈佛讀了兩年。但無論是在全世界的學術領域裏或是實務領域裏都非常受到敬重。他是建築師、科學家、哲學家、銷售者、實

踐者、詩人等。在許多領域裏都扮演了人類先驅的角色，他獲頒四十八個榮譽博士學位，亦擁有二十六項非常重要的世界專利與發明。雖未受過任何建築教育，他發明的結構形式卻得到美國建築師協會榮譽獎，成為此組織之榮譽會員。

吳訥孫（鹿橋）年表

一九一九年　民國八年　〇歲
六月九日出生於北京，籍貫福建閩侯。祖吳弼昌（號訥瓶）為清朝山東濰縣縣令，父吳藹宸為國府外交官。

一九三〇年　民國十九年　十一歲
跳級入天津公學念初一。

一九三一年　民國二十年　十二歲
轉學天津南開中學。

一九三六年　民國二十五年　十七歲
天津南開高中畢業，保送入燕京大學。

一九三七年　民國二十六年　十八歲
休學與友陸智周徒步一年走至南京，體驗中國。
在長沙入國立長沙臨時大學。

一九三八年　民國二十七年　十七歲

國立長沙臨時大學遷往昆明，改名西南聯合大學。從長沙經廣州繞道河內前往昆明。
一九四〇年　民國二十九年　二十一歲
以〈我的妻子〉一文得《西風》雜誌全國性徵文得第八名（出版書名為《天才夢》，書名取自張愛玲作品〈我的天才夢〉。
考入昆明廣播電台為播音員。
一九四一年　民國三十年　二十二歲
休學一年，往香港省親。
一九四二年　民國三十一年　二十三歲
畢業於昆明西南聯合大學外文系，留校任助教。
一九四四年　民國三十三年　二十五歲
考取第一屆自費留學考第十七名。
一九四五年　民國三十四年　二十六歲
赴美進耶魯大學就讀。
《未央歌》完稿。
一九四六年　民國三十五年　二十七歲
在紐約社會研究新學院研究院選習美術心理學及美術哲學。
一九四九年　民國三十八年　三十歲
取得耶魯大學美術史碩士學位。

一九五一年　民國四〇年　三十二歲
開始經營康乃迪克州日溪延陵乙園。與薛慕蓮女士結婚。
一九五二年　民國四十一年　三十三歲
開始舉辦乙園文會。
一九五四年　民國四十三年　三十五歲
取得耶魯大學藝術史博士學位。
奉清華大學校長梅貽琦之命，至舊金山大學創辦東方美術史課程，任教舊金山大學。
一九五四、五五年（不確定）　民國四十三、四十四年　三十五、三十六歲
考取聯合國即席口譯員。
與唐德剛，周策縱，周文中等人創白馬文藝社。胡適為該社導師。
一九五五年　民國四十四年　三十六歲
任教耶魯大學藝術系。
一九五八年　民國四十七年　三十九歲
獲耶魯大學獎金及美國學術研究聯合會補助，舉家旅行世界一週。
一九五九年　民國四十八年　四十歲
旅行世界一週。
在香港出版《未央歌》。
一九六〇年　民國四十九年　四十一歲

獲 New Haven Art Festival 文學獎。

一九六三年　民國五十二年　四十四歲

出版《中國與印度建築》，New York: G. Braziller, 1963。

一九六五年　民國五十四年　四十六歲

休假赴日，任京都大學客座研究員。

應聘聖路易市華盛頓大學藝術系

在蘆屋市舉辦蘆屋文會。

一九六六年　民國五十五年　四十七歲

任京都大學客座研究員。

獲日本蘆屋市書道協會書法獎。

一九六七年　民國五十六年　四十八歲

臺灣商務出版社出版《未央歌》。

來臺在臺大演講。

返美後舉家搬遷至聖路易市，任教華大。

一九六八年　民國五十七年　四十九歲

榮獲愛德華・莫林可德優異校教授（Edward Mallinckrodt Distinguished University Professor）。

一九六九年　民國五十八年　五十歲

任華盛頓大學考古美術史系主任（一九七〇年卸任）。

一九七一年　民國六十年　五十二歲
在聖路易市創立亞洲藝術協會。

一九七二年　民國六十一年　五十三歲
任東京大學客座教授。

一九七四年　民國六十三年　五十五歲
臺灣遠景出版社出版《人子》。

一九七五年　民國六十四年　五十六歲
來臺參加國建會。
臺灣遠景出版社出版《懺情書》。

一九七七年　民國六十六年　五十八歲
受邀隨美國人文界訪問團訪問中國一個月。

一九七八年　民國六十七年　五十九歲
任華盛頓大學年度Eliot Honors Convocation Speaker，赴塞席爾群島開世界情勢研討會，談個人對宇宙人世看法。

一九七九年　民國六十八年　六十歲
來臺六個月。
延陵乙園失火。

一九八〇年　民國六十九年　六十一歲
重建延陵乙園。
一九八四年　民國七十三年　六十五歲
自華盛頓大學以傑出特級終身教授頭銜退休。
一九八五年　民國七十四年　六十六歲
聖鹿邑市頒贈「當代之寶」獎章。
一九八七年　民國七十六年　六十八歲
獲美中西區華人學術研討會頒贈「傑出學人獎」。
一九九〇年　民國七十九年　七十一歲
《未央歌》獲中國時報票選為四十年代影響我們最深的書第一名。
一九九六年　民國八十五年　七十七歲
發現罹患直腸癌。
一九九八年　民國八十七年　七十九歲
華盛頓大學與聖路易美術館聯合成立「吳訥孫學術講座」。
十一月底應「史博館」之邀來臺演講。
時報出版社出版《市廛居》。
一九九九年　民國八十八年　八十歲
格林文化出版社出版取材於《人子・明還》之繪本《小小孩》。

入選《亞洲週刊》「二十世紀中文小說一百強排行榜」第七十三位。

二〇〇〇年　民國八十九年　八十一歲

遷居波士頓。

二〇〇二年　民國九十一年　八十三歲

因直腸癌在波士頓去世，享年八十三歲。

鹿橋家譜

樸月編

吳宣磯（同治癸亥科進士）

吳弼昌（號訥瓶，光緒己丑科舉人）

吳藹宸（三子，妻：楊魯璵）

吳詠裳（長女）

吳詠香（次女，夫：陳雋甫）

吳威孫（長子習礦）

吳訥孫（次子習文，筆名鹿橋，妻：薛慕蓮）

吳昭明 Chao-ming Wu（長子，妻：Lori Kupfer）

吳昭婷 Chao-ting Wu（女，夫：George M. Church）

吳岱蓮 Marie Wu（女）

吳昭屏 Chao-ping Wu（次子，妻：Susan Haruye Ioka）

吳昭楹 Chao-ying Wu（三子，妻：Suzanne Pfeiffer Wu

吳岱安 Diana Wu（長女）

吳岱香 Taia Sean Wu（次女）

吳哲孫（三子習醫）

吳詠江（小妹）

閩侯吳氏家族　中坐二老為鹿橋祖父母，左二為其父吳藹宸先生，
中立男孩為其兄吳威孫（吳昭屏提供）

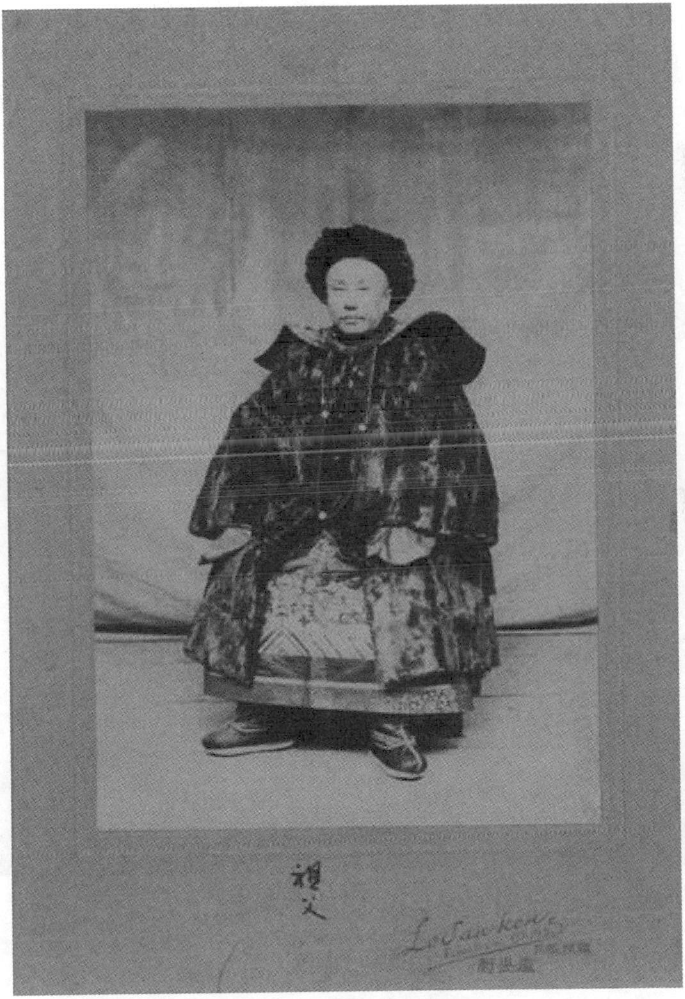

鹿橋祖父吳弼昌官服照

（吳昭屏提供）

鹿橋之父　吳藹宸先生
（吳昭屏提供）

鹿橋之母楊曾璵女士
（吳昭屏提供）

鹿橋全家與二姐吳詠香

（吳昭屏提供）

鹿橋夫婦與二姐詠香
（吳昭屏提供）

昭明夫婦
（吳昭明提供）

昭婷一家三口

（吳昭婷提供）

昭屏夫婦

（吳昭屏提供）

昭楹一家四口
（吳昭楹提供）

幸會鹿橋

引言

「幸會鹿橋」這個標題，是雷戍白擬的。她是鹿橋姑父少年時代的同學雷穎先生之女。與鹿橋同住在聖鹿邑二十餘年，執子侄禮，親、敬、照顧鹿橋夫婦二十餘年如一日，而被鹿橋夫婦視為「另一個女兒」。

我覺得這標題十分貼切；這些作者，都因為「幸會」鹿橋，而有了這些文章。讓讀者得以自不同角度、不同相對關係的描繪中，看到《未央歌》背後那個真實的鹿橋。也從而能對「鹿橋」有一些約略的認識；我必得說「約略」，因為，真實的「人」，尤其像鹿橋這樣既具有人文與哲學深度，又具有見聞與思維廣度的人，這些文章對他來說，實在有些管窺蠡測。但，至少讓讀者能看到一個面目親切真實的他，得以給完全沒有機會與他接觸的人，留下一些「如聞其聲，如見其人」的真實印象。

李霖燦先生，是與他一見如故，在文化認同上極相契合的同道知己；雷穎伯伯，與他是少年時代的同學；楚戈先生與他是在文學與藝術領域中相知相惜的朋友；張素貞女士的訪問記，呈現的是他夫人眼中的多才夫婿。

我，如他所說，對他而言是「兩個人格」：「明儀」，是他們的晚輩，稱他們姑姑、姑父；「樸月」則與鹿橋平起平坐。這既是忘年交，又是文字交的雙重關係，使我們之間熟不拘禮。而且，對姑姑而言，我算是她「娘家」這邊的親戚，因此，在一般場合以沈默溫婉的微笑給人印象的她，與我卻有著可以傾談的貼心互動。也因而，得以為讀者呈現另一角度的鹿橋。

雷戊白既是他同學之女，又因同住聖鹿邑，情同父女。更加上學歷史的背景，更為讀者留下了許多豐富的資料。

為了這一本書，鹿橋姑父的一兒一女：老二，也是獨女昭婷，和最小的老四昭楹，也寫出了他們對父母親的懷念。他們是姑父、姑姑最疼愛、關懷的孩子，從小在二老身邊長大，受到來自父母的薰陶教養。外出求學，各自成家後，與父母仍維持著極親密的親子關係。他們藉著文章，寫出了對父母的孺慕與孝思。也讓我們由文章中，了解他們心中、眼中的「爸爸」、「媽媽」。

最後一篇文章，則出於第三代，被姑父稱為「小乖琳琳」的「孫」輩劉世琳。她是我的小侄女，今年十二歲。雖在美國生長，卻喜歡上中文學校學中文，並說得一口漂亮的中國話。從三歲起，就與她的吳爺爺、姑奶奶一見投緣。七歲去聖鹿邑時，還帶著毛筆去請吳爺爺「開筆啟蒙」。姑父常欣慰地說她是一個受中國式教養，純粹的「中國小姑娘」，深得二老的鍾愛。編這本書，我問她，願不願意為吳爺爺和姑奶奶寫一篇文章？她立刻就說：「好！」用她天真的文字，紀念這位哄她說「你是小小孩，我是老小孩」，跟她同一「國」的鹿橋爺爺。相信也能令吳爺爺、姑奶奶為這純真的稚情莞爾吧。

秉持「敬老尊賢」的傳統，本章的先後順序照年齡排列。

幸會鹿橋！真是應該慶幸！

田園交響樂

李霖燦

我時常納悶，八年抗戰，可歌可泣的事有多多少少，只是為什麼到如今還沒有動人的文藝詩篇聯翩出現？

這個悶葫蘆悶得我好難過，也苦得我好久了。有一天，在無意之間，我見到一冊《未央曲》，份量挺重，是描繪昆明西南聯大學生在抗戰時的生活史詩。我讀完之後，心中大為舒暢，就像潛水已久忽然冒上水面時一樣的痛快！不錯不錯，果然是我盼望已久的一件作品；至少，在「學生」這個小角落裡，它已對當日的偉大時代有所交代。

此後，我逢人便好欣喜地宣傳這項新的發現。有一天，我在一個小型酒會上又彈此調時，卻遇到一個意外的詰問。一位陌生的朋友表情古怪地問我：「您知道嗎？那本書是假的。」我趕快追問一句「您怎麼知道？」他苦笑了一聲說：「因為我就是那本翻版書的原作者。」——我就是這樣奇怪地第一次認識了吳訥孫先生。

由於話談得很投機，很快的我們就成了知己。我纔知道，原書的名字叫作《未央歌》，在香港出版。臺灣的商人見到這本書銷得很好，馬上就加以翻印。而且不止是一個商人動了這個腦筋。另外一個翻版者，竟把書名都改換成莫名其妙的《星月悠揚》。

李霖燦先生
（李在中提供）

我說書名改為《未央曲》，已沒道理。又改為「星月悠揚」，更是豈有此理。但我認為最不合情理的是把原作者的名字都改了！訥孫兄回答得更妙：

「這倒是有一點很現實的道理，因為我太無名，在臺灣賣不上座！」

耶魯大學的教授還能算是無名之輩？真使人越想越不明白起來。所以前年我扈從國寶在紐約展覽的時候，特意赴新港耶大去看他。久聞他開山鑿池伐樹築屋雅有林泉之勝，這次當有眼福可以一一收入畫囊了。

我這位不速之客到的時候並不太好，他在為學生作系統的中國繪畫史的講演，正忙得不亦樂乎。但一見到我來，十分高興，稍一摒擋，拉著我上了車就打道回「家」。……他的「家」可真不近呢！離新港後在田野馳騁了半個鐘頭，才爬上一座小小山崗。崗頭一間雜貨店前，有一個綠眼黃髮的洋娃娃，在賣時鮮果品。吳提著一大罐蘋果水上車，對我說：「這是極難得的，您的口福不淺」。說著又進雜貨店買了些零星用品，才把車子轉了一個方向，朝一帶森林茂密之處馳去。

一路上景色甚好，又奔馳了十五分鐘，忽然在一條荒野的矮垣前戛然煞住。吳下了車，笑著欠臂肅客，說：「請進請進，這就是舍下延陵乙園。」

我下車一看，石垣之內，古木參天，幽不見人。若不是主人道破，誰也不相信，在這等荒寒之處，竟還有人家，而且還有林園！

步進斷「闕」，人在喬木林中。鹿橋（吳之筆名及字）用手向客指點，「此吾之徐青藤（渭）也。」——應手所指，果然見巨藤如臂，矯柔拏空，盤掛糾繆不知其幾百年

乙園湖光

（吳昭屏提供）

乙園十年 1961

（吳昭屏提供）

物。——據說開山之始，遍地藤葛，糾結不開，舉步為艱，無奈，只得一一付之斧斤，唯此二巨藤垂絡如畫，為吳公青眼賞識，遂留了作把「門」大將也！——說實在話，根本也就無所謂門，只是牆斷如闕，強可通行而已。

林木疏處，巨石如畫，木屋一大間隱約可見。據說連房子都是自己動手搭的，使人一見，便想到美國大總統林肯幼年所住的 Log Cabin，更像我在雲南麗江麼些族中所住過的「木楞子房」。「陋室」的外表如此簡樸，使我想得好遠好遠，一直到了所謂的「葛天民」或「有巢氏」的時代中。

想到這會是一位當代美術史教授的作品時，我不禁心中暗暗稱奇。但是也別讚美得太快，前年紐約大雪時，它不曾通過嚴寒的考驗。不知是那裡搭的不甚合縫，暖氣總關不住，幾乎凍壞了人，據說那月的油費赤字，高達百元美元以上。證明了「隸家」（玩票，不內行）作品，到底不能和科班出身的泥水匠師傅比。尺有所短，寸有所長，大學教授在這裡也只得低頭投降。

鹿橋自言，當他在耶魯當學生時，便有此田園山林之思：要在這個「人人都忙得個腳鴨子朝天」的紐約州旁，表現一下我國的優良傳統文化。「經營田園是藝術，生活其中是教育，與此間人士共之，亦教化流行之意也。」——吳氏自述其要旨如上，遂由此展開了他自己的「田園交響樂」的序幕。

他用功的方法和步驟，受時代的薰陶，倒是蠻科學的。先千方百計，弄來一份詳明的新港附近地圖，然後以五十哩為半徑，拿耶魯大學作圓心，就地圖上先畫成一個大圈圈，這就是要優先勘察的範圍了。於是每逢假期，他便勘一方位，踽踽獨往，依圓周三百六十度，順時鐘方向，一一為作定向勘察。目的是在尋找一處有山有水有林泉之美的所在，來實現他的偉大田園抱負。

這樣，四五年來如一日。但老天要負苦心人，合乎理想的勝地，他一處也沒有找到。到後來，他也就要放棄這項奢望了。一天，他到今天我們路過的那個高崗小鎮去作一次講演，題目是「中國的山水畫」。講畢有人半開玩笑地問他，既然中國學人如此熱愛山林，為什麼您還要擠在新港鎮上？

吳不敢拿「大隱在都市」的我國哲學來解嘲搪塞，就老老實實把苦尋不獲的經過報告出來。一位深思的美國朋友說話了：「我知道有這麼一個所在，不妨就同去看看。」——結果，就重複了我們今日的車轍輪跡；迤邐地來到了現在的桃花源中。

鹿橋是一位有深心高致的人，地面上的勘察雖然滿意，還恐怕有什麼不妥當的地方，因而去租了一架小型飛機，又自空中親自鳥瞰視察一遍。——我聽到這裡不禁失笑，想不到吳公還精通青龍白虎勘輿之學，真是有眼不識高人了。——還好，總算一切滿意，買山工作開始，這回沒有遇到什麼大困難，因為這一片叢林池沼之地，從來無人問津，人棄我取，吳遂得以最低價格買下。於是斬林開道，以通幽深；掘地成池，以瀦積水，以儲明月（池名。我深秋來時，是「以映丹楓」）。更鳩材興工，自建草堂。我笑謂鹿橋：「而今而後，盧鴻草堂不得專美於前了！」相與拊掌大笑。

一切從頭幹起，全是真實工夫，一片血汗生涯。放下教鞭，拿起鋤頭。脫下西服，

親力親為建乙園 1951

（吳昭屏提供）

延陵乙園木屋

（吳昭屏提供）

便是鋸樹工人。經之營之，疊之成之，一日不懈，十年有成。當我今日來臨，已掘成明月池塘，且泊有不羈之舟（縱然一夜風吹去，只在山頭湖水中，可詠於此也）。就萬壑爭流之處，搭九曲迴腸之橋。晨昏月夜，常領小孩子出外欣賞。一年四季，若無風雪，大半在外野餐。一片天籟，滿懷自然，小兒薰陶其中，天真可掬。昭婷床頭，引活水以成小池，內蓄小魚數尾，時時往觀。我問道：

「你做夢亦夢見小魚吧？」

她回答得很妙：

「是的。小魚做夢亦在找我去划船呢！」——真是爛漫忘機。

頂難得的還是鹿橋有一位了不起的賢內助，慕蓮夫人無睹乎美國城市之繁華，反而多方贊助她丈夫的發瘋計劃。棄彼城鎮，樂我林山，遂使鄰近紅塵十丈的紐約城邊，忽然有了中西合璧的大好園林出現。

機器盡量利用西方所有的，開掘明湖的時候，鹿橋同坐在開山機上；伐木亦用電鋸，不然請人伐木，十五美元一株，吃不消也。觀念則是中國式，不取四方四正，修剪治平的美國式公園化。卻因地制宜，隨勢利導，自成林泉景色。一片自然，滿懷天機，真的是境界高人一等，我一見便心降皈依。

經營既有成果，不忘與衆同樂，每屆夏淺勝春時，便箋約同好，雅集林泉。或張畫林間，奇文共賞；或聚石為坐，漫談上下古今；或觀瀑布，或泛小艇。碧草如茵之處，石階成臺，前張影幕，不分男女老幼，大家都來排排坐。吳氏四寶：明、婷、屏、楹各司其事，不但載歌載舞，而且分茶分點。一日遊園，萬塵去心，不知人間何世，宇宙一片清新。

我是一個野人，對這種山林情調最為欣賞。一下午都在林樾泉石中躞蹀度過。我最愛那條古馳道，不知是什麼時候的一條伐木電車路，鋼軌早已拆去，只剩下高高的路基如萬里長城似的互在喬木林中。我踏著滿山落葉徜徉徘徊不休，心中明白了自己一向侷促於方隅角落之中，怪不得總寫不出天地之間的大文章。

古馳道的南端，有一座石橋，絡絲瀑布自綠絨苔上滾珠而下，穿橋而去。兩端都沒於喬木森森之處。我他日再來的時候，當著草履，循瀑布水而窮其源。反正山林無主，欣賞又不是佔有。兩極之端，又可以延伸無限……山林田園之夢，一直到慕蓮夫人喚我吃飯時才瞿然驚醒，心中餘意還繚繞不捨呢。

回到木屋之中，這才注意到冰箱、電視一應俱全。瓦斯灶頭，洗衣機器，也應有盡有。而且更有趣的，五雲彩箋，展置案頭，任客人即興作畫賦詩。八珍席上，匙箸盤盞森然擺開。更加上酒肴精美，疑從故國空攝飛來。——既飲美酒，又賞「名園」，更逢知己，且在異國……喜悅早已漫過了飽和點，但又像在極限之外，還別有天地。

若說這是名園，必須加添附註，這兒既不像是宋徽宗的艮嶽，也不是揚州鹽商的園池。若以那種奢華的標準來相比，延陵乙園著實寒傖，只不過是草莽初闢聊可居人的一片山林茅屋而已。然而匯中西文化之長，合與衆同樂之誼，不矜奢華，全憑智慧，於「人競作偽」之今世，還我樸質之本來面目。我於此點，和鹿橋同有會心。豈止園林有

霖燦我兄同道：獨謂不依常例者，以今日來在田園者已不多，有亦未必即能會到，會到亦未必有園可共賞而討論之，而我二人皆有之矣。況二人又皆曾廣歷神州名山大川，背囊而履登之，又皆曾旅行滇南而憩息其山中，所歷雖不盡同，而以所識山水人情來比擬美國新英格蘭則討論之內容固甚豐富也。同道二字亦非易言也。然則同道如兄者，來示云將為文介紹乙園，弟當喜之不勝，乎曰為此中道理及其所代表中國優美文化之啟示之故，乙園深有榮焉。然而以過去歷史上種種對園林之不幸誤解觀之，弟深不願以乙園聞之時人也。弟縱觀園林之演變，由將迎之園，近神之臺，而為游藝修心養性之園宅，知中國有園不同文藝復興意大利傳統所為者也。中國之園處方圓之間，遭天人之際，別有一番景緻，另是一種境界。弟論中國印度建築一書曾略及之。此書方擬寄奉一本乞正，奈書價郵資均頗可觀，友好又多，一時措辦不及，近聞台灣已有翻印本矣，請我兄自購並示下觀感如何。未央歌之翻版為未央曲及星月飄揚之種，並弟筆名亦改去，蓋以弟無名不能銷書耳。此次翻版書尚未見到，不知又上何花樣也。此旨在紀錄文獻中常為名園事蹟中所被埋沒者之反對徽宗之艮嶽，以其戕生禍民，不贊成江南鹽

鹿橋致李霖燦 之一 1963 9 7

（李在中提供）

商之園宅，以其戕賊山林而炫資財，且亦為園之意無涉也。兄於人慾橫流之今日，民不聊生之時，介紹乙園，人將以弟避世卸責而觀乎？弟固心手並勞，一日不作一日不食之人也，亦未敢一日忘天人多難者也。人又將以多資營宅而目之乎？弟以工讀所餘購舊用木材，親手築室簡陋，至銀行不能抵押借款，弟更以為正合田園精神，而起居教養兒女其中，推而及於學生友朋，每年春季為文會（今春來者六百有奇），其重點皆在行田園之用，不在田園本身也。經營田園為藝術，生活其中是教育，而此間人士共之，亦教化流行之意乎。凡此種種皆抽象之旨，介紹乙園又何能有益於斯旨哉。田園不同于宮室者，又在其變。兄去後乙園又變多矣，不日又將鑿玄武池矣（池象龜蛇之形），經常變化以合天然之園，文又何能介紹與？憶去兄在萬戈兄處擲獨樂園圖，種松則武種松，植藥則老圃植藥，主人固白衣素手也（予書中對司馬溫公以其時代關係僅其作未月旦）。在乙園弟則園丁，弟亦老圃也。其重點在設計，不在領有也（以今日時代論，弟識李蓮，鑿池築山略用機器即可），因地制宜（啟山水之秀氣，不勞役人工，不求奇石異草），因舊啟新（以寫意山水胸中丘壑成竹），在生長變化中求生趣。兄縱介紹，又何人信之哉。至罪至罪。謹候

撰安

弟 鹿橋 再拜上 一九六三 九月七日 延陵乙園

鹿橋致李霖燦 之二 1963 9 7

（李在中提供）

延陵乙園圖 殘片之一
（樸月提供）

延陵乙園圖 殘片之二

（樸月提供）

此境界，世間萬事皆可作如是觀也。因欣然同乾一杯。

高談闊論，也不知伊於胡底。蘋果水乾了又添，也不知牛飲了若干品脱，更不知外面早已夜色四垂。一看腕表，終於是不能不回去了。鹿橋出外去發動他那部老爺汽車，慕蓮夫人在我們臨出門時還特意叮嚀了一句：

「不要忘了先去看一下月下池塘。」

——真的是一言興邦，小孩子們擁著我穿過了那條九曲板橋，四周黝黑，草木都發異香。一穿過那座屏風矮林，一面雪白明鏡展在四周黑森林的懷抱裡，小舟已成銀艇，明月上下相照，秋林倒影凝然。宇宙是一片啞靜，連這四個小孩子都覺出太神秘了，如被催眠住似的怔怔然噤不作聲。真是阿麗絲漫遊過的夢中奇景，安徒生筆下所繪出的童話世界！

以上是民國五十年十月十九日我的一段日記。為了存真，不加修飾，也照抄在這裡，以見我對延陵乙園的第一印象是如何如何地驚喜親切。

在吳駕車送我回去的途中，我們談得更多。我於抗戰時期，在玉龍大雪山下曾做過同樣的夢而沒有成功。如今見到這個田園之夢，竟在「緊迫盯人」的美國生活中突兀實現，那智慧毅力都不知高我多少，只覺得這應該加以宣揚。因為這是現身説法的文化交流，和空喊口號者全不相同。

鹿橋卻只怕引起枝節上的誤會。有人會説這是逃避現實，再不然，多資營園以自陶醉，那就與延陵乙園的積極精神不侔，勸我只可為知己者道，不必為外人言也。

我則是另一種看法，寰宇之中，知音正多，不可因多慮而失人。正當嚶鳴而求友，好為這娑婆世界增加一點色彩；至於高蹈避世和求田問舍的譭謗，更不必顧慮。如鹿橋者，一日不作，一日不食，心手並勞之人也，決非素手旁觀吟風弄月附庸風雅之流。正當發揮我國田園的真精神，共襄文化合流的大事業。

田園一事，因和高蹈頹廢混淆，久已失其正誼。其實這卻是我國思潮上的主流之一。因為山水清音，田園真趣，實為一切靈感之母。鹿橋的延陵乙園，上承陶淵明、蘇髯公之餘緒，下接范中立、倪雲林之嫡傳，外契貝多芬、盧梭之同調，遂使田園本義，得復正觀。誰説不應該廣為揭揚，真應該大書特書，策為凌煙第一功勳！

而且我一向以為人世風雅，可分兩類：風花雪月，琴棋書畫，若不見道，陶冶性情而已。自了漢的作風，是為「小雅」；反之服膺真理，身體力行，向更完美處精進不懈，與大衆和諧無間（套用鹿橋名言，此「天人之際，方圓之間」也），於平凡見智慧，化世俗為神奇，此之謂「大雅」。

我國一向又有「大隱在城市，小隱居山林」的成套説法。若以上述二義來月旦吳公：「雖似小隱，實為大雅」，豈可無傳？——因而不懼有拂知己之意，寫得〈田園交響樂〉一篇，列為旅美異行傳第一。

——選自《會心不遠集》　白雲文化事業公司出版

憶訥孫

雷穎

我和訥孫是天津南開中學的同學，他比我大不到一歲，卻比我高三級。我是一九三九級，他是一九三六級。我們因為參加許多課外活動而結為好友。到他二〇〇二年過世，算起來，我們有七十多年的交情，真正算是「老友」了。訥孫雖然後來以《未央歌》享盛名於文壇，但他對「名」，則始終如一的毫不熱衷。是一位不求名利的真君子，一個純正可親的人。就像他在青少年時候一樣，永遠是一個人見人愛的「小」男生，不失赤子之心，聰明而有智慧。少年時，很多比他年紀大的女學生，都要當他的乾姐姐，帶著他玩。後來，則是眾多可以做他兒孫輩的青年男女們，和他沒有代溝的交友請益。

當年南開中學的教育方式與方法，比較一般學校更多書本以外的教學理念。學校經常舉辦許多課外活動與比賽，更鼓勵學生們自己舉辦或自行組織各種課外活動團體，讓不同級的在校學生們，可以互相認識。我和訥孫在當學生時，就因曾經同在天津南開中學歌詠團唱歌而初識，另外，則還有一個「南開少年團」的關係。

說到歌詠團唱，其中有一段佳話，可以凸顯訥孫少年就出衆的才華。當時的指揮老

少年吳訥孫

（吳昭屏提供）

師找到了一首外國名曲，希望徵求一篇中文歌詞。最後「只有」一篇稿件應徵，但是文情並茂，令人激賞。雖然大家都心知只有吳訥孫「同學」有這個功力，不過他自己當時並不肯承認。直到五十年後，我在臺北南開校友會刊物上寫了一篇當年在校時有關合唱的小品，提到此事，他才出示了題名「凱旋」的歌詞原稿，揭開這一段橫跨半個世紀的謎。

訥孫從小就是好學生，書念得好，但不是「書呆子」。他也很能玩。除了參加許多課外活動之外，各種球類，也都能上場。我們一同打過九人制的排球，訥孫身手靈活，是球場上的一把好手。後來他在聖路易的華盛頓大學教書，也一直都充分利用學校的體育設備繼續打網球和游泳的。

至於「南開少年團」，則是一個交誼互助的團體。青少年們經常以旅行，郊遊，踏青等方式來聚會。團員人數不多，可說都是各年級同學中的活躍份子。一九三六年級的吳訥孫，陶光業，楊錫誠和一九三九年級的張世斌，呂乃剛和我等，都是團員。有一年，我們在春遊時，從天津遠征泰山，曾有過一次十分驚險的後山探險之旅。有一小組人，異想天開，自作主張，竟然要在無人走過的後山原始山坡中，自行開闢一條下山之路。當時幾乎「探」出意外。幸虧大家事前都用童軍繩互相連接，才沒有人摔下山谷中的萬丈深淵。我和訥孫，都是那次後山探險隊中的膽大妄為之徒。訥孫平時是一位小心謹慎的人，那次不知為何被我們拉進了探險之旅。現在想想，都還心有餘悸，真要感謝上蒼保佑，讓我們平安歸來，還都活到八十多歲。

《未央歌》，是一本可讀性高，有情又有義的感性小說。訥孫對人物的描述十分用心。可能也是因為書中人物將許多我們在南開非常熟知的老同學們作為描寫的影子，所以格外真實。我曾和他談過書中人物的真實對象，但是他從不承認「誰」是「誰」。同學們都看出來「伍寶笙」是祝宗嶺，而訥孫只向我承認過「大宴」是李達海，還有另外一位在滇緬公路跑單幫的市儈人物的靈感，也是來自我們另一位老同學。其他的人物，則都是多人的共同化身了，無怪讀來總有似曾相識之感。當年大家在學校裏的同窗情誼，經過他的記錄描繪，讓我們可以經歷時空的變換遷移之後，還能不斷的回憶，重溫舊夢，比一般讀者們更要受惠了。

訥孫對《未央歌》的珍愛，不亞於對自己的兒女。他晚年臥病在床，一心所繫，仍不忘《未央歌》在大陸出版的事。可惜堅持用正體字出版的種種困難，終未能如願。

另外，還有一件事，恐怕不但是訥孫自己的遺憾，更是天下所有不能用中文來欣賞這本書的愛書人們的遺憾了。他的《未央歌》，是國人已經肯定具有文學價值的著作，自然有人勸他找專人專家將原著翻譯成英文，可使更多人來欣賞，甚至申請「諾貝爾文學獎」。訥孫對於更多的名或利並無興趣，但是對於此書的譯成英文一事，卻頗為動心。他曾與我提及此事，認為要譯成英文，只有自己動手，別人不可能深入到各個人物內心的感情，也無法透徹瞭解當時的環境與人物之間的相互關係和因緣。只是，如此龐大的一項工程，需要多少功夫？多少時間？因而遲遲未能動筆，而終於不得不放棄了。

中學畢業以後，我們就斷了音訊。後來因為訥孫和陶光業又聯絡上，而我的長女戊白也定居聖路易多年，所以我曾多次有機會到訪看孩子，會老友，重叙舊誼。他們二位老友「幼吾幼以及人之幼」，待戊白如己出。上一代的友情，讓下一代的子姪受惠，更是讓我感激又感動。

和訥孫的友情，跨越兩個世紀，從少年到老年。更經歷了戰亂承平，從天津，臺北，再到美國。我相信這樣的友誼，今生已經超越時空，以後自然還會再續，其歌未央。

未央歌未央

鹿橋訪問記　楚戈

楚：鹿橋先生，能夠在博物院認識你真是一件幸事。「幼獅文藝」委託我作一篇錄音訪問，主要的是希望你談談「未央歌」的寫作動機，和怎樣完成這部名著的種種你認為有趣的瑣事。因為以小說來講，「未央歌」在中國文壇的地位是崇高的，重要的是他對大學生持久的吸引力。另外，幼獅文藝的編者，也希望藉此機會讓讀者把作家鹿橋和學者吳訥孫先生聯起來，因為在一般讀者的心目中只知道「未央歌」的作者是鹿橋，而學術界也並不一定全知道吳訥孫博士——世界知名的東方藝術史教授——在文學上還是一位成功的小說家呢。

橋：我很樂意接受你的訪問，你前幾天送我的「視覺生活」還沒有時間細看，但翻閱了一下，很多地方有「頗得我心」之感，所以我相信我們一定會談得很愉快。至於編者要刊出我的生活照片，這得等我返美以後，再為你們選幾張寄來。

記得有一次在香港碰到幾個外國人和中國朋友一道在談論我，說第一流人才搞創作，第二流人才才搞學術，吳某人不是可惜嗎？正像你一來，我就問你要我談什麼，你說藝術史和小說都想談談，是不是這人除了藝術史與小說之外，就沒有別的

楚戈

（陶幼春提供）

楚戈與文友

（樸月提供）

呢？這也是中國文化和西方文化的不同之處，並不是說她們之間有什麼基本上的不同。這些年來中西文化交流，西方的專才教育也使我們有了學什麼專什麼的觀念，可是我記得很清楚，我們小時候不是這樣的。現在我個人還是一樣，同時我也希望我的小孩子們也能夠跳出這個學什麼專什麼的窠臼才好，如此才能做人。

楚：我們想知道一點你寫未央歌當時的情形，這恐怕也是大多數讀者所想知道的。看戲的人不是都想瞧瞧後台嗎？

橋：那時我在重慶住在山洞財政部附近。卅三年的春天，在家父一再催促出國的信中，他說：這個時候不出去，將來再學外國文的成績就不會太好。那時辦出國是很麻煩的，留學考試過了，也受了一段時期的訓。就那樣我忽然有了一段沒有著落的空閒日子，便興起了藉此機會寫一本小說的念頭。朋友們聽了，他們就為我準備紙、筆和墨水，那時最感缺乏的是紙，想想看，報紙都是用一種粗紙印的，一沾墨水就浸一大片，好稿紙到那兒去找。以蕙和瑞霖為我找到了一種很好的紙，我在「謝辭」中曾提到說感動得要落淚。現在文具有了，差不多有兩三個月的時間供我利用……

楚：我想插一句：在「未央歌」之前，你還寫過其他的作品嗎？

鹿：在西南聯大作學生時，學校的風氣很好，所以無形中受到了不少文學的薰陶。畢業之前，我有一篇作品在林語堂先生辦的「西風」雜誌發表。寫這篇文章時純屬偶然，那時我和同學陸智常經常去坐茶館，他看到「西風」徵文，題目是「我的……」可隨便寫「我的」什麼。問我要不要寫？我開玩笑說：「只要有紙有筆我就寫。」他為我弄來了紙和筆，就這樣在茶館裏面對面寫了一篇「我的妻子」；事實上我並沒有結婚。這篇文章還得了獎，但也為我惹來了一場麻煩。是這樣的——家父是外交界的人，太平洋事變沒爆發前，他自英倫返回香港，在香港很多親友都看到了收入一本「天才夢」中的「我的妻子」。父親以為在打仗的兵荒馬亂之時，我結婚沒有告訴家人。我文章中描寫和妻子住在昆明的情形，比如婚禮很簡單啦！房子很小啦，小姐作了太太不會作菜啦！反正是一些杜撰的身邊瑣事。我回香港和父親見面，住了很多天，他一直忍住沒有講——也許等我先報告吧——一直到有一天和他一起坐輪渡過海，他假裝在書報攤隨便翻翻，拿起一本「天才夢」翻了兩頁——當然一翻就翻到了囉——「喔！還有你的文章……買來看看。」「什麼時候結了婚的？」他用這種話來問我，才知道這種事情是不能隨便亂寫的。父親原來希望我走外交的路，和他作一樣的事情。他知道真相以後，並沒有責備我，反而帶我到一家很講究的書店，買了一套好版本的莎士比亞全集。這書我現在還保存著。而家父自己也喜歡作詩填詞。來臺灣時我姐姐（名國畫家吳詠香女士——編者）還特別把一包他手抄的詩拿給了我。

楚：就我所知，年青人寫作有的是炫耀才華；有的是因為愛情驅使；有的是一開始就有一種理想迫使自己尋求表現。不知道吳先生開始寫作時是持著哪一種態度的。

鹿：那時，我就有一種自負的看法：用中文寫中國人的情況：決不走抄襲和模仿的路①。抄襲過去，這是時間上的不對②。不模仿外國作家，特別是海明威。尤其是後者，我認為外國有外國的好，中國有中國的好。好跟壞當然不在乎什麼人，用什麼文字寫。是得看這寫的人是不是隔一層或不隔一層：隔一層，怎麼著也寫不好。不隔的話，即使清清淡淡的寫出來也是好的。有人說我在紐約住了那麼多年是不是比較不隔呢？實際人與人之間還是大不一樣的。假如以一個中國人的眼光來描寫美國的社會，可以寫出比美國人還好的東西，為什麼呢？角度不同的關係，這也是不隔。我們可以從裏往外看，世界是從內心進入我們的眼睛；也從外往裏走，世界經過眼睛，到達人的心上……有了這些個看法，就知道寫文章並不是一件太費事的事情。

楚：幼獅文藝的讀者，主要的是年青學生，他們可能想知道——因這是我參加學校座談會常被問及的問題——開始寫作時最難或最易獲得的秘訣是那些，雖然我也知道世界上決沒有什麼真正的「寫作訣竅」。

鹿：是的，沒有訣竅。但寫作（適合所有的藝術）最難的是你對自己誠不誠實，你所看的，是不是你所要看的；還是：你所寫的是你所希望你的讀者也希望看的東西嗎？如果你以這就是你的讀者所要的，我想頭一二篇還可能受歡迎，第三篇第四篇就會肉麻。畫畫也是如此，你今天這樣畫有人喜歡，但明天你的觀衆之審美怎樣？可是你如果對自己誠實，每一天，每一時刻都是對的。

楚：順便在這裏打一個岔，你所想要介紹的「乙園文會」是怎樣起頭的呢？

鹿：在耶魯作學生時，喜歡到建築系去看他們的作品。我知道同學中間，有些是有天才和素養的。可是每一次看他們把作品拿出來，都多少有點一律的樣子。我就問他們，為何上次大夥兒都採用玻璃材料，這次又都採用木頭做成盒子的形式呢？他們說：上次用玻璃，因我們知道某建築師喜歡用玻璃蓋房子，他擔任上屆的評分委員；大家都想有機會成為他的校外外務員。這次的評分員是另一位，大家全明白。我說：好吧！這樣好了，你們每人都拿出你們自以為最得意的作品到我家來，也請作詩的拿出最好的詩，畫畫的拿出最好的畫，我們來開一個欣賞會好不好？這下不得了，年年要開。從一九五二到一九五八都是小型的，一九五八到一九六五就逐漸擴大了。最後一年有七百多人參加，一半以上我並不認識。

回到剛才的話題，這就是誠不誠實的問題，其間的差別非常大。

楚：不知道你寫作時是否先擬定大綱，尤其在人物衆多的作品裏，是否預定它的發展呢？

鹿：一般人以科學作品或成就，都是科學家事先想得清清楚楚的，一試驗就可作出結果來的。這是不對的，其實科學也是一種藝術，也和藝術作品一樣，完成以後，自己也不知道怎麼會那麼作的。文章寫到非如此不可時，可以富樓拜爾為例：有一次寫著寫著忍不住哭起來了。他妹妹問他怎麼哭成這個樣子。他說「女主角自殺了啦！」她說：「小說是你自己寫的，你不讓她自殺不就得了。」「不行！現在我管不了她呀」。你要有這種精神，就知道誠懇的感覺。它已跳出了你的範圍以外，你變成了一個不由自主的工具。這是藝術理想態度之一種。中國的工筆畫就是這樣；寫意畫就稍微不同，則是以你這「人」作主的，手才是你的工具，你可以管制它，這種管制不同於權力的反映，心智活動的強健情形就會有這樣的力量表現。像明朝的董其昌，別人學技巧學一輩子出不了頭，他打破了技巧反而出來了。所謂「從正門入者，不得家珍」，並不是鼓勵人走邪門，在創作上舊的路子如難表達新的情境，有時是在一念之間，開創了新局面的。

由此可知預定的大綱，有時不一定有什麼幫助。但長篇小說，大輪廓總是預先早就設想好的。

楚：好作品每一個時代都有，但偉大的作品卻如是之少。你認為偉大的作品應具備那些條件呢？

鹿：前面我們曾談到過誠懇的問題，等到技巧成熟，可以做自己的主人了，這時最要緊的是看有什麼好題材沒有，以及有什麼真正要說的話沒有。關於這一點，多少有本事的作家可以做得很好，很成功，但不能偉大。什麼原因呢？㈠可能那時代的時代性——時代是全世界的，時代性是各不同的特殊環境——不給他要緊的話說；㈡也可能作家的才幹有問題；㈢另一可能是不敢。在這幾種情形下，大作品的條件就沒有了，不夠了，偉大的作品自然出不來。

楚：我本人沒有寫長篇的經驗，一部優秀的長篇小說在寫作之前，有沒有預備工作呢？換句話說，有沒有突然冒出來的可能呢？還是，它也和人一樣是「生長」出來的，有它的各種歷程。

鹿：在寫作《未央歌》之前，我自己的寫作習慣是早就開始了的，每天平均總得寫好幾千字。在聯合大學也沒有先生督促，朋友之間彼此喜歡我的作品我就寫，這些東西，現在還保存了滿滿一箱子。每一本約兩百頁，字寫得很小，有些是日記、短篇、或幻想故事，有些是詩，也有歌，這次我還帶了一本影印的原稿出來（按：即晨鐘社出版的《懺情書》），這些東西都是和昆明的學生生活有關的。因為這個關係，寫作《未央歌》時，材料順手極了；就好像畫畫的人有很多畫稿在後面，只要拿出來就成。所以《未央歌》不是臨時瞎編的，甚至小說中的地方，在我原先的稿件中都曾經素描過。在日記中我常猜想我小說中人物的各種心理和他們的想法。沒有這些，是不是有《未央歌》就很難說了。

楚：你前面提到《未央歌》是在出國前約三個月的閒暇時間中所寫作的，在《未央歌》後面的〈謝辭〉中我們知道你花了兩個月的光陰完成了前十章。能把這期間的種種，稍微詳盡的告訴幼獅的讀者嗎？

鹿：開始時，原也不過想寫個十來萬字的小說。等到了冬天不得不走時，已完成了前十章約卅萬字。那時候出國旅行，身上帶了一張有字的紙都是麻煩的。在印度如果發現旅客身上有寫了字的紙，麻煩可大了；先扣押起來，然後再把紙片上的字翻成印度文、英文或其他有關國家的文字。等細細的研究之後，沒有問題方能放你走。這卅萬字自然不能帶，帶了也怕丟，便交給了在重慶的兩位朋友瓊玖和震傑。自己常不斷的想想前十章裏的人物有多少——似乎是五十多人——把他們的音容笑貌記住。從重慶到昆明，從昆明到印度，在印度就住了一個多月，還到處旅行。再由孟

鹿橋乙園戶外野炊
（吳昭屏提供）

昭明　昭屏　昭楹幫爸爸蓋房子
（吳昭屏提供）

買坐船到澳洲，由澳洲到美國，穿過半個新大陸，三月抵達耶魯大學。四月住定了以後，又開始寫。原來那些人物的性情，說話的習慣，方言的口音，跟誰的關係，和誰是那種程度的朋友，雖然沒有辦法翻閱前面的稿子，但一點都錯不了；就這樣開始了後面七章的寫作。想起寫前十章的情景，說起來真是很有意思的事情。我住在一個朋友家裏，每天他一下班回來，沒進門就高興的喊著「今天有幾張？」你想，這還能偷懶嗎？到了美國，這種充滿了友愛的聲音還一直在耳邊響起。後來朋友們說前十章好，也有說後七章好的，這種事情好比畫一幅大作品，沒有時間去管那些了。

《未央歌》脫稿以後，一擺就是十四年。原來想修改一下，但茲事體大；一花時間修改，便不知道何年何月問世了，另一方面好友顧獻樑說：《未央歌》出版時，應保存本來面貌；我們在許多年後，實在無理由也無資格來修改當年的作品。

在上述的原因下，《未央歌》的本性好像就只能這樣了，也不能說好說壞了。至於它在文學上的價值如何，我想將來一定有人會說出他們很公平的話來。

楚：《未央歌》出版了這樣多年了，你沒有新的寫作計劃？既然書名「未央」，是不是意味著後面還有呢？抑或只是表示一種「美麗的遺憾」？

鹿：既然你問起這一點，我就坦白說出我的自供吧。首先我要說明的是：對《未央歌》，我沒有太多的遺憾。我是有始有終的，《未央歌》本身也是完整的。

開始寫作《未央歌》以後，我便計劃要寫三部。《未央歌》是第一部。第二部原來的構想是很短的，有點像《未央歌》第十三章的體材，近乎韻文，是我所提倡的「新文言」之一種。擬把所有和北平有關係的人物都放在北平去，那是這些人的童年時代，在十二、三章他們大夥兒到南方去旅行時，曾經透露了一點小時候的生活。想把這沒有預料到會變化得這麼大的世界——基本上又顯然有毛病存在的社會——那種無憂無慮的生活提出一段來。第三部則想表現成熟和衰老的境況。構想這一部時，我已離開了大學生活了。在第一部書《未央歌》中我盡量的求美，好像大理石雕刻還嫌不夠，因怕大理石不夠純粹。有人問我為什麼把人寫得這樣，天下那有這樣多的好人。我說：你是欣賞文學還是看電影？是的！我的計劃是，首先寫出完全透明白色大理石般的美好的《未央歌》，繼之是無憂無慮的很天真的，觀察性的片段的第二篇；再寫非常蒼老的，比《未央歌》還要長的第三段。在第一部書裏沒有死亡，本來在游泳時蔡仲勳應該死掉的。後來實在不忍，就讓那個年青的童孝賢受了一次大傷也就過去了。書裏沒有壞人，所謂壞事就像在學校記了一個大過一樣。像鄺晉元也不過是一個討厭的花花公子而已，沒有什麼了不得的。一如查良釗老先生常和我寫信說：「只有愛沒有恨，只有美沒有醜。」接著安排一個倒敘式的詩一般的短章，才能把第三部書寫得淋漓盡致：美也有、醜也有、痛苦也有、死也有、病也有……然後才得舒暢。這些沒有完成的作品，故事材料是早就有了的，人物也早有了，我隨時可把他們畫出來。有些人是我在重慶時認識的，有些是「老朋友」。我可在這裏順便為讀者們素描一個人物出來：

在重慶時代，那時的公務員生活都是很清苦的……但年紀稍大的職員都有自己的嗜好，大家早上上班時先洗茶杯，把自己愛喫的茶葉倒在杯子裏，等工友來加開水。此時，我觀察了一個人：穿灰布長褂，被洗得線都白了。他有一個習慣，就是不喝個別準備的茶，每天他端著茶杯，走過很多同事的辦公桌，到外面走廊上為大家所預備的大茶桶那裡，扭開龍頭，灌一杯茶端回桌子上。我覺得這是一件很了不得的好事，通過他就像打開了一扇人生的門，你可走進去看他；他的本分、他的家、他的太太、孩子，他掙來的錢怎麼花，這本身就是一個中國人的故事。諸如此類種種事情，都要放在第三部書裏面，這些人你瞪他一眼，他甚至會說「你什麼意思！」這是未央歌所沒有的，《未央歌》中的大家，都是高高興興的，天下事好像都是如此，下完雨一定天晴、天晴了一定好玩，春天來了花一定開，一如夏天有層雲陣雨。第二部不去說它，第三部當時沒有寫，現在恐怕到八十歲也完成不了。

楚：雖然你沒有把你的小說全寫出來，但聽起來就已經非常過癮了（我相信讀者也有同感吧）。你把人生——小說也是——的階段，如此清楚的劃分開來描寫，便已是史詩一般的了。從純美、到天真、又從天真跳上世故。怎樣掌握這一歷程，想想也覺得是一件大而且難的事業哩……

鹿：美與天真是很接近的，難就難在世故以後再天真。許多人到了中年以後就不能創作更好的東西，其原因恐怕也是這樣。比方說：一個完全不懂英文的老農夫，他誠愨、會説話，他如從事寫作可能變成很好的文學家；他的文章裏面可能一點外國文化都沒有。一天，他聽了收音機，學了幾句外國話，覺得很漂亮，就用上了。可是他並不知道那是外國文法，這也可產生美感。一個大學生，摻在幾個外國人中間，他要插幾句不一定通的英文，這就很醜——雖然也可能醜得很美——問題是我們要想再做老農夫就不容易了。人是：一旦不天真了，再想天真就不可能了。除了你再吃一個伊甸園中的蘋果，吃第一個不天真了，再吃一個（不是因為不懵懂才吃的）又回去了。這次再一度的天真是文學和美術中的天真，這是石濤晚年的筆法像小孩子一般的原因。

如此！對我來説：自我介紹也介紹了，開場白也説了，「加官」也跳了，龍套也跑了，然後！大戲可以登場了。而未寫的第三部才是我夢想的這一齣戲中的大戲。

楚：在《未央歌》的〈再版致讀者〉中，你提倡「新文言」，和梁宗岱（身陷大陸，生死不明，傳曾遭迫害——編者）先生所提倡的「從文學白話化，到白話文學化」的理想也是一致的。你們都是要使中國的語文在遭受到五四運動的「矮化」破壞以後，重新恢復其優雅、活潑的與豐富的功能。我非常敬佩你的幾段理論「文字不是包袱，是寶貴的遺產」、「新文言要經過淘鍊，那些被引用的……上人口的、記在心的、為人背誦的就會合成洪流，另展一片新山水。……」，現在也想請你為我們的讀者再強調一下。

鹿：五四運動對我們這樣年齡的人之影響是較為直接的，對你們——相差十歲左右——

的影響就比較間接，坦白說我是反對的。僅以中國文字來說，它就遭逢到一個很大的「罹難」。各方面都顯出了它的危險性，現在的危險似乎更大了，原本很豐富的文字，現在變得非常簡單、貧乏。我們查康熙字典，玉字旁的字就有好幾千，只不過那時候玉是生活中很要緊的東西。你對生活如要求多瞭解，跟著也瞭解了多少種玉。今天的生活比從前複雜得多了，可是，我們現在用的字彙，反而比從前貧乏得多，報紙、電視……對美好的東西之形容，似乎只剩下「美不勝收」和「多采多姿」兩句陳腐的濫調，一看這四個字就讓人渾身起雞皮疙瘩。如果腦子是如此空洞、也應該用多采多姿㈠、多采多姿㈡或多采多姿㈢來形容各種全然不同的情況，這是起碼的要求。

無論是知識界的文字，或民間的語言顯示，中國並不是一個「白」話民族。比如北方的歇後語或俏皮話就不是「白」話。我寫「未央歌」時，希望自己要寫出一本既可看、又可以唸的書。看和唸不是一樣的東西；凡你喜歡唸的，必是你喜歡聽的。唐詩好看又好唸，但不一定好說。用「白話」寫一個中堂掛在客廳就不太適當。我在工作時認真得大聲唸出來、耳朵聽進去，再從手上書成文字。這是一個大夢境，我沒有在每一章作到這一點，所以我跟獻樑說想修改的本意在此。一所房子蓋好了，窗子也按上了，稍稍加一點工就可更完美。第一，工程浩大。第二，一次不見得就改得滿意。故聽了獻樑的話沒有更動一個字。這些年來，我一直想找一個機會彌補一下這一缺憾，把《未央歌》摘錄幾段，由我自己來朗誦，把聲音錄下來。然後，聽的人就曉得這幾段沒有問題，這幾段聽起來肉麻得很。如此改一改再唸，就不肉麻了。這是我想作的工作。據說國內近年成立了幾所文化公司，不知道他們作不作這類工作，在國外可以買得到詩人、小說家朗誦自己作品的唱片。

楚：你可以為我們的讀者，談談造成語文低俗、貧乏的原因嗎？

鹿：自從抗戰到現在，由於各省各地的人長時期的相處，社會上就形成了一種「普通話」。所謂普通，自然就高雅不了。在過去，每一地方各有一套豐富的語彙，說起來生動，很有顏色，且多半不止一方面的意思。前述的北平俏皮話……都有很好的內容。可是一個北平人要碰到一位湖南人，兩方面都得趕快降低水準，只能說兩方面都能懂得話，才能交通。而部分從事文化傳播——報紙、電臺、電視——事業的人往往也受到這一「白話」觀念的影響，把中國語文中的高尚之美，都給斷送了，實在是一件可惜的事情。

楚：我們談到的問題，實在很多，再談下去，恐怕雜誌的篇幅無法容納。最後，請你以《未央歌》作者的身份，有什麼期望於讀者的嗎？

鹿：《未央歌》出版以後，有的朋友說他看十六遍。我自己除了校樣之外，從未從頭到尾看過兩遍。但中間一段一段的抽著看，有的地方是不下五十遍的。我在家裏很多個地方都擺有它，有時累了，就翻一段看看。在怎樣的天氣、怎樣的心情下，我知道我要看那一段，我自己是可以在裏面求到寧靜的。

如果讀者喜歡她，在你很擠的房子裏，很忙的工作中，如果她也能在你心中拓展出一片風光山色，使你獲致心靈上片刻的慰藉與安寧，這就是我所馨香祈禱的了。

——刊於一九七二年四月號（第二百二十期）《幼獅文藝》

鹿橋太太談鹿橋

梅新採訪　張素貞記錄

鹿橋，本名吳訥孫。原籍福州，生於北平。西南聯大外文系畢業。赴美後攻讀美術史，獲得耶魯大學博士學位。現任教於美國聖路易華盛頓大學。著有《中國印度建築史》、《未央歌》、《人子》、《懺情書》等。他的文學創作別出一格，受廣大讀者矚目。本刊於今年四月他返台時，做了一次特殊的採訪，請鹿橋太太談鹿橋，文中並點染出他及家人的生活情趣。

編者

一、伉儷相得，衷心喜悅

鹿橋有個溫婉賢慧、親切和悅的好太太，一身素雅的中國旗袍，腦後挽個古典的髮髻。他們伉儷二人所學並不相同，鹿橋在耶魯學美術史，夫人在衛斯理學的是生物。但是鹿橋酷愛生物，待人誠懇熱誠，兩人又同樣在北平長大，家庭背景也相近，因而一起始便很投緣，她跟他唱歌，看著他寫字、畫畫，做他傾訴的對象。他由著鹿橋盡性發展，帶著欣賞的喜悅。誠如她所說的：「鹿橋聰明，人好」，跟著他過日子，生活是繽

鹿橋　慕蓮　儷影雙雙

（樸月提供）

紛燦爛，情味十足，她習慣於鹿橋的一切，再也挑剔不出他的缺點。倘若鹿橋偶而犯了「著急」的毛病，她乾脆不讓他等待，她自己的事兒原本不必搶著時候呀！她為了「陪」鹿橋，情願放棄可以施展專長的工作，她認為自己外出就業，對社會有的貢獻很渺小；居家過日子，對鹿橋的意義卻很重大。

鹿橋曾經管太太叫「姑姑」，原來他們伉儷初認識，是在音樂家李抱忱家，夫人是李抱忱的表妹，自衛斯理到耶魯來過聖誕節；那時鹿橋住在李抱忱的樓上，還在耶魯唸書，他便跟著李家的小孩喚她「姑姑」。直到現在，鹿橋隨興，有時也還喚她「姑姑」。也許「姑姑」一詞，還含有某種依賴的意味吧！當兒女們長大成人，有的求學，有的做事，陸續離去以後，家裡只有伉儷二人，大人在廚房忙碌，他便拿了稿紙書本，在挨著廚房旁邊，擱碗櫃的小房間、靠窗的小桌上，繼續自己的工作。

他喜歡飯後的洗碗工作，說是可以藉此想東西，「人子」裡許多小故事，便是在嘩啦啦的水聲中得到靈感；當然，這也是對太太的一項很體貼的服務，但他既是如此「寓工作於休閒」，讓受者欣慰無比，還有什麼好說的呢？本來嘛，「沒有人能說得過鹿橋」啊！

二、教學認真，疼愛兒女

鹿橋的職業是教書。對於自己的行業，他很認真。有些人教書，兩三年後，便熟了，也輕鬆了；他卻是無論上課或演講，都是全神灌注。他又喜歡年輕人，他經常和學

疼愛孩子的好爸爸

（吳昭屏提供）

生聚會，找機會和學生在一起，他不願意「學生怕先生（老師）」。他在學校裡有固定的辦公室時間，學生經常去找他，談課業問題，談生活上的瑣事、心理上的苦惱，有時候他還跟學生一塊兒去吃午飯，一起去郊遊，秋天去採蘋果。平常光是上課、開會，和學生聚會，便夠他忙，往往回到家來，總是很疲倦了。

鹿橋有三子一女，他對孩子愛護備至，他是個快樂風趣的父親，經常和孩子嘻嘻哈哈地玩在一起。有位美國老太太曾訝異於鹿橋如此寶貝孩子，認為從未見過這般疼愛孩子、寶貝孩子的父親。但是，他也有約束孩子的威嚴，只要他堅定地說：「不行」，不一定是疾言厲色，孩子們便知道確實不能做。他第三個孩子剛滿十六歲，便迫不及待地考了駕照，興沖沖地想利用假日和同學開車去紐奧良，由於假日行車最多，路上很不安全，鹿橋夫婦很不放心，他終於說：「你不能去，太危險了。」孩子只好放棄長途開車的計畫。所以在緊要關頭，父親的話，還是很有用。

鹿橋的母親很疼愛他，他疼愛孩子或許與母親的慈愛有關係；鹿橋夫人的父親也是開朗、風趣而和藹的，也常說笑話，而又能嚴厲地管教孩子，使兒女對他又愛又敬。他們伉儷都來自美滿的家庭，也許在夫人的潛意識裡，鹿橋有很多個性與自己的父親近似，便不知不覺成為他贏得夫人青睞的重要因素吧！

三、興趣多方，專力寫作

鹿橋是沒一刻兒閒著的。其實他興趣廣泛，除了忙於教書，與學生相處，他還喜歡書法，也畫畫兒、打網球，更把寫作看成是最嚴肅不過的事，敦促自己不停地寫下去。而興趣之中，最輕便的則是唱歌。他會很多種，中國民謠、美國民謠、英文歌曲都經常都由他的嘴裡飄逸出來。他由且溪開車去耶魯，來回要兩個小時，往往是一邊開車一邊唱歌；有時夫人跟著他學著唱，全家人出外旅行，車子裡也總是盪漾著快樂的歌聲。

他很喜歡寫毛筆字，可惜沒有多少閒功夫，偶然也配合美術史的課，教美國學生寫些造型有趣的中國甲骨文。他也畫畫，機會卻比寫字更少，西畫、國畫都不拘，只是不摹倣傳統的構圖。他常感慨地說：沒跟二姐好好學畫。他的二姐吳詠香，是位相當有成就的名畫家，學生很多，在臺灣、美國、歐洲都有她的學生。鹿橋有兩個戳子（印章），一大一小都刻有：「六十學書，七十學畫，五十以前，所作畫畫」，五十以後就少用了。他今年已六十歲，在他自己看來，要真下工夫學書法了。不能總是隨興寫、畫了。事實上，他畫畫多憑興致，住在舊金山的時候，隔鄰有一株老桃樹早開了花，鹿橋看了就禁不住拿起畫筆畫得很快，還題了一首歪詩：

鄰居老樹正開花，
西岸金山新做家；
借得去年禿敗筆，
寫得枝葉亂如麻。

在且溪，有一次他把餐桌上紅色的大蝦、綠色的小黃瓜也畫下來，還題了一首小詩。這張畫，好像是遺失不知去向了。

他打網球，是為了讓自己有適當的運動，在美國，他有很多打網球的朋友，有時也同學生打，回到臺灣，他也結交了好幾位打網球的朋友。在鹿橋來說，除教書外，真正苦心經營、專力而為的是寫作。他花許多的功夫去構想，他蒐集資料，尋覓靈感，隨時筆錄下來，醞釀時期確實很苦，等到綱要擬好，真正動筆組織貫串，就往往一氣呵成，有時還可以趕個通宵達旦。平時因為本行工作忙碌，總想利用週末假日寫作，無奈往往臨時無端多出許多事情來，使他未能如願。不過，他仍然寫了不少東西，很受讀者歡迎，我們就不能不佩服他精力過人了。

四、赤子情懷，獨具創意

人生最幸福的時光是童年，而常能懷赤子之心的人，無疑永遠沐浴在幸福中。鹿橋有份赤子之心，有時一丁點兒小事，就能讓他興奮個好半天。他喜歡小動物，也喜歡一些小玩藝。在床頭常有許多小絨製動物。有一次他打球傷了腿，他也給小動物紮上紗布。

回臺灣來，他也買了一堆小玩藝堆在屋裡。兒女們知道爸爸的脾性，遇著他的生日，乾脆送些小玩藝做禮物。他陪太太挑衣服，總教她挑些稍微花一點兒的，說她自己挑的花色太素淨。他喜歡人，不分男女老幼。女朋友自然也很多，有些人結婚之後，和過去的男、女朋友便疏遠了，鹿橋卻不，他認為男、女朋友各自婚嫁之後，友誼仍是友誼。因為人間的温馨，全在於人與人之間誠懇相待，他與過去的女友，都常有音訊來往。

在許多方面，鹿橋都能獨出心裁，另具創意。在個性上，鹿橋不畫工筆畫，便由於工筆畫很難讓他發揮創造力。他的博士論文是董其昌的傳記、時代及山水畫，這篇論文開了一個新方向，把歷史、哲學思想，與文藝潮流試作綜合研究。

鹿橋相當懂得吃，也能親自烹調。他們家裡不主張奢華，卻堅持「用心好好地做普通的菜。」做中國菜，在美國當然沒有臺灣方便，一些佐料在中國、日本、韓國舖子裡倒也可以買到。鹿橋的原則是絕不用食譜，全憑靈感。認為該怎麼配料、怎麼烹調，就怎麼做，做出來的倒也別具風味。他最不愛吃三明治。偶爾做西餐，太太建議照食譜學著做，他還是要依自己的意思去嘗試。

鹿橋在耶魯十八哩外買小且溪，有山有水，林木花鳥，完全是天然景觀。他開闢了「明湖」，引進陽光，並可避免荆棘蔓草生長；他親自修建「延陵乙園」，蓋房子用舊木材，有時還是方拆卸下來，還帶有釘子的老木頭，他隨興建築。

五、徒步旅遊，助長文思

抗戰軍興之前，鹿橋正在做長程的徒步旅行。他與同學一人由天津出發經河北、山東、江蘇、浙江、安徽，走了一萬多里。那位同學後來去考大學，他獨自又自徽州去南昌。他對中國山川地理、風土人情的認識，很多來自這段閱歷。他與夫人去日本遊玩，

慕蓮與四個孩子親情濃郁

（吳昭屏提供）

親睦和樂一家人 1971

（吳昭屏提供）

也徒步走了不少路。平時在且溪，住在一大片山野環境，更常一家人散步徜徉。

每個文人都有各人寫作的特殊癖性，他們的書桌，也往往是太太們最頭疼的地方。鹿橋的興趣多多，研究的範圍廣泛，關心的事情也多，在聖「鹿」邑（這是他的音譯），兒女們長大出外求學以後，他把孩子的書桌、房間都派上用場。有的是為「右手」寫本行學術論文用，有的是為「左手」寫文藝創作用。有的存放待回覆信件，有的是該唸的書籍，有的是學生們的作業。夫人也僅是看看可以收拾的略加收拾而已。幸好他因為寫作態度嚴肅，一向處理有關資料與筆記都不假他人之手，大致上也還不必為他操慮，夫人一切便由著他順性做去，也只有這樣，才成其為鹿橋的家的特色。

六、幾樣心事，且順自然

鹿橋三子一女。老大、老二現在在研究所。老么今年夏天大學畢業。老大學建築，與父親的美術接近；老二是女兒，與媽媽一樣學生物；老三學電機、物理，已畢業做事；老四學的是人類學，與父親的興趣也很相近。鹿橋對於兒女的教育是愛心與快樂。他們是個有教養的家庭，從不作興怒聲呵責，更沒什麼鞭棍懲罰。他疼愛孩子，也從小尊重孩子。他認為兒女到了相當的年齡以後，就該培養他們的自我判斷能力，由他們自己去決定許多事情。

鹿橋伉儷在吃穿方面，居家過日子，仍然保留幼少時期的中國習慣，吃中國菜，穿長袍旗袍。對於兒女的婚事，難免也有一種未嘗道出的願望：要是能有中國媳婦多好！

要是能有中國女婿多好！但是他們既然尊重孩子，由他們自己決定事情，也就沒有干涉兒女的交友、選擇婚姻對象的道理。孩子們都在美國出生長大，他們接觸的也多半是美國孩子，彼此思想也沒什麼差異。孩子們偶而也帶男、女朋友回家來，也都是美國孩子，慢慢兒地，鹿橋伉儷把盼望有中國媳婦與女婿的心思也看淡了，還是順其自然吧！

在鹿橋完滿的生活中，如果說有缺憾，那大概就是：兒女沒能接受相當的中國教育，未能具備閱讀中文的相當能力。當他們伉儷兩人說著一口漂亮的北平話，老大老二小時候國語也說得很流利，老么四歲時能背誦「禮運大同篇」。無奈上學之後就講英語，國語就不如英語方便。孩子們在外，也常見到有人捧讀父親的作品，可惜他們就沒辦法看懂。他們在大學時代，也出於自覺，想彌縫這個缺憾，老大、老二、老么都在哈佛讀書時修過中文。問題是使用得太少，學的也實在不夠。

鹿橋六十歲，他有許多寫作計畫，卻一直未能勻出相當空暇來完成。為了寫作的需要，他曾經考慮，是否有必要提前辦理退休。他的夫人卻遲遲未敢附議。因為他喜歡朋友，喜歡學生，他的教書生涯雖然使他騰不出充裕的時間寫作，但卻使他的生活充實而愉快。至於退休之後，他希望時常能旅行，也常回臺灣來，在熟悉的文化背景下，適合於自己習性的中式生活。同時在且溪的延陵乙園，二十八年來時造時停，也想繼續研究擴展。反正他是又閒不住，又由著性情做事的。

——刊於一九七九年五月二十一日《臺灣時報》副刊

鹿橋旁白

鹿橋

四月二日，臺灣時報來訪問，說好完全由慕蓮一人招待，給了我半日休息。事後梅新先生一定要我看紀錄文稿，並要我寫一小段兒，這倒是未曾經驗的挑戰。

多年來我漸漸對訪問文字有了一種認識。所訪的人與所寫的人之間，無論出自什麼大手筆，都自然會有相當距離，這是在情理之中的事。筆下描寫的受訪者往往被理想化；或好、或壞，視來訪的動機，與心目中讀者大衆的願望如何而定。既然如此，讀訪問記也就有了方法：只讀敘述事實部份，跳過稱讚（或是批評）部分。注意名詞、動詞，只略略掃過形容詞及副詞。

自訪問文字也可以看出社會的保守與創造的氣候：若是以社會的習俗來稱讚或批評被訪者，這社會的情緒，至少在訪問者心目中，是保守的，是停滯的。若是照著實際觀察來描述，毀譽由讀者自己處理，這社會就是生機勃勃的，開放的。

這一篇訪問記另有一個特點：被訪的是慕蓮，而談的一半以上是我。我看了以後，改正了幾點史實上的錯誤，又因文氣關係，補充了一些材料如那歪詩一首之後，我就劃去了一些稱讚我的形容詞句了。（稱讚慕蓮的形容詞我刪得少些。）

再說，我心目中的好壞並不是社會上習俗的好壞，而且是有時相距甚遠。為了中國文化的前途，我深深希望我們改去許多習俗的觀念。我若是對一切都接受，那我四十多年來，在思想工作上孜孜不倦都是為了什麼？

有時候一篇訪問記把我寫的太似社會心目中「應該如此」的人了。我只能對作者說：「你把我寫得太好了！」意思就是說：「這篇文章寫的太壞了。」或是：「我們的社會太老朽了，沒有多少改革的生命力了。」這是我不甘心的。

但是多一半是在上面兩種情形之外，還有訪問者本人也太熱情了、太年輕了的因素。這一篇仍要算是偏於「太好」的。但是，由此可以看到，我們的社會是逐漸走向進取、革新、而創造開放的了。

舊的自然也不完全要改，新的更不是一定就好。但是我們若不下一番功夫，用我們的心智，而人云亦云，哪裡會有光明的前途呢？

歷史就是傳記的組合，傳記又是文化的鏡子。所寫的人，反倒沒有什麼重要。不過照著鏡子，我們容易「溫故而知新」。讓我們多做些切實的、文化上的溫故知新的工作罷。

（一九七九年五月七日方自澎湖歸台北）

——刊於一九七九年五月二十一日《臺灣時報》副刊

往事如煙——鹿橋姑父與我

樸月

時光飛逝！鹿橋姑父去世，竟然已一年多了！一位我們共同的朋友提醒我：「你忘了你跟你姑父之間有過承諾，誰先『走』，另一個人要『寫』，以誌交誼的？」

我沒有忘。

那是一九九八年，他來臺之前的事。許多藝文界的朋友知道我們是親戚，而且關係親近密切。對臺灣他廣大的讀者來的說，「鹿橋」似乎是個遙不可及的人物。熟悉他的「書」，甚至為他的書寫書介、書評的人多，但很少人有機會認識這個「人」，更遑論深交。所以，許多報章雜誌的編輯朋友，都慫恿我「寫」他。我卻覺得著墨甚難；有時候，人與人太熟，也會造成一種書寫上的障礙。他也說，那是不必要，且沒有意義的事。他一直關照跟他認識的文友，要評論他的文章，悉聽尊便。但，不要寫他這個「人」。他說：

「人還活著，寫什麼傳！要寫我，等我不在了，也還不遲。像我寫李達海，也是他

鹿橋夫婦於聖鹿邑住宅廚房

（吳昭屏提供）

登其堂 入其室 下其廚 2000 7 29

（ 樸月提供 ）

『過去』之後才寫的。」

於是，我們戲約：誰先「走」了，就由另一個人來寫。其實，以我們之間的交誼，是無法為對方寫「傳」的；那太「知性」了，而我們很少探究對方的一生經歷行誼。能寫的，是由「感性」出發，就所認識的這個「人」，寫一稿「以誌交誼」。

聽說這事的朋友，都罵我胡鬧：

「你比他小那麼多！怎麼跟他說這種話？」

話倒不是這麼說；「黃泉路上無老少」，不是嗎？

他去世後，我曾寫過一篇〈從小童到鹿橋〉，先發表於《中國時報》副刊，又收進他的網站《鹿橋來臺紀實．相關連結》中，以為存念。但那篇稿不是為「以誌交誼」寫的，而是為了讓不曾與鹿橋接觸過的讀者，能藉此文對他這個人有所「認識」。我認為，那比我個人的「以誌交誼」重要。但，所謂「一死一生，乃知交情」，當年的承諾，總是要兌現的。寫他，還是困難的，但我不能不勉力而為。

當去年鹿橋姑父去世的消息見報時，許多人非常意外，為之震驚；因為關於他的病況，一直沒有什麼「風聲」傳出。也有朋友問我：

「你以前知道嗎？怎麼從沒聽你提過？」

事實上，我知道姑父罹患癌症，早在一九九六年的冬天。而在那個夏天，我們再聯絡上之前，已經有十七年沒見過面，甚至也有許多年不通「音問」了。

姑父常提起來就笑，說：

「不通音問就不通音問。一聯絡上，就音問頻繁成這樣！從我們跟你之間的遇合來看，這世上沒『緣』沒『命』才怪！」

與鹿橋姑父、慕蓮姑姑相識，是在先義父（我稱「寶爸」）音樂家李抱忱先生家裡。因為慕蓮姑姑是寶爸的表妹，而且他倆是在李家相識、相愛、相許的。幾乎可以說，當年是我寶爸把他隻身在美的表妹薛慕蓮，許嫁給鹿橋姑父的，兩家關係極為親厚。

在相識後的談話中，當然談到了《未央歌》。他問我：

「在這本書裡，你最喜歡誰？」

大概一般人的答案都是大、小兩對男女主角吧？我卻另有想法：

「男生裡，我最喜歡大宴。女生裡，最喜歡史宣文。」

這答覆頗出他意外。我想了想，接著往下說：

「其實，我覺得您《未央歌》裡寫得最失敗的人物，就是藺燕梅；太不像真實的人了！」

一言既出，舉座俱驚。尤其幾位年輕又仰慕鹿橋的朋友，幾乎為之失色。

但這是我最真誠坦白的話。當時，我是帶著孤注一擲的心情說的；我不知道鹿橋會有什麼反應。如果他生氣，我將對這個人失望；那就表示他並不具備如我所期許的風範器度，不值得我敬慕。即使因此失去與他交往的機緣，也就沒什麼可惜了。

然而，他卻並沒有讓我失望。他很驚異，更明確的說，他很驚喜的注視了我一會兒，笑了：

「你知道嗎？多年來，我一直等著有人來跟我說這句話！今天終於等到了！事實上，這書裡許多的人都是有原型的，就是藺燕梅是杜撰！」

他說，藺燕梅的容貌，是當年他幾位「女朋友」的綜合體，綠綢雨衣是實有的。人物的性情、風華、故事情節，則全出於杜撰。甚至可以說，他自己也是藺燕梅的一部份；像餵松鼠，給松鼠咬了手指頭，就是發生在他自己身上的事。而有些心性、思想，也是他自己的寫照。

那天在座的，都是寶爸的年輕朋友。在兩位童心未泯老人家的導引下，歡言笑語洋溢滿室，直到夜深，才盡興而散。

當時，我們都沒想到，我們的這一番相識、相聚，彷彿是冥冥天意的一部份；沒過幾天，寶爸就因奔走推動軍校合唱積勞，導致心臟病突發去世了。因為他的家人都在美國，姑姑、姑父和我，同時成為最後給他送終的人。

因為這緣故，姑姑對我特別的憐愛疼惜。姑父更挺身而出，成為我那一段時日中的「護守天使」，像老母雞護雛似的，處處維護著我。由於太多的媒體爭相訪問，使得他們疲憊不堪。住在親戚家的他們，決定請親戚「擋駕」，不再親自接聽電話了。但他鄭重的對我說：

「你要有事找我們，半夜也好，凌晨也好，只要告訴接電話的人你是『劉明儀』，我們一定會接的！」

辦完喪事，他們準備回美國的前夕，特地找我去吃飯、話別。姑父誠懇而嚴肅的對我說：

「明儀！我們就要走了。我一想起你，就放心不下。你看！這一段日子，你一受委屈，就哭。我就趕忙擋在你前面維護你。我走了之後，你怎麼辦呢？你得跟我說，以後你會好好的長大，學著照應自己。遇到什麼事，自己拿主意，不再依賴別人擋在前面了，也好讓我放心的回去。」

其實，我不是愛哭的人。只是在寶爸去世之初，乾媽還沒有趕來前，以我的立場，有責任守著他那已沒有了主人的家等乾媽回來。而竟然有無聊的人來質疑我的身份：

「你說你是他的乾女兒，我們可沒見過你。我們認得的他的乾女兒可不是你！」

在寶爸去世前的幾個月，我幾乎天天到他家去報到，陪他吃晚飯，並為他描譜。許多常去他家的學生、小朋友，像師大的張琦華、女師專的吳玉霞、世新的文念萱、政戰音樂官胡莘芝、國科會的陳玉貴等，都跟我成了好朋友。如果他們沒見過我，顯然是他們不知多久沒答理老爺子了。但在那哀傷混亂的時刻，身心俱疲的我，哪還有心力在這個問題上與他們糾葛？只好委屈地向姑父、姑姑哭訴。姑父立刻挺身而出，冷冷地說：

「我們不知道李抱忱有幾車乾女兒！但在他去世之前，我們兩度來看他，跟他吃飯，他介紹給我們認識的乾女兒，就只有這一位！到最後，送他進醫院、進殯儀館的，也是這一位！」

到乾媽回來，治喪委員開會的時候，他只提出一件事，而且非常堅持：

「一定得把『劉明儀』的名字，以義女的名份列在訃聞上！」

我知道，他是以此維護我，還我公道。但也因此給他留下了：「這孩子什麼都好，就是遇事沒主意，太愛哭」的深刻印象。到他準備返美時，寶爸的後事已告一段落，我哪還需要他擔心？於是，我向他保證：

「姑父，您放心！我一定好好兒長大，凡事靠自己，不再依賴別人保護了。」

他聽我這麼說，笑了，在我帶去請他簽名的《人子》上寫：

「明儀侄女，快快長大！立定腳跟，方成人子。」

這一別，就是十七年！其間，我給他們寫過幾封信，姑姑也回了幾封。後來音信由疏而絕，就「音問不通」了。

寶爸去世後，因著他生前的期許，我開始以「樸月」這來自李家排行的筆名寫作、出書。又在他的音樂界好友，當時旅居香港的「松、竹、梅」三老：韋瀚章、黃友棣、林聲翕三位伯伯的鼓勵督教下，創作歌詞，走出了自己的一條路。而這一切，遠在美國的鹿橋姑父和慕蓮姑姑是不知情的。

一九九六年夏，我第一次去美國弟弟家探親。一則，寶爸曾對我從事文學及歌詞創作有所期許，至此小有成績。我覺得，能代他「驗收成果」的，只有姑父、姑姑。二則，我也想向姑父、姑姑表達對他們當年維護之情的感念；想讓他們知道，我真的「長大了」，也有了自己的一片天空，他們可以放心了。由於長久的隔離，我甚至不知道手邊的地址還正不正確。所以，臨行還特地向在報社任職的朋友要了他的電話號碼。

我打電話時，實在不確定他是否還記得那麼短暫相處，卻疏隔了十七年的我。因此，問明了接電話的是他本人後，我用慎重的語氣，一字一句，緩慢而清晰的說：

「我從臺灣來，我是劉—明—儀。」

答覆我的，是一聲近於驚喜的歡呼：

「明儀！真的是你？太好了！這兩天，我和姑姑正念著你呢！」

我大為詫異。他解釋：

「我們剛接到一封信，是大陸那邊音樂界的人，為中國音樂史修補與海外隔離的斷層，想找你『寶爸』的資料。我這兒不多，你乾媽他們那邊也說沒有。我跟姑姑說：『這事，找到劉明儀就解決了。』姑姑說：『當初，人家是有信來的，是你沒給人家回。如今，十幾年了，人事變遷這麼大，你到哪兒找人去？』我們正為這事犯愁呢，你電話就來了！」

他竟連我對他們的稱呼，和「寶爸」這個特殊的稱謂都記得一清二楚！他說，他們十分感嘆，都覺得恐怕再也找不著我了。沒想到，就在接信的兩天後，我會自己「送上門去」！這事讓他又稱奇，又高興。我承諾回臺灣後會處理這件事，他放了心，關切地問起我這些年的經歷與生活。

他沒有料到，當初那個讓他不放心的「小孩」，竟與他「同行」，也成了從事筆耕的「作家」。還出了十幾本書，而且非「文」即「史」，使他這一生崇慕中國文化的人大為歡欣。

那一次，因為他們住在美中密蘇里州的聖鹿邑，我則住在美東康州的弟弟家，路途遙遠，因此沒有見面，但通了不少電話。他們還特地寄了兩盒乾果軟糖給我，說是以表歡迎之意；在他們心目中，我大概還是當年的「小孩」吧？在他寄來的地圖導引下，也曾特意到他在康州自己動手修建的「延陵乙園」參觀。可惜因為房客不在，我們擔心惹上「擅闖民宅」的麻煩。未敢久留，也不能儘情暢遊，只照了幾張照片就匆匆離去。

這一番「重逢」之後，才開始由姑父親自給我寫信了。後來，我笑問他們，當初，我去信都由姑姑回，是不是他跟姑姑說：「這是你的親戚，當然你回！」

姑姑笑，姑父顧左右而言他：

「你要知道，我的信沒什麼稀罕。姑姑的信可比我的信珍貴多了！」

當然！姑姑是一切以他、以家庭為中心的人。姑父愛熱鬧、愛朋友，他們家來往的，幾乎全是姑父的朋友，很少有屬於姑姑自己的親友，當然也就很少有寫信的必要與機會。

以前被他劃為「姑姑的親戚」的我，後來可就「喧賓奪主」，公然列入他的「至親好友」名單了。

說他「喧賓奪主」，一點也不誇張。比方說打電話，如果是他接的，他就高高興興的跟我說話。說完了，也就理所當然的掛斷了。還得我特別提出「我要跟姑姑說話」，他才會想起讓姑姑跟我說話。後來，姑姑也習慣了，我打電話去，若是她接，她總先說：「你等會兒，我去喊姑父。」

他家有好幾具電話分機，他們的生活中心——廚房裡的一具，還是免執聽筒的擴音電話，所以，我們時常是三方對話。我常笑：三個人通話，通常是一個大人，兩個小孩；大人一定是姑姑。有時是兩個大人一個小孩，小孩也不一定是我。

姑姑是性情內斂沈靜，溫言緩語，「吉人之辭寡」的人，總是聽時多，說時少。姑父則如姑姑形容：「誰說得過小童呢？」他一「開講」，姑姑簡直就插不上嘴。因此，他在家的時候，我們姑侄倆頂多彼此問候一聲，沒什麼機會長談。總是我和他對話，姑姑在一邊聽。偶爾傳出她的輕笑，或在耳朵有點背的他，聽不清、記不得的時候，從旁補充。或在我們意見分岐，爭執辯理的時候，輕言慢語的發表意見，打個圓場。偶爾，我打電話去，姑父不在家，我和姑姑就都特別高興。因為我們姑侄倆可以痛快的說些「體己」話；時常是拿那個「小童」當話柄，嘀咕他那些可笑的「老孩」脾氣，相與取笑，樂不可支。

最常被我們拿來取笑的，是他的「忙」；從我們聯絡上起，他最常告訴我的就是：「忙」，而且「忙得不得了」。可是，該寫的文章、該回的信，卻總是遲遲不能交代。有一回，他告訴我，他桌上有一張「回信」單子，好長好長了，都沒法回，他急得不得了。又說起什麼地方催稿了，常把他逼得又急又慌！

姑姑說，他下筆其實很快，但「想的時間太長」，所以寫稿也好，回信也好，總是不容易完稿。

在寫作上，他是個求全責備的「完美主義」。下筆不慢，醞釀的時間卻長，這當然是他寫作態度的嚴謹，也無可厚非。另一個原因，卻是這個人率性慣了，常「跑野馬」；明明手上有趕時間的工作，卻時時分神去「玩」他一時興起的「不急之務」。而且一栽下去，就不知什麼時候回頭。以致於工作老是延誤，沒有效率。偏心裡卻又放不下，還是惦記著那些越積越多的信債、稿債，就更心慌意亂了。他的「忙」，除了實質，有時還得加上這「心理因素」。因此，我總忍不住嘀咕他：

「做事沒個輕重緩急，就不能把要緊的辦完了，再辦別的？老分心去忙不急之務。做著這頭，懸著那頭，沒事給自己找壓力。結果，就像您那張本來誠心誠意準備回的『回信單子』，到頭來都成了『不回信單子』！」

我還取笑：

「當年，我的名字大概也曾在您的『回信單子』上吧？結果，十七年也沒見到回信！」

他大概從沒見到過這麼「難纏」的人。遇到「看不過去」的事，非得「愛人以德」的把話說明白不可！鬧得他沒法，嘆氣：

「我現在做什麼事的時候，常先想：明儀知道了，會說些什麼？」

我就抗議：

「我就那麼又囉嗦、又霸道？」

自己想想，又不覺失笑；好像還真是的！

他的小朋友鄧潔華知道了，笑說：

「我看，你那位姑父對你這侄女真是又愛、又怕、又無可奈何！」

姑姑在我們單獨談話時悄悄告訴我，她聽我嘀咕姑父的時候，都很高興。因為，我所說的，她都極有同感。而且，也都是她想說，又怕他心裡不舒坦，鬧小孩脾氣而沒有說的。

有時，我打電話去，姑姑告訴我：

「姑父正睡覺呢。」

時間是他們的上午十點、十一點。而有時，我卻在臺灣時間下午三、四點鐘；他們那邊半夜三、四點，接到他的傳真或電話。驚愕之餘，不免又嘀咕他「起居無節」，生活不規律。他只好「投降」：「我講完了就去睡覺！」省得我囉嗦。

後來，他跟我解釋，多年來，他已養成了「分段睡眠」的習慣。小睡三、四小時，醒來繼續工作。累了，就再睡一下。但這可苦了姑姑，鬧得吃飯也不能定時。有時他們那邊都晚上九、十點了，我打電話去，姑姑還在等他睡醒，沒吃晚飯呢！

當初，姑父跟我才通兩封信，就「抱怨」：

「你家沒有傳真機嗎？真不方便！等接到你回信，我老早把給你信上寫的事都忘了！」

我當個笑話跟母親說。母親二話不說，就要我去買傳真機；我們日後音信的頻密，與此大有關係。因為他可以隨時想到什麼事，寫幾行字，按個鍵就傳了來。我們之間傳來傳去的信就此多了。讀書心得、寫作題材、見聞、思想、感懷、乃至生活上的趣事，朋友間的往還，都在分享之列。

他曾給我一封信，很有趣。上款是我的本名「明儀」、筆名「樸月」並列，還問我們「雙好」。他在信中說：

「你們兩位，是兩個人格，明儀儘可以侄輩呼我們為姑父、姑姑。樸月則與鹿橋平起平坐！」

我開玩笑：這是鹿橋作媒，把「樸月」嫁了「明儀」。

在這基礎上，我們之間的情誼，快速的以親情與忘年知己之情雙線並行的發展。雖然相識十七年，直到這時，他才跟我說了實話：

「你知道的，我在心性上一直是個『小孩』。你寶爸去世那年，我雖然六十歲了，可從來也沒有這麼直接的面對過死亡。你絕對想不到，當時，我自己心裡害怕得要命！可是，你比起我，更是『小孩』了！那麼可憐兒的，我要不站出來保護你，你怎麼辦？」

我真沒想到，他是為了保護我，盡一個長輩的責任，才努力克服自己的「小孩」心性，支撐起「大人」架子，為我擋風遮雨的！不禁為之動容。

就在聯絡上的那年冬天，他從美國打越洋電話來，鄭重的對我說：

「明儀！我有件事要告訴你；我本來不說的，姑姑說要說！」

我被他這麼「嚴重」的語氣所震懾，不知發生了什麼事。他單刀直入的說：

「我得了癌症。」

旋即卻又笑了起來：

「你看！像我這樣的人，怎麼能得這種病？真是！」

因為許多醫學理論都認為，情緒消沈、壓抑的人，比較容易罹患癌症。所以他好像覺得以他這麼一個自許開朗曠達的人，得這種病，怪「丟臉」的。一句話，把我也逗得笑了起來，沈重的心情好像也舒解了些。

姑姑要他告訴我，想來是她認為應該給我一點心理準備；當年寶爸去世時，他們眼見我的傷慟，令她不忍。姑父要求我保密，我應諾了，也真「守口如瓶」；這事就成為我們間共守的秘密。他接受了放射治療，情況良好。每次追踪檢查之後，他都會有電話或傳真告訴我情況。讓人安心的是：追踪檢查的報告一直很好。而我們的情誼也因著這番休戚相關，與日俱增。

雖然得了癌症，他還是很曠達樂觀。有一次我問他：

「您最近身體怎麼樣？」

他認真的說：

「我希望你不要問我身體怎麼樣。要問，問我的心境好不好。那我就可以告訴你，我的心境很好！」

當初，雖然對他們的稱謂很「親」；相識之初，寶爸就叮囑我，一定要跟他的子女一樣的稱呼，而且，「一個字也不許多！」因此，從一開始，我就是喊他們「姑姑」、「姑父」的。但心裡總不免有著「名不副實」的「心虛」。但這一番「重逢」後，卻很快的拉近了原先因著時空阻隔的距離；在感覺上，直到這時他們才真正是「姑姑」、「姑父」了；我們彼此間真有了那種與稱謂相副的情親。他的生活情況、工作內容，思想、心情，甚至，他們要離家到乙園，或到哪個兒女家小住，應邀到哪兒演講，他都會預先告訴我，並留下聯絡的電話。我也一樣，事無大小，都會向他們報告，真正是彼此視如家人。

我們都不知道，這一番的重逢與相契，又是冥冥天意的一部份。

在與他們重新「接軌」整整一年（一天都沒多），家母因車禍去世。我打電話告訴姑姑這件事的時候，姑姑非常驚愕，也很難過，詳細的問了當時的情形，不斷的安慰我，要我向家人致慰問之意，說：

「姑父出去了，等他回來，我告訴他。」

到了當天深夜一點多，姑父打電話來了：

「我才回來。聽姑姑說了你媽媽的事。真沒想到……我知道，這時候給你打電話，對你們那邊時間不合適。但，我想，你一定睡不著。我不跟你講講話，我也不能放心。」

他的聲音裡充滿了憐惜與關懷：

「明儀！我想，一定有很多人勸你節哀。可是，哀是不能節，也不必節的。你如果想你媽媽，沒處說，你就跟我說；你想哭，沒處哭，就跟我哭。不要緊的，我願意聽……」

當此之際，被迫必得挑起主持「家政」的「大樑」，當家中的支柱。強逼著自己忍下哀傷，還得安慰、扶持著顯然比我更六神無主的父兄，真正是沒處哭，也哭不出來的我，直到這時，聽了姑父溫慰的話語，才一下撤除了強自撐持，表現得堅強、冷靜、勇敢的外衣，對著電話中的他痛哭失聲。

他和姑姑又重新扮演了當年那「護守天使」的角色。那一段日子中，他們每週打越洋電話來慰問，問喪事料理的細節，也問我的身心狀況。他說，他們很擔心，怕我支撐不住一旦喪母沈重的哀傷，各路人馬紛紛返家，人數倍增的家務負荷，與安排後事的龐雜混亂。

他也懇切的告訴我，他在父親和一姐吳詠香去世時，六神無主的心情；喪親之慟，實際上是人至中年都得有心理準備的。還寄了他乍聞父親去世時的一頁日記來，讓我了解，我現在的心境，他是曾經經歷，也了解的。這些溫慰，成為我傷慟中最大的倚靠與支柱。這一番出於摯誠的心意，令我感動莫名，也決定要好好的回報他。

回報的方式是：幫他處理我在臺灣方便代勞的事。這使他非常高興，也信任的交託。請我幫他處理一些此間的出版事務，及買書、找資料之類的事；這些正好都是他最需要，而我身為筆耕者，又最勝任愉快的。還有就是充當他與朋友之間的橋。因為他忙，寫信又慎重，許多朋友都幾乎失聯了。而在我的一通通的電話聯繫下，又把斷了的

鹿橋 慕蓮攝於福華飯店 1998 11 29

（樸月提供）

鹿橋訪休士頓與美南華文作協文友合影

（石麗東提供）

線接了起來。可笑的是，他把這些人介紹給我之後，好像就全歸我「管」，他自己就「沒事人一大堆」了。他要問好，要問訊，全是：「明儀，你給〇〇打個電話……」就解決了。後來，這些人全成了我的朋友，甚至比跟他還親近。

因此，我戲稱要改筆名為「鹿橋橋」了；老在給「鹿橋」當「橋」嘛。他大笑，也讚美我的「橋」當得好，辦事比他有效率。要是靠他自己聯絡，恐怕這些人就全都「再見」了。其中最讓他高興的是：我竟當了他與「伍寶笙」之間的橋，讓他有相隔一甲子，重拾友誼的快樂。

《未央歌》出版以來，許多人熱烈的想爭取將《未央歌》拍成電影或連續劇，姑父一直是不贊成的。他認為《未央歌》的本質是表現情調、理想的作品，並不以故事情節取勝，不是電影或電視劇所能呈現的。

在《人間四月天》走紅之後，爭取改編《未央歌》的人就更多了，令他相當的苦惱。他告訴我，他基本上是沒有意願的，但想聽聽「伍寶笙」的原型：祝宗嶺姑姑和我的意見；他希望他「不想玩」的意願，能得到我們的支持。

當時《橘子紅了》正在拍攝。就「戲」論戲，這部戲自有其口碑。但讀過琦君原著的人，都知道小說與電視劇之間的落差有多大！而祝姑姑和我都了解，要他授權，不聞不問的接受讓人隨意添油加醬，全然不尊重原著精神的「改編」，絕不是姑父所能忍受的。若要他參預其事，他年事已高，又哪有時間、心力在那麼繁瑣複雜的電視事務上耗！而且，讓現代那些金玉其外，卻談不上人文素養與內涵，倒三不五時的炒個緋聞，鬧個八卦的明星們，去詮釋他心目中高潔的天使，和書中那些博學深思，追求理想的有為青年，又如何讓他接受！因此，我們都表示支持他「不玩」電視劇的意願。他才鬆了一口氣，高高興興的拒絕了將《未央歌》拍成電視劇的要求。

許多人都認為他的《未央歌》太烏托邦了。他也承認，他並不是不知道當時一些醜陋的現實。但他覺得那些事情「太不乾淨」，寧可為讀者保留一方淨土。這樣的想法，一直到他晚年都沒有改變；也可以說，他竟然到了八十多歲，還堅持著他「乾淨」的為人處世原則，沒有受「污染」。在我們談話中，使我產生一種感覺；或許，這還拜他早早的赴美留學之賜。若是他沒有出國，不論是留在大陸，或到了臺灣，以當時的政治生態來說，恐怕都未必能見容於兩方的政府當局，也許就把這樣一個率性任真的「小童」給扼殺了。

記得，一九九八年底，史博館邀他來臺演講，並提供機票。他問我到美國都坐什麼艙位？我說坐長榮的「豪華經濟艙」，座位比經濟艙寬大舒服，價位比商務艙便宜很多。他認為這很合適。後來史博館告訴他，他們可以換商務艙的機票，他拒絕了，淡淡的說：

「這不是我做人的風格。」

以年齡、以德望，他當得起的！但，他不要，只因為，他堅執他自己的風骨，和做人的原則。不知道別人怎麼想？我是因而更敬愛他幾分，更以有姑父如此為榮、為傲。

在姑父、姑姑停留臺灣的二十四天中，我陪伴了他們十八天。許多人排班輪不上請他們吃飯，我倒被他們請了六頓飯；他們不喜歡應酬，常千方百計推卻各方的宴請，寧可自己留在飯店裡吃。我若在場，當然就帶著我去。但一同用餐，我卻沒有機會「請」他們，因為他一來就「警告」我：

「你可別跟我搶付帳，你要搶，咱們的交情就『完』！」

理由是：他是長輩！記得當年，我們聯絡上不久，他和姑姑到康州且溪他自己修建的「延陵乙園」渡假。我請舍弟一家去探望二老。他們約在一個中國餐館共進午餐，舍弟悄悄的把帳先付了，竟惹得他很不高興，一想起就「罵」：

「明中真不懂事！沒規矩！他是個晚輩，怎麼能跟長輩搶付帳？」

有此前車之鑑，我當然不招惹他。在那段時日中，就高高興興的陪著他和姑姑吃遍了「福華」的清粥小菜、自助餐、廣東飲茶、江浙菜和日本料理。

多年來，在頻密的電話、傳真中，我們彼此都是以最坦誠、直抒的方式相待的。也因而發現彼此的心性、喜好、乃至對人、對事的看法等，都十分相近；其中很重要的原因，是他對中國文化崇慕已極。臺灣、大陸兩地我見過的中國「文化人」不少，卻很少見到比這位在美國住了大半輩子（超過五十年）的姑父更「中國」的人！而我，正好又是古典文學、史傳、詩詞薰染出來的。因此談文化也好、論書史也好，許多對人對事的看法也好，都相當接近。乃至提起某首詩，某闋詞、某段文章，他一提上半句，我就能接下半句。連說笑話，都常是引經據典的。這種不落言詮的「雅謔」，還真得文化層次旗鼓相當，才能彼此會心。而且，以他的地位、聲望，有些人因為太崇慕、敬畏而「不敢放肆」。有些人因有所干求，不免在言辭間有所保留或迂迴。我對他則因有著親情兼忘年知己的親厚，彼此無間無猜，說話非常的直接坦誠。這完全符合他的率真個性，或也因此，他反而特別願意跟我談話、給我寫信。

從一九九六年聯絡上開始，到二〇〇一年秋，他因病重，自言「寫封信都難於上青天」為止，五年累積下來，他給我寫的信，竟達一百三十多封。他自己常說：「我這一輩子，寫信最多的人，就是你了！一年裡，給你一個人寫的信，比給多少人幾年加起來都多！」

因為用傳真，這些信他都留著底稿，我寫去給「姑父、姑姑」的信，怕傳真紙字跡日久消失，他也都影印下來，偶爾發現哪一張漏印，字跡不清楚了，還要我從電腦裡找出來，重傳給補上。

這種函電交馳的頻密，幾同於另一形式的週記。信的「串連」，幾乎是雙方生活的縮影。更何況，還有那麼多電話填補書信之不足。這種彼此「貴相知心」的了解，他開玩笑：

「你簡直都可以當『鹿橋權威』了！這些信，說不定以後都成了『文獻』呢！」

我的想法卻不是這樣的。因為，我認為的所謂「權威」，應該是對這個人一生軌跡，學術貢獻、文藝成就有如數家珍的了解的人。而我對他的認識與了解，卻只是對他這個「人」。對我而言，他只是一個可愛可敬，可以認真的談文論藝的長輩，也可以隨興說笑的忘年知己，而剛巧，他是「鹿橋」。

我自己是個喜歡把人我之間的關係單純化的人，尤其對我所敬愛的長輩，更是不願意讓彼此的情誼沾染上「功利」的色彩，而寧可放在最單純的層面上。因此，雖然在重逢之後，我又出過許多書，當然也都寄給他們看，卻從沒有提過請他為我的書寫序，或寫評介的話。同樣的，他也不曾要我為他做過任何關涉功利的事務。出新書，也不曾要我為他寫書評、書介。也就因為彼此的「無求」，我們之間才能保持著最忘機、最純淨可貴的情誼。

對我的寫作，他當然是關懷備至的。在平日的言談間，他會不經意的讚美兩句，但從不刻意的「評論」我的作品。他說，他認為剛剛出道的年輕孩子才需要鼓勵或指導，而我，在他心目中已是「成名作家」，不需要這些了。他更擔心我太重視他的意見，會影響我的思維或寫作的情緒，而失去了我自己的風格。

「寫作，就得有自己！小說、散文，你都有自己的風格了。寫作的人要忠於自己！別人覺得怎麼樣，都不重要。至於詩詞，我還想跟你學呢！你不是總笑我，沒得到我父親的真傳嗎？」

這話，是因為他曾送過我一幅手卷，寫的是他父親吳藹宸先生的舊體詩。吳家是福州的詩書仕宦家族，五世科名，文風鼎盛，詩禮傳家。老人家長於舊詩，處身於戰亂流離的時代，寫的舊詩，傷時感事，沉鬱可誦。姑父自己雖然從小家裡也聘請了老先生教讀古文，卻不曾認真習作舊詩。偶爾隨興寫著玩，自覺難登大雅，自嘲那叫「順嘴溜」。實際上，他也真的是不講究格律的。因此被我取笑：

「您的詩可真沒得您家老爺子的真傳！」

他常說，這是為胡適所誤；當年，胡適提倡白話文，不鼓勵寫舊詩詞。他這一代人深受影響，所以沒有在這方面鑽研。中年之後，深為後悔，卻已來不及了。更令他不平的是：

「他要我們別學、別作舊詩，他自己卻是會作舊詩的！」

對生長在現今這年代，「居然」會作舊詩、會填詞的我，就格外另眼相看了。

許多人都記得他一九九八年來臺時的風采，那時的他真是溫文軒朗，氣足神完，無法想像他其實是個癌症患者。他來之前特地做了一次檢查，我問他結果如何？他開玩笑的說：

「看這情形，我大概可以活一百五十歲。」

我也笑：

「恭喜！但恕不奉陪；活那麼久，我嫌累！」

恐怕連他自己當時都沒有想到：有朝一日他會舊疾復發，並因而不治。

他舊疾復發的徵兆，顯現於二〇〇〇年夏初。那時，他正準備搬家；搬家之議，起於他們的女兒昭婷家旁邊正好有房子出售。波斯頓哈佛附近的房價很貴，孩子們決定大家出錢貼補，幫父母買下房子；讓二老住到昭婷旁邊，有昭婷隨時照顧，他們才能放心。他雖然欣慰兒女的孝順，卻很苦惱；他捨不得離開住了三十三年的老房子，不想搬家。

當時他寫信給我，署名「鹿公公」。我笑問他，怎麼變成「鹿公公」了？他說：

「憂思令人老！」

這是我從未在他口中聽到過的話。問他憂些什麼？他很「哀怨」的說：

「我煩些什麼，你也不知道；我愁些什麼，你也不知道！」

我還是一貫的嘻嘻哈哈：

「您自己不說，怪人家不知道？」

他跟我談起子女要求他們搬家的事。嘀咕：

「在聖鹿邑，我們有多少同事、朋友、學生，他們不必擔心呀！」

我自己家裡有老人家，很能了解作子女的心情。說：

「話不是這麼說。您們年紀大了，他們分住在東西兩岸，您們住在中間，兩邊都搆不著，怎麼放心？朋友、學生再好、再親，緩急之間，誰能負得起責任？也沒有人敢為您們作主。」

他默然。當時，姑姑也在聽電話，我問：

「姑姑怎麼說？」

姑姑本身不良於行，而且嬌小瘦弱，說：

「明儀！你看，我行動不方便，他也有病。我要跌倒了，他能扶得了我。他若是跌倒了，或有什麼事的時候，我哪能幫得了他？住在女兒旁邊，我總安心些。」

在沒人支持他的意見的情況下，他決定尊重姑姑和兒女們的意願，事情就此定案。

到我二〇〇〇年夏再度赴美探親時，波斯頓的房子已買下。搬家之事，已完全沒有迴轉的餘地了。我告訴他和姑姑，準備到聖鹿邑去探望他們。他說：

「你快來吧！我已經開始收拾，但盡量大致留著原樣等著給你看。等你看過了，我放手收拾，就面目全非了。」

七月，弟媳和小侄女陪我到聖鹿邑，在他家小住。姑父告訴我，這幾個月裡，他已「掉」了十八磅了。

我憂慮的對他搖頭：

「您有那病根子，這樣掉磅，不好。」

他倒還神色自若：

「我也知道不好。這回你們來，我很高興。希望因此吃得香，睡得好，就此停止掉磅。」

我們在他們家住了五天，每天上午，我們自己開車出去遊覽。餘下的時間，就都跟他和姑姑在一起，開開心心的談笑。我有時下廚為他們做菜，有時他開車帶我們出去吃館子。晚上弟婦帶小侄女上樓睡覺了，我和姑姑、姑父在他們當作起居室的廚房裡，總清談到深夜十二點，牆上咕咕鐘不斷催促，還捨不得就寢。

他興致很高，特別帶領我們參觀並解說他那在壁紙上寫滿易經，成為他家最重要「景點」的「獨異齋」（又稱「讀易齋」）。又特意把他《未央歌》的手稿，從保險箱裡拿出來給我看，並允許我照相。我們還特地給隔著太平洋的「伍寶笙」打電話，讓她分享我們歡聚的快樂。那段日子，真過得開心的不得了。

他非常疼愛我那說得一口標準國語，典型「中國小姑娘」的七歲小侄女劉世琳。在他對琳琳的疼愛中，我感覺，原因之一，應該是琳琳這「中國小姑娘」彌補了他的孫女兒們都不會說中國話，已完全是「美國小女孩」的遺憾。並由此了悟，這恐怕也是他對我特別另眼相看的原因；我對中國文化與古典文學的喜好，也彌補了他對兒女們不懂中文的遺憾。

五天飛快的過去，他直感嘆：

「日子怎麼過得那麼快！你們不是才來嗎？怎麼都要走了！」

行前，他秤了體重，竟然也如他所期望，沒有再往下掉磅。

我離開後，他正式動手準備搬家。他波斯頓的新居，還不到原來聖鹿邑的一半大。聖鹿邑整個三層樓加一層地下室的家裡，除了幾間臥室，都堆得滿坑滿谷。這些堆得滿屋子的東西，幾乎全都是他的：書籍、資料、字畫、文玩……有些是他工作需要的，有些是他興趣所在的，有些是他感情寄託的……他平時是什麼也珍惜、什麼也捨不得扔的人，到了這時，卻不得不一一割捨。而且，這種取捨，是誰也幫不了忙的。

搬一個住了三十三年的「老家」，工程之浩大，他身心的疲累可想而知。他把大量的書籍、雜誌、資料捐贈給華盛頓大學圖書館。把無法帶走的東西分別處理，送給合適的人。他送給我的，是他用毛筆寫自作小偈的窗簾，和他用毛筆寫的一幅一丈多長的陸游詩手卷。

窗簾是我自己挑選的。過程很有趣；有一次，他到德州休士頓演講，大受那邊美南寫作協會的歡迎。回來後，跟我說起那邊年輕朋友的熱誠可愛：

「我那些寫了字的窗簾，還是搶手貨呢；好多人都想跟我要那些姑姑用舊床單做的窗簾。」

說著，他叮囑我：

「你可別跟人說，鬧得人家都來要，我可應付不了。」

我一向是跟他們二老淘氣慣了，就用撒賴的聲口「要脅」：

「您要給我一幅，我就不說。要不給，我就給您滿天滿地的宣！」

他哈哈大笑，縱容地說：

「給你，那還有什麼問題？你若來聖鹿邑，還許你自己挑呢！」

我挑選的一幅，是三片條幅組成的，寫著他冬日散步時，拾得枯枝帶回家燒壁爐的小偈。分別寫著：

「鹿邑有添柴，無術亦無才，偶觸會心處，皆因性情來

乙園昔有玄楞虛室，此鹿邑虛室也。」

「俯拾即是，不取諸鄰，俱道適往，著手成春。如逢花開，如瞻歲新，幽人空山，過雨採蘋。」

「四海為家，兩城落戶。鹿橋八十」

上面，還蓋著幾方燦然朱印。我看了喜歡，就告訴他：我要這一幅！叮囑他一定得給我保留。這是相交多年來，我唯一向他「要」的東西。他說：

「噯！小姑娘眼光不錯呀！這是我所有窗簾裡寫得最好的一幅！」

我偏淘氣，說：

「不好，我還不要呢！」

陸游詩，則出我意外；他已經送過我一幅一丈多長的手卷了，寫的是他父親作的舊詩。他寄這幅陸游詩給我時，特別告訴我，這是他自己最珍愛的一件書法作品。因為看了我為「中華兒童叢書」寫的《五十男兒一放翁》，十分喜歡。因而覺得送給我最合適，才忍痛割愛的。他還說，想把他家傳，有先人手澤的一套《全唐詩》送我。因為部頭太大，運送不便，也不是我的寫作範籌。而且，我自己也五十多歲了，遲早還是得處理，所以建議他不如送圖書館，以便供更多的人使用。

在這段時日的往返的電話中，我聽出了他的無奈與疲累，更聽出他對這即將易主的家，充滿了依戀與不捨。

這個家搬得非常「慘烈」，他自己原先就有一隻眼睛弱視，不意，原本好的那隻眼睛也出了問題。而本來就不良於行的姑姑，膝蓋也了出狀況。到後來，簡直是「逃」到波斯頓，兩個人立刻被送進醫院。他動了眼睛的雷射手術，視力雖然還是受了一點損傷，總算沒有失明。復原後，給我寫了一封信，形容他手術後的眼睛：

「……難中也有新覺解：這要從雷射保住我剩下的左眼讀書能力說起。雷射入左眼，在視覺網後面將不應伸張的細微血管燒成疤，免他侵入焦點。血管不擴張了，但那個地點就有一個小疤。這小疤就成了視野中的黑斑。我這個小乖黑斑是個黑蝴蝶，隨著眼睛跑。就在視野中心的左下方。也像一隻亦步亦隨的小黑狗，我若向下偏左移動得快，它也跑得快，尚未踩著他。實際上不可能踩到他。直行看書，它掩了要看的方面，令我不知道這一行看到底了沒有。看英文時，它只在下一行跟我眼自左往右跑，待我看完一行，回到頁左，它已在那兒蹲著等著啦！

有時，另起一行，那頭一個字母，有本文中的四五倍大。這小黑狗就把那四分之三高的下截擋住，讓我猜它是哪個字母：是I還是T或是J，要從下文（不是上下文）猜。

我記日記，幾十年來是橫書，所以也可以說沒有多少不便。但是寫文章則不同，是直行的。我這麼多年要用正體字（不可說「繁」體，那是先生「簡」，又因之稱正為繁），也主張順自然情勢演化。寫「台灣」，不必一定「臺灣」。但「人門南唐金葉子」不要「人斗南唐……」，為了幫助下一代看舊書。

現在大陸的未央歌若要橫排，並已有简体（不寫體），我的黑蝴蝶又撲扇著隨眼飛，我也就帶著小黑狗溜達了。」

他談到「大陸的未央歌」，是他知道大陸已有了簡體字的盜版，並已有碩士生以此為題寫學位論文了。這位女學生夏小芸，也在他的介紹下，已成為我的朋友。

他的心情調適了，感謝上天保全了他的視力，開始計劃寫他答應了給「時報」出版，寫「人與大自然的關係」的新書《乙園》。但進度非常緩慢，因為他們畢竟年紀大了，小毛小病的不斷，時常要看醫生。而他寫作態度又非常認真嚴謹，不肯輕易下筆。

我們無法知道，如果沒有搬家之議，情況會不會改變？但，就面臨的現實來說，他們還幸虧搬到了波斯頓，有女兒、女婿就近照顧。兒子們則是誰有空就趕到父母身邊陪侍，總算安然渡過了那一段對他來說艱危的時日，生活也漸次步入常軌。久違的怡悅，重新在他的言談中出現，使我們都放了心。

但我們樂觀得太早了，沒想到，這一次搬家，對他身心的傷害，竟有如老樹拔根。病魔趁著他這一番的煩、亂、忙、累，且無暇注意身體狀態，再度殘害了他的健康。到了二〇〇一年初夏，他的病情開始惡化。

我一直是每週至少跟姑父、姑姑通一次電話的。到了深秋，過去總搶著說話，讓姑姑都插不上嘴的他，已經力不從心了。姑姑告訴我，化療使他受了很多苦，一開始曾有效，但不久就失效了，反而因此使人飽受折磨，而且疲弱不堪。後來，雖已停止化療，但他的身體已非常虛弱，一天裡，醒的時候很少，總是在昏睡。大家都有了心理準備，他分居東、西岸的三個兒子，更排了班的回家侍疾，照顧父母。

他對自己的病情一直非常清楚，偶然與他本人的通話中，他告訴我，他病得很厲害。從舊病復發起，他已掉了七十磅了；他語聲疲弱：

「你若見到，也會不認得我了。」

我心中慘然；無法想像：那麼高大的人，體重竟比我還輕！

他也告訴我，他受到非常好的醫療照顧，甚至自己也參與了「醫療小組」，為他們做東西方不同醫療概念的溝通。然而，這一切似乎都無補於他的「天命」；他說，年輕時，他父親一位精通子平之術的朋友，曾給他算過命。告訴他：他過不了八十四歲這個「坎」！他笑著說：

「那時候覺得八十四歲離得好遠！現在，已近在眼前！」

他說，他也自知來日無多。事實上，這已超過大夫原先預估的時間了。平日，他昏睡時多，但清醒的時候，心境平和安詳。自覺這一生圓滿、幸福，沒有遺憾。還一再要我不要害怕，因為：

「我自己也不害怕。」

春節，我照例打電話拜年時，他正巧醒著，接了電話。非常認真的對我說：

「我現在，醒著的時候很少。但是，只要我醒著，就跟過去的那個我完全一樣！告訴你這些話，我想知道，你對我是不是滿意？」

彷彿通過了我對他「愛人以德」的嚴苛檢視，他對自己這一生的為人行事就放心了。

我含淚誠摯的告訴他：

「姑父，我對您沒有不滿意。」

他安心的笑了。告訴我他體力的疲弱衰微：

「我總在想到什麼事的時候，就想要寫信告訴你。但你不知道，現在我想寫一封信，難於上青天！」

他敘述他的病情、醫療情況，與目前的生活情形：醫生已經坦白的告訴他：當化療失效，他們對他的病，已束手無策。現在的他非常虛弱，一天中，五分之四的時間在昏睡，只有五分之一時間醒著。即使醒著，也非常疲累，沒有體力，也沒有精神。他說，他知道許多人都關心他的情況，但，他實在力不從心，沒法提起精神來應對。姑姑也說：他病重以來，沒有跟任何人說過這麼多話。

我安慰他說：

「您的聲音聽著還好。」

他笑了：

「我正伸長了脖子跟你嚷呢！嚷得我直喘氣。明儀……我想，恐怕以後再也不可能有這樣跟你說話的機會和力氣了。」

我含淚，卻笑著說：

「姑父，謝謝您跟我嚷！」

感覺他真的太累了，姑姑和我都勸他休息。我都跟他說「再見」了，卻聽到他著急的問：

「明儀，你還在電話線上嗎？」

「在呢。」

他興致很高，又閒閒的談起，他現在醒著的時候，最喜歡翻讀的就是我給他挑選寄去的新版《唐詩三百首》和《古文觀止》。認為那是中國文化經典中的經典。如果，中國人離鄉背井，不允許帶太多書，能帶著這兩本，也聊可慰情了……

他仍不忘他一生最熱愛的「中國文化」，在他最後的時日裡！

果然如他所說，我們再也沒有說話的機會了。我打電話去時，姑姑都告訴我，他精神很差，身體很軟弱，正在昏睡中……

他在波斯頓的三月十九日上午去世之後，姑姑給我打電話，告訴我他走得平靜安詳，她和孩子們都圍在他身邊。他遺言，一切從簡，因此，他們決定火化，不驚動親友，也不舉行任何儀式。骨灰則帶回家來，因為，昭婷不願意她的爸爸離開家。我想，一輩子戀家、愛妻兒的他，留在家裡，一定也符合他的意願。

原本，姑姑準備在臺灣的報上登個訃聞，把資料傳過來，要我在電腦裡處理好了，再送到報社去。後來，因為消息見了報，親友都勸她，她們人不在臺灣，臺灣也不舉行什麼儀式，所有的人都從報上知道了，實在不必再登訃聞了。姑姑接受了這個意見，訃聞沒有見報。鹿橋姑父唯一的一份訃聞，竟是留在我的電腦裡的！

在他去世的三天後，有他的小朋友給我傳e-mail，談及他的事。我回完信，有些口渴，準備到廚房喝水。跨進廚房，身後飯廳的開關「啪」的一聲輕響，飯廳的燈忽然亮了。

非常明確的是：當時，四下無人。我的兩隻手都插在長褲口袋裡，絕不可能是我去開的燈。抬頭望著明亮的燈光，我輕聲問：

「姑父，是您嗎？」

當然沒有回應。一種怡然的熨貼與恬適，卻如暖流滑過心頭，立時撫平了我心中的哀傷；他來過了，我確信。

不由想起他說的話：

「從我們跟你之間的遇合來看，這世上沒『緣』沒『命』才怪！」

回想我們相處那溫馨、美好的快樂時光。忽有所悟；人與人之間的「善緣」，應該是生生不息的累積的吧？我與寶爸、姑父、姑姑之間，前世一定有非常美好的善緣。也相信，這善緣下輩子還會綿延下去！

一生一代一雙人

——鹿橋與慕蓮的故事

樸月

鹿橋姑父在他生命的末程，曾告訴我，他自認這一生幸福、圓滿，沒有遺憾。而就我了解，他也認可的是：在他的「幸福」中，最重要的因素之一，是：他有幸娶了慕蓮姑姑！

最初認識鹿橋姑父和慕蓮姑姑，是一九七九年在我義父（我稱「寶爸」）李抱忱先生家裡。我喊他們「姑父」、「姑姑」，是因為寶爸與慕蓮姑姑是表兄妹。我與鹿橋夫婦之間的「親戚」關係，是由此而來的。

一九七九年春，姑父休教授年假，與姑姑到臺灣小住了幾個月。兩度拜訪寶爸並餐敘時，我都在場。兩度相見，在座都是寶爸素日親近的「小朋友」。寶爸和姑父這兩位老人家，都童心未泯，風趣幽默，妙語如珠。一屋子人，談笑風生，熱鬧非凡。

當時在座，有位陪寶爸跑軍校指導合唱的女軍官胡莘芝，性情非常爽朗可愛。見到溫柔嫻雅的姑姑，為之傾倒；覺得她比我乾媽「可愛」多了。就問寶爸：

「李伯伯，您說，吳伯母是您的表妹。聽說李伯母也是您的表妹？」

青春少年　輕便裝束的慕蓮

（吳昭屏提供）

寶爸稱「是」。並解釋：他的母親是慕蓮的姑姑，他的妻子崔瑰珍的父親，則是慕蓮的舅舅；事實上，他與崔瑰珍之間「一表三千里」的親戚關係，就是從慕蓮家來的。所以，慕蓮可說是他們夫婦雙方共同的表妹；對慕蓮而言，表哥也是表姐夫；表姐也是表嫂，所以特別的「親」。

莘芝聽了，當即指著慕蓮姑姑率直的問：

「那，當年您為什麼不追這位表妹？」

在座的三位老人家相視莞爾。寶爸慢條斯理的說：

「你不知道；瑰珍小我四歲，慕蓮小我八歲。等到慕蓮長大的時候，我已經被她的表姐給追走了！」

我們聽了，為之哄堂大笑。鹿橋姑父也在一邊笑：

「幸虧！你愛玫『瑰』，我愛『蓮』花！」

在初識的談話中，很自然的，談起了姑父膾炙人口的名著《未央歌》。姑姑溫婉地笑著說：

「陪他去演講，總看到人家對著我指指點點，猜我是他書裡的誰。我真想對他們搖手，告訴他們：我不是藺燕梅，也不是伍寶笙。」

這是我知道的。寶爸告訴過我，他們一九四八年在他家認識的時候，姑父的《未央歌》已經完成了，姑姑當然不會是書中任何人物。但這位穿著典雅的旗袍，梳著傳統式的髮髻，具有中國女性典型的溫柔婉約，幽嫻貞靜，蕙質蘭心又風華絕代的姑姑，實在太讓人「一見傾心」了！我由衷的說：

「我知道您不是。但，我想，在姑父心目中，您恐怕是蘭燕梅加伍寶笙！」

姑姑用溫柔凝斂的眸光看著我，微笑著，輕輕拍拍我的手背，低婉的說：

「你說得我太好！」

姑父聽了我的話，回頭望著姑姑，滿眼的似水柔情。姑姑也看著他，斂眸微笑。久久，姑父才撫掌，轉向我笑著說：

「你這話說得真好！她真的是！」

這句話，他就一直記在心上了。好久之後，還提出來誇獎我觀察入微。

與他們相熟之後，我對這位名滿文壇，溫文儒雅，兼具著學者風範，文學家氣質，與「小童」的率真，到處受年輕讀者擁戴的姑父，直抒的「感言」是：

「您可真配不上人家姑姑！看！話全教您一個人說完了，姑姑卻是『不著一字，盡得風流』！」

真的！姑父是非常喜歡說話的人，由於他的興趣廣泛，好像跟誰都能找出話說。走到哪裡，都是談笑風生，語傾四座。有他在的場合，他那清朗的笑語就迴旋不絕。而姑姑卻是幾乎不主動開口的。有人跟她談話，她應對溫文有禮，輕言婉語的。跟姑父言笑晏晏的軒朗開闊，簡直兩極。但，凡是見過她、跟她談過話的人，無不對她那溫婉嫺雅的儀態談吐，留下深刻印象。

大半生受著讀者們衆星拱月，仰慕欽遲的姑父，大概從來沒被人這麼率直的當面

「褒貶」過。他訝異的注視著我，然後發出一陣朗笑，得意之情溢於言表。我心裡不禁想：

「他的『上帝』可真善待他，竟為他量身打造了這樣一位佳偶！」

看過《懺情書》的人，大概都感覺，青年時代的「鹿橋」是很多情的。對女孩子們總充滿了少年維特式的純情愛戀，而女孩子們也都對他特別的好。他在書中自供：在進入「西南聯大」的兩年間，就鬧了十八段子的「故事」；也許，更正確的說法是「慕情」。那純真的少年情懷，讓人覺得又可愛、又可笑。我曾告訴他我對《懺情書》的「讀後感」是：

「鹿橋真是個賈寶玉！」

又愛寶姐姐、又愛林妹妹的！不同於賈寶玉的是：他自幼出身於仕宦望族。書香門第的教養，使他嚴守禮教分際。因此，他執著於男女之間，在婚前都應該「守貞」。所以愛戀歸愛戀，倒也不及於亂。而且，他身邊還有一位「護守天使」——他的學姐祝宗嶺；也就是《未央歌》裡的「伍寶笙」。他說，他每跟一個女孩「玩」，總忙不迭的向祝宗嶺報備。他非常在意祝宗嶺對他的觀感與評價，有什麼事，寧可自己先坦誠「招供」，不希望祝宗嶺從別處聽到加油添醬的閒話，而對他的為人有所疑慮。他也因著對祝宗嶺的的仰慕敬愛，絕不肯做出讓他這位「天使學姐」失望的事。

大學畢業後，他出國留學，在耶魯大學唸研究所；他的《未央歌》就是那段時日完成的。完成的當天，是他二十六歲生日。那時，我寶爸正在耶魯任教。他是少年時代，就參加過寶爸指揮的合唱團，唱過人和殿前千人大合唱的，本是舊識。在那中國留學生不多的年代，中國人在異地相逢，總是格外親切。寶爸天性熱誠好客，鹿橋有事沒事的就往李家跑，為了能痛快的說中國話、吃中國菜，聊慰鄉思。

一九四八年的聖誕節，他在寶爸家認識了當時正在威思理（鹿橋譯名）大學修生物碩士學位，趁著聖誕假期到表哥家渡假的姑姑薛慕蓮。

據他的說法，他對慕蓮姑姑最早的印象，是從錄音中來的。當時錄音機還是稀罕的物品，一般家庭很少擁有。寶爸不知從哪兒借來了一架錄音機，一家人，包括慕蓮姑姑一塊兒錄著玩。當鹿橋到李家時，寶爸放給他聽。他說，在一堆聒耳的吵嚷笑鬧中，聽到了一個輕柔悅耳的聲音，如聞天籟。當時心裡就想：有機會一定要見見這位聲音這麼好聽的小姐。

因為慕蓮是寶爸的表妹，李家的孩子，當然是喊她「姑姑」的。這位童心未泯的大男孩吳訥孫（鹿橋），相識之初，也「理所當然」的就跟著他們喊「姑姑」。記得我們頭一次見面，一聽我喊慕蓮「姑姑」，他就樂了。開心的說：

「聽你喊『姑姑』，真親切極了；我以前也是喊她『姑姑』的！」

事實上，他日常居處間，也還是喜歡喊她「姑姑」；「姑姑」成為他們之間的暱稱。尤其跟我說話，更是理所當然的「姑姑長」、「姑姑短」，常讓我想問：

「您說的是『您的』姑姑，還是『我的』姑姑？」

從「姑姑」到妻子，過程也有如小說。

姑姑在威思理大學得到生物碩士學位後，進入耶魯大學執教。近水樓臺，他常帶著姑姑到處的「玩」。寶爸曾笑說：

「那時，他有事沒事的就往我們家跑，到我們家吃飯。我還挺得意，以為是我們家的菜好吃。過了一陣子，不但他不來吃飯了，還『拐』了我們一個人走！」

當時在美國的中國留學生不多，女生尤其少。他們都是在北平長大的，自有一份地緣的親切；由親切而親近，似乎是順理成章的事。

比他大了四歲的姑姑，對這位小「弟弟」的邀約，顯然沒什麼「戒心」。他最初大概也沒有「存心」；他一向是熱誠的人，跟人見面熟。性情中的那份「熱鬧」，與他筆下的「小童」如出一轍；事實上，他原本就是「小童」的原型。

當時的他，只覺得這位「姑姑」才貌、人品都好，性情溫柔，跟他也談得來。當時留學生男多女少，不成比例。因此，女孩子們一個個全是天之驕女，眼睛都長在頭頂上，不好侍候。而，在家是長女，習於照顧弟妹的姑姑，秉性溫柔謙和，對人體貼寬容。更何況他又比她小幾歲，當然是當個「弟弟」待，十分包容。卻也因此，讓他感覺跟姑姑在一起的時候特別舒坦安適。那時他已買下了康州且溪的一片荒山野嶺；「延陵乙園」的現址，正興致勃勃的自己動手蓋房子。而姑姑這麼纖柔溫婉的女子，竟然也不以為異。更沒有一般小姐的嬌氣，還能穿著粗布襯衫、牛仔褲，跟著他到工地去幫忙。甚至，他學開小飛機，別的女生都不敢坐，姑姑卻坦然無懼的就跟著他飛上了天。這種「貼心」，使他感覺，跟姑姑在一起的時候，特別快樂自在；但好像也只是如此而已。

一九五一年，國民政府已退守臺灣，大陸政局似已塵埃落定。姑姑的父母、家人都在北平，她思親情切，也準備回北平去。

「那時，我們住在東岸。回去的方式，一般是坐火車到西岸，再搭輪船渡太平洋。她說要回去了，我就熱心的幫她跑腿，陪她買東西、打點行李，最後還幫她扛著行李，送她到紐約上火車。直到目送著火車開走了，我一個人慢慢的往回走。心裡悶悶不樂，若有所失，才感覺不對了。」

他敘述著，望著姑姑，滿眼的柔情：

「這麼一個朝夕相處的人，從此就再也見不著了？那可怎麼得了！我心裡開始後悔；我怎麼能就這樣讓她走了呢？這才發現，原來我一直是愛她的！心裡想：沒了她，我以後的日子可怎麼過呀！」

這一由失落感引發的「頓悟」，使他如夢初醒；過去，他一直認為「結婚」是一件不可思議的事；兩個獨立的個體，怎麼能彼此相屬呢？所以，過去他雖然也對不少女孩子產生戀慕之情。但，一感覺哪個女孩想「獨佔」他了，他就逃命似的撤退。直到此時，卻覺得彼此相屬，是那麼自然而美好的事！也發現，原來在不知不覺中，他已深陷情網了。於是照著姑姑告訴他的行程設法追踪。打電話追到芝加哥，終於找到了姑姑。

他說，姑姑在電話中聽到是他的聲音，頭一句問的是：

「我落下了什麼了？」

他叙述至此，我哈哈大笑：

「落下了一個人！」

他笑著說：

「是呀！我就說『落下了我啦』！又說……（這一段他打馬虎眼，哼哼哈哈的，從略）最後，我跟她說，我不能沒有她，我要她回來！還說，我馬上到芝加哥去接她。姑姑沈默了好一會兒，才輕言緩語的說，不用去接了，她自己會回來。我高興極了，算準了時間到火車站去等著接她。」

我笑問：

「那時候的情景，像不像伍寶笙在昆明車站等余孟勤？」

他微微一愣，笑了：

「像！只是，你不提，我以前也沒想到。我那些耶魯同學，日子過得太單調，許久都沒什麼好玩的事調劑了。聽說這件事，興奮極了，拉了個大布條子歡迎薛慕蓮回來。不久之後，我們就準備結婚啦。大家都很高興。但我有個同學宣稱，我們若要結婚，他就自殺！」

還有這麼精彩的「情節」！我忙問：

「為什麼？他也愛上了姑姑？」

「不是。他生氣的說：『天下還有比你們兩個再不像的人嗎？你們怎麼能結婚？』」

我又忍不住大笑，姑父也仰頭哈哈的笑。在我們笑完了之後，姑姑才不慍不火，微笑著說：

「他說他要自殺。可是，到現在也還活著呢。」

當然，自殺也者，也不過誇張的說說而已。這一雙佳偶，以事實證明：他們真是天造地設的絕配！但，想想他說的也真沒錯；天下還有比他們更不「像」的人嗎？他們兩位的性情，姑父好動、姑姑好靜；姑父感性、姑姑理性；姑父奔放、姑姑內斂；姑父率真，姑姑溫柔……也真是兩極！有一回我跟姑姑聊天，說起姑父這個人真「熱鬧」。姑姑輕笑，說：

「他太熱鬧，我太不熱鬧。其實，就個性來說，我跟他也不一定那麼合適。」

我的看法卻是：以姑父那又直、又急的小孩脾氣，要是兩個人都「熱鬧」，恐怕沒幾天就吵翻了。他們二位，卻正好互補。而且姑姑心胸的寬廣、包容，少有人及，因此才能有這樣歷時半世紀的美滿姻緣！

他們兩個人結婚時，年紀都不小了；姑父三十二歲，姑姑三十六歲。我不免驚嘆搖頭，笑：

「當年，您們身邊那些男男女女的都瞎了眼了？就能把您們兩位好男好女閒擱到那年歲，等您們認識、結婚！」

姑父也笑：

「不就是那根紅繩子嗎？一點也由不得人！」

為此，我還寫了一組詩調侃他：

葩經清艷數蒹葭，道阻何辭溯海涯。十八金釵題詠遍，傾心惟慕碧蓮花。

萬里雲槎赴海洲，摽梅織女待牽牛。仙緣自是前生定，卜鳳吹簫月滿樓。

窈窕詩篇韻最嬌，青衿而立謝投桃。眾香國裡逡巡遍，弱水三千取一瓢。

……

他們的婚姻，並沒有因為年齡的差異而受到來自吳家的壓力。因為，姑父的母親就比父親大，二姐吳詠香也比姐夫陳雋甫大。而且，兩代婚姻都非常圓滿幸福。我不禁偷笑：原來這種「逆配」的婚姻，是吳家的「傳統」！

鹿橋的二姐吳詠香夫婦沒有子女，收了他們的同學董彝九夫婦的兩個兒子良彥、良碩為義子，兩家關係非常親厚。董嫿嫿回憶：當年鹿橋夫婦到臺灣來探訪姐姐，從早到晚，總聽鹿橋追著慕蓮「蓮姐！蓮姐」的喊，「嗲」得不得了。吳詠香又喜又慰，指著他們對董嫿嫿說：

「天下怎麼有這樣恩愛，離不開的夫妻？」

因為結婚時，他們年歲都不小了，又都喜歡小孩。所以兩年一個的趕忙著生了三男一女：昭明、昭婷、昭屏、昭楹。後來學生物的女兒昭婷還跟媽媽說，她實在幸運，高齡產婦連生四個孩子，都沒生出有問題的孩子來。

原先，兩人都任教職。但他們都認為，孩子應該由媽媽親自教養。所以姑姑辭去了教職，專心理家、帶孩子。他們的生活，就靠著剛出道不久的姑父在大學執教的微薄薪水，和寫作的稿費維持，並不寬裕。

那時，畫家陳其寬先生也才初出道，還沒有成名。姑父對他非常欣賞，又擔心萬一他得不到「知音」的賞識提拔，會被埋沒了。就想買一些他的好畫收藏，日後也好以此證明中國曾有過這麼一位優秀的畫家。他跟姑姑商量：薪水全給她家用，但原先貼補家用的稿費要抽出一部份來買陳其寬的畫。

我不知道換了別的以「現實」考量的妻子會怎麼想、怎麼說？家裡的經濟情況已然艱窘，又有四個孩子要養，還要為此「小急之務」！但姑姑二話不說的就同意了。由這件「小事」可以知道，姑姑絕不是一般的「凡妻俗女」。她為了成全姑父，是可以「不辭清瘦似梅花」，安於食貧，做「才子婦」的。

這「才子婦」絕不好當。有一年，為姑父的繪本《小小孩》（取材於《人子・明還》）畫插畫的黃淑英，到聖鹿邑去拜訪姑父。回來，向我形容姑父看姑姑的眼神，是如何的深情款款。竟感動了她的「酷哥」丈夫，覺得應當效法。我轉述這「故事」給姑父、姑姑聽時，姑姑輕笑：

「是嗎？我倒沒覺得。」

我說：

「您看慣了嘛，都沒感覺了！」

姑父在一邊「哈哈哈」，然後說：

「她可不知道，姑父的脾氣才大呢！」

可想而知，像姑父這樣的人，怎麼可能沒有個性、沒有脾氣？尤其他又是個多思多慮，凡事求全責備，性子又直又急，把心情寫在臉上的人。跟這樣的人相處在一個屋簷下，要遇到事事頂真、計較，也一樣個性強、脾氣大的妻子，那真會「家無寧日」。而姑姑卻完全是無為而治，以靜制動。讓我常感覺：姑姑的包容，就像如來佛，帶著慈悲縱容的微笑，看著姑父像孫猴子似的，在如來神掌上翻騰跳踉著。姑父自己也笑著自供：他有時鬧彆扭，使性子，姑姑總氣定神閒，只當沒事，靜靜做自己的事，由著他去鬧。總等他鬧到自覺沒趣兒了，只好訕訕地，自己乖乖下台。

許多人見到他們，都不免驚嘆；一方面也會感覺這兩個人真「不像」。另一方面，卻不能不感動於他們之間水乳交融的深情。姑父看姑姑的眼神，永遠深情款款。而姑姑看他，卻揉和了欣愛與縱容。

姑父曾寄過一篇訪問稿給我看，題目是〈慕蓮是鹿橋的影子〉。這實在讓我有一點不平；以姑姑當年的才華品貌，燕京大學生物學士、美國威思理大學生物碩士的學歷，絕對是可以擁有自己的一片天空的，何必當別人的「影子」？可是，姑姑心甘情願的讓自己退居幕後，當成功男人背後那一雙扶持、成全的手。犧牲了自己的事業，把一切的光彩都歸與他，只默然注視，用那溫柔又愛悅的眸光。

從我認識起，姑姑就梳著傳統式中國婦女的髮髻。髮髻與她的典雅氣質，和身上穿的旗袍是非常相襯的。但無可諱言，髮髻會讓人顯「老」。尤其她本來就比姑父大了四歲，姑父又是那麼個英挺軒朗，言笑晏晏，外表看來比實際年齡年輕的人。

姑父給我看過一些他們年輕時的照片，從早年的照片中，我才知道，姑姑當年也曾穿過牛仔褲、長馬靴，有她瀟灑俊朗的一面。而且，那時她只比姑父矮半個頭，兩個人站在一處，真是郎才女貌，非常「登對」。她是因為後來發生車禍，脊髓受傷側彎。又罹患風溼症，不良於行，整個人才縮小的。而且，早年的她也曾燙髮，綠鬢雲鬟，相當時髦。

我問她，她什麼時候開始梳髮髻的？她說，大概四十歲就開始了。看到書桌前，儒雅瀟灑，始終對中華文化不能忘情，穿著長袍的姑父。我悄聲問她：是不是因為姑父喜歡她這樣的打扮？她微笑著，點頭稱「是」。

這種的「女為悅己者容」，聽在我這現代女性耳中，不免感嘆；她竟就為了「姑父喜歡」這麼簡單的理由，梳了大半輩子的髮髻、穿了大半輩子的旗袍！現代當然還是有人穿旗袍的，但，大概都是在重要的正式場合，當成禮服穿。而旗袍卻是姑姑的日常「家居服」；從我認得她起，二十幾年來，就沒見她改過頭髮的樣式，穿過別款的衣裳。

她自己把她的一切「犧牲」，視為理所當然；為了對姑父及兒女的愛。她認為，她在自己本業上的成就，不一定能超過成全姑父，對社會、文化的貢獻。而且，孩子們由心智成熟的媽媽親自教養，對孩子的人格成長、智慧啟發，和心性、氣質的潛移默化，影響都是深遠的。由媽媽親自教養的孩子，跟交給保母，只照顧了衣食冷暖，卻不能給予親子之間的親情互動和人格教養，是完全不一樣的。

她的孩子們，也都爭氣的為她的看法作了見證；四個孩子，老大昭明學建築、老二昭婷學生物、老四昭楹學醫，都出身哈佛。老三昭屏則是上了高一就直接跳班上華盛頓大學，二十歲以物理、電機雙學士畢業。四個孩子不但都有自己傲人的成就，且都合於中國「孝悌」的古訓；孝事父母，彼此友愛。一年間，總有幾次「家族大聚會」，歡聚一堂。平日雖分居東、西岸，誰一有空，就飛到密蘇里州的聖鹿邑省親，探訪父母。

孩子如此，姑父的確也值得她的「犧牲」。除了在本業及寫作上的成就之外，他對姑姑始終是深情摯愛，兩人鶼鶼鰈鰈，真是「只羨鴛鴦不羨仙」。對姑姑的犧牲，他是領情，也感念的。他形容姑姑對他的照顧，如同「大姐姐」、「小媽媽」。也曾親口告訴我：

「別看姑姑這樣（嬌弱），其實，她是很理智、很獨立堅強的人。可不是她離不開我，是我離不開她！」

我因著寫歷史小說，對命理略有涉獵，曾為他們排過紫微命盤。姑姑夫妻宮的主星是老人星「天梁」和童子星「天同」。完全符合姑父在家一方面當「家長」，主導一切，十分「權威」，總是要人聽他的話；另一方面卻又孩子氣的不得了兩種特質。

於是，我問姑姑：

「姑父在您跟前，是不是有時候像爸爸，有時候像兒子？」

姑姑說「是」。還加了一句：

「不但像兒子，還像給慣壞了的兒子！」

因此，姑姑在說起姑父那些小孩脾氣的時候，最後總是縱容的搖頭，笑：

「這個人哪，沒法兒！」

姑父對我解說的紫微命盤十分欽服，後來常稱我為「月仙」。卻不知道，我只是「照本宣科」，那一點本事，只剛夠「詐唬」他！

他們婚後，幾乎就沒有分開過。甚至，在他得到一年獎助，到東方考察建築藝術時，四個孩子，最大的昭明六歲，最小的昭楹才六個月。換了任何一個男人，都會嫌攜家帶眷的累贅，理所當然的獨自上路。只有姑父，不願意與他摯愛的妻兒須臾相失，堅持帶著姑姑和那四件「帶腿的行李」，全家用一年的時間，一起環遊世界！

姑姑因車禍受傷後，不良於行，他也是走到哪裡都要把姑姑「帶」著。曾看過胡蘭成在一篇文章裡談到他：

「鹿橋到處風光映照，而唯愛他的太太，對世間女子不談戀愛。」

是真的！他就是隨時要姑姑陪在身邊，讓所有的人都看到姑姑的風華絕代，看到他們的伉儷情深，而不給任何可能傾慕他的女子可趁之機。這也是一種「防微杜漸」吧？其實不也是宅心仁厚，最不傷害別人感情的一種方式？

記得有一次，他告訴我，丹佛的中國留學生想請他去演講。我隨口問他去不去？他對我的問話有點不滿，衝口而出的是：

「我怎麼能離開姑姑？」

結果是邀請單位不但請他們夫婦同行，還請他們的老大昭明，老三昭屏一起到丹佛，以便照顧父母。他在回來後，向我叙述這一段經歷時，說：他們去的時候，班機客滿。劃位時，沒有相連的座位了，因此兩人無法坐在一起。他一路忐忑不安，時時回頭看姑姑。中途，姑姑大概睡著了，頭靠在椅邊，他說：

「看她那樣睡著，心裡記掛極了，生怕她給走道上路過的人碰著。總忍不住站起來看著她。」

對兩人分座，他一直耿耿於懷，嘀咕：

「我們結婚之後，就沒有分開坐過！」

感動之餘，卻又忍不住想調侃他。填了一闋〈菩薩蠻・戲賦呈鹿橋姑父、慕蓮姑姑一粲〉寄贈：

蓬萊共赴瑤臺宴，凡塵小謫神仙眷。執手語溫存，依稀舊夢痕。　緣深情未已，盟締他生裡。座隔亦相思，彷徨不自持。

看到他們，並從他們不經意的言詞、眼神及小動作中，分享他們之間的深情時，我想：也許，就因為姑姑受傷，他們才破除了「天妒良緣」定律，而得以白頭偕老吧？為此，我特別選購了一副玉連環，和一雙小玉鞋（鞋一定成雙，而且是「諧」的諧音字，口采好。）的吊飾，作為他們結婚紀念祝福的禮物。他們也了解其中的深心摯意，十分喜歡這份寓意深長的禮物。

一九九八年他們來臺之前，他們已有十八年不曾到過臺灣了。我曾問過姑父，為什麼那麼久沒到臺灣？他說：

「不帶著姑姑，我不放心。帶著她，知道她累，她辛苦，我不忍心。我們真正是『相依為命』！」

這一次，因為史博館再三的邀請，他實在盛情難卻。而且，他也非常想念臺灣，又正好有兩本書要出版，因而動了念。在他考慮這件事時，姑姑自己對我說，她願意到波斯頓女兒昭婷家暫住，放姑父「單飛」。姑父卻是把她交給誰也「不放心」！左右為難之際，他問我：

「要不，留下姑姑給昭婷。我一個人去，一個禮拜就回來，你說怎麼樣？」

我率直的說：

「如果這樣，您就別來算了！您在臺灣期間，活動一定緊湊的不得了，而且多少親朋好友要見，哪有時間讓您休息？一個禮拜，連時差都沒調過來呢，身體怎麼吃得消？您如今可不是十八歲，是八十歲！」

左商右量的，最後決定還是二老同行。我答應，在他們沒來之前，先為姑姑把輪椅準備好。而且，他們在臺期間，除非他們另有安排，不需要我，我全程奉陪。

來臺當晚，他們進了下榻的「福華」飯店，就給我打電話報平安。姑父說，一下飛機，工作人員就推著輪椅上的姑姑從另一道門走了。他心裡急的不得了，偏有記者事先知道了他的飛機班次，守候著訪問他，又不好說。幸好，後來史博館來接的人用手機聯

鹿橋夫婦於福華飯店 1998 12

（吳昭屏提供）

絡，才又跟姑姑會合。他開玩笑的說：

「你看！才來呢，就差點兒把姑姑給弄丟了！」

這事他看得很嚴重。到他們快走的時候，他特地問我，能不能想辦法安排，在進關、驗關的時候，別又把他們倆分開了！我為此特別找了朋友幫忙，讓姑父親自推著姑姑進關、驗關，達成了他的心願。

他們在臺灣的行程很緊湊，姑父應邀到「高師大」演講，十二月一日，我陪著他們南下高雄。史博館安排我住在他們斜對面的房間，以便就近照應。

二日一早，我到他們房間會合，準備一同下樓吃早餐。姑父一見面，就問我：

「你昨晚看到月亮沒有？月色真好！」

我說：

「我的房間在您們對面，您看得到，我就一定看不到。」

他笑笑。然後很「幽怨」的對坐在輪椅上的姑姑說：

「昨天是什麼日子，你都忘了！」

我跟姑姑對望一眼，同時想起：

「結婚紀念日！」

他笑了，說聲「乖」，俯下身去，當著我的面吻了姑姑，十分的坦然自若。對他們來說，我是「家人」，當然不必避忌。後來在他交給我沖洗的膠捲裡，洗出一張姑姑睡覺的照片，大概就是那一晚照的，聊以慰情。

鹿橋 慕蓮攝於誠品咖啡店 1998 12 11

（ 樸月提供 ）

慕蓮 樸月 於史博館貴賓室 1998 12 19

（ 樸月提供 ）

當天下午的記者招待會，我本來是不準備參加的；我想趁著南下的機會，到臺南去探望蘇雪林阿姨。事先已跟他講好了，臨時，他卻要求我參加記者會，以便在他應付記者的時候，幫他照應姑姑。我這才了解，他對姑姑的深情，竟是讓姑姑落單一會兒，也是不安心的。

在臺期間，總見他一路親自推著坐在輪椅上的姑姑，不假他人之手，還聲稱那是他的「專利」。偶爾在他分不了身的時候，才肯讓我幫著推。那還是因為我告訴他，我推輪椅，是受過「伊甸」訓練的呢！

他們之間的深情與信任，到令人驚嘆的地步。「北一女」邀請姑父去演講，一個學生提出問題：

「鹿橋先生，您的《人子》中有一篇〈小花豹〉。小花豹有他的雌豹子，還有兩隻小小豹子。可是，後來牠跟著另一隻雌豹子跑了。請問：您是否有過『精神外遇』的經驗？」

全場為之愕然失笑。姑父在臺上說：人受到外界的誘惑考驗，在所難免。人之不同於野獸，可貴的是：人是可以把情欲昇華的……

我也沒細聽。只一邊偷笑，低聲對坐在身邊的姑姑說：

「您聽聽，這孩子問的！她問姑父有沒有過『精神外遇』的經驗！」

姑姑低眸微笑，氣定神閒的說：

「噢，那他倒是沒有。」

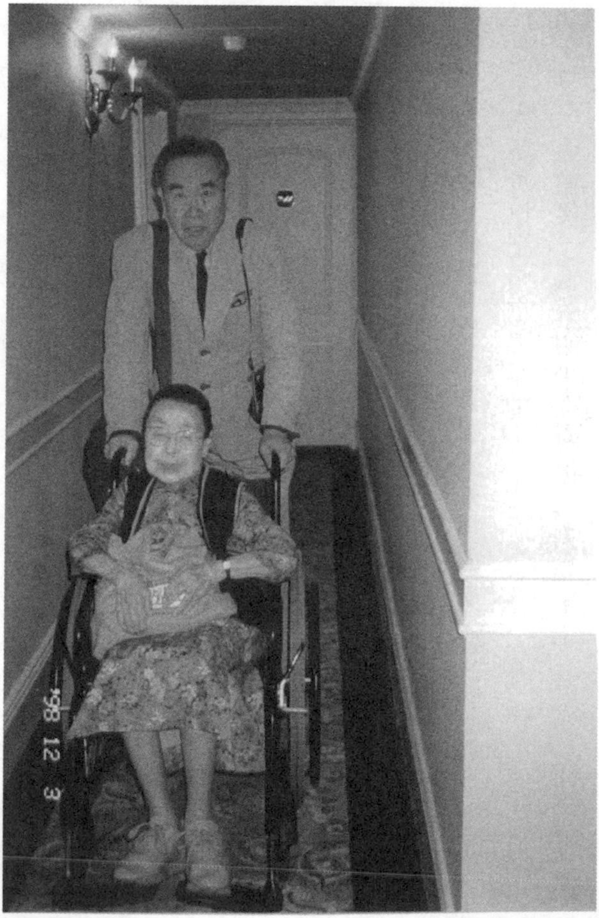

親推輪椅　1998 12 3

（樸月提供）

有些人聽說了這件事，反應是：

「她怎麼知道？說不定就有。」

我的想法是：要這麼想，就落下乘了。姑姑對姑父的信任，正是「無為而治」的最高境界。以姑父的個性，真要遇到一個成天疑神疑鬼的妻子，說不定倒惹翻了他，不「玩」了，哪還能有這樣的美滿姻緣？而且，就我對他們的了解，不但姑姑相信他「沒有」，我也相信他「沒有」！

姑姑是學理科的，凡事有條理，冷靜，總是心平氣和的。姑父卻是文人脾性，做事常沒個章法，全憑高興。時常會情緒化，鬧小孩脾氣，不能太跟他認真計較。所以，她完全是以柔克剛，以靜制動，又以絕對的信任、包容，贏得了姑父這一生「之死矢靡他」的愛戀與依慕。他無論到哪兒，都要姑姑隨行，讓人家看到他們是如何的伉儷情深，他又如何以他的「如花美眷」為榮、為傲。他們形影相隨，如膠似漆，彼此似乎只要眉言目語都能會心。那一份無以言傳的款款深情，除了「人間仙侶」，無以形容。

姑父走到哪裡，都是被人群包圍的。他神采飛揚，以學養、內涵、風度、和讓人忘倦的談話內容，吸引著在場群衆的目光。而姑姑卻以她斂目低眉，幽嫻貞靜的儀止，贏得所有人的讚嘆欣慕。她好像永遠都是從容、淡定、沈靜的，對擁上來跟她招呼的人，也只帶著溫和的微笑，輕言婉語寒暄而已。雖然如此，她的絕代風華，典雅氣質，就是讓人感覺著無比的溫暖、熨貼，一見難忘。連姑父都說：

「我的『女朋友』們，見到了姑姑，就愛她超過愛我！」

那「辭若有憾，心實喜焉」的神情，把他的依慕與得意全寫在臉上了。

姑姑也告訴我，她後來見過《未央歌》裡的伍寶笙，與《懺情書》的女主角李漪。「伍寶笙」，是姑父數十年來念念不忘，大家公認曾為他「傾慕」的對象。李漪，則是姑父在《懺情書》中自供，少年時代曾經「愛戀」過的女孩子。姑姑於此表現得落落大方，十分的坦然。說：

「他跟她們在一塊兒的時候，我還不認得他呢。」

但，並不是所有的女子都有這樣的豁然大度的，這世上有事沒事捕風捉影的妻子可太多了。但姑姑卻完全的了解也信任姑父對她的愛情，絕對是忠貞不二的。她不但信任姑父，也尊重姑父對這些「女朋友」們的感情，甚至與他分享他的這些「故夢」。在我與「伍寶笙」祝宗嶺姑姑認識、並成為忘年知己之後，不時居中為他們雙方傳遞音信。姑父是一提起祝姑姑就眉飛色舞，興高彩烈。不絕口的讚美她當年的風度儀態是多麼的絕俗出衆，人才品貌是如何的尊貴高華，又待他是如何的「好」……恨不得把天下最美好的形容詞，一股腦兒都堆到這位他心目中「永遠的天使學姐」身上。姑姑總是在一邊笑著聽他說這說那的，神色自如。最後還不忘囑咐我：

「明儀，你寫信給你祝姑姑的時候，記得幫我問她好呀！」

我一直很奇怪，姑姑嫁為「才子婦」五十年，卻從來沒有在姑父的文章裡當過「女主角」；在《市塵居》中，我們時時看到「慕蓮」的名字，也能從那頗為家常的語氣中，了悟「慕蓮」對他的重要。但，他就是從來沒有好好的寫過姑姑。忍不住「責」問姑父，他覺得很「冤枉」，說：

「姑姑是個性情內斂，不愛出風頭的人，不給寫呀！」

不但沒寫過以姑姑為主角的文章，他大概也沒正正規規的給人家姑姑寫過「情書」；那是因為他們婚後幾乎沒有分開過！

我在二〇〇〇年夏天，到聖鹿邑他們家去度假的時候，他「獻寶」似的給我看他以前給姑姑寫的「小留言條」。當初，他的工作室在樓上，姑姑則因不良於行，平時都在樓下處理家務，因而留下了這些「物證」。後來，他在廚房旁邊隔出一個小房間來當工作室，小留言條也就到此為止了。

這些小留言條可真「你儂我儂」得緊！他總自稱「小孩」，語氣也完全是個小孩，「嗲」的不得了！什麼：

「小孩游泳去樂！」

「小孩上樓呼呼去樂。」

「小孩在門口兒洗車哪；他就乖成這個樣兒！」

他在姑姑面前自居「小孩」，是我一直都知道的。他曾很「得意」的告訴我，當姑姑要他幫著做什麼，他不想做的時候，就跟姑姑「撒賴」，說：

「小孩還不會呢！」

卻沒想到，他會落下文字形跡；當然，這些「留言條」也等於「情書」，本來不為給別人看的。我看了這些小「留言條」，笑不可仰。覺得有趣極了，吵著要他影印給我「玩」。他也不以為忤，還真印了給我。

日常居處，總聽著老倆口兒彼此「乖」來「乖」去的。有時，他們也順口誇我「乖」；進入中年的我，一開始還真有點兒不太習慣。後來我才了解，「乖」，原是他們之間的最高讚美。

在聖鹿邑度假時，姑父有時也開著他的老爺車帶我們出去吃館子。車到路口一停，他有個習慣動作，就是右手一伸，攔在姑姑身前；怕個兒嬌小的姑姑在車停下時會往前衝。

他對姑姑關愛呵護備至，姑姑有什麼不適，他就不能安心。有一回，姑姑不慎跌跤，他寫信告訴我：

「把我心疼死了！」

氣人的是，當我打電話去問候，姑姑已經過檢查，確知無事。他又高興了，說：

「你看！姑姑個兒那麼小，離地近，又輕，跌了一跤都沒事！」

我又好氣又好笑，跟姑姑嚷：

「姑姑，您打他！有這麼說話的？昨兒還心疼的不知怎麼辦呢，今兒知道您沒事了，又有心情說笑話了！」

姑姑笑，姑父也笑。只要姑姑沒事，他就笑得舒朗。

我沒有見過比姑姑更柔婉的女子，也沒有見過比她更堅韌的女子！

二〇〇一年春，姑父癌症復發。病情逆轉之後，她也從來沒有表露過驚惶失措的樣子。我打電話去時，經常姑父都在睡覺，只能由姑姑那邊了解姑父的病情。秋後，她告訴我，醫生已經明確的表示無能為力了。但誰也無法告訴他們，姑父還有多少時日。事實上，他的情況，已超過了原先醫生們的預估。他也知道自己大概不會好了，但心境大抵平和。有時候會痛，幸好，痛得並不太厲害。吃點止痛藥，睡一覺，也就沒事了。女兒就住隔壁，三個男孩子，分居東、西兩岸，也排班回來侍疾，一家人盡量想辦法讓他覺得舒服安適。姑父對孩子們的孝順，十分欣喜。姑姑也很安慰的說：

「我們很感謝，覺得真享了孩子們的福了。」

去年的三月十一日，我有工作上的事，必須到北京去五天。確定行程之後，打電話給姑姑，告訴她行程，也問她姑父的病情。她說：

「你去北京的事，我會告訴姑父。現在姑父情況還穩定，你放心的去，不要記掛。」

十五日我返臺時已是深夜，十六日上午，那原是我和姑姑約定通話的時間，打電話去卻總是答錄。十六日如此，十七日亦然。而且不論上午、中午、晚上，一律如此。使我不能不憂心如焚；姑姑年事已高，行動又不便，無事不可能出門。就算出門，又豈能沒日沒夜的不在家？除非……

一念及此，心慌意亂，甚至不知道姑父是否還在人世。不禁在心裡「抗議」：

「您怎麼可以趁著我不在家的時候『跑』了？」

鹿橋夫婦與董彝九 諶德容夫婦全家於悅賓樓 1998 12 13
（諶德容提供）

鹿橋師大演講神態 1998 12 18
（ 樸月提供）

留了話，又傳了真。到十八日中午，他們的十七日半夜，姑姑來電話，告訴我，姑父自覺他的時候近了，要求送他住院。這些日子，所有的家人都在醫院守著他。這一會兒，他情況暫時穩定，他們才回來休息一下。聽到了我的答錄，也收到了傳真，趕緊打電話告訴我。還說，會把我傳真信中告訴她北京之行圓滿順利，和到祝姑姑墓園行禮的事告訴姑父：

「姑父很關心你到北京的情況，知道一切順利，他一定也會高興。」

再次接到姑姑的電話，她告訴我，姑父「走」了。走得很安詳，沒有痛苦。走的時候，她和孩子們都陪在他身邊。

她說話的聲音，仍然輕緩平靜。他們的老三昭屏在旁邊補充：姑父去世的時間是波斯頓的三月十九日的上午七點四十二分。

第一次，我主動打電話聯絡了媒體；是發布消息的時候了……

除了給我，她又親自一一的給幾位臺灣與他們關係親近的親友打電話。李伯母（李達海太太）跟我通電話的時候說：

「我真是服了你姑姑了！那麼個柔得像水的人，在這時候，竟然堅強成這樣！說話還是那麼輕言慢語，有條有理的，一點不亂！」

真的！從姑父病發，到去世的一年間，她展現了她堅韌的另一面。她不再是那時時陪伴在姑父身邊，低眸微笑，受他呵護、照顧的「影子」了。她沈靜依然，嬌弱依然，卻變成了一座山。以她的穩定、沈著、温柔和無比的耐心，照顧、看護著跟病魔掙扎搏鬥的姑父。時時守護在他的身邊，細膩溫慰的體貼著他心情的起伏、身體的痛苦、體力的衰微。成為他病中不能須臾相失的精神支柱，和安定力量。到末期，他昏睡時多，但一睜開眼，就要找姑姑。也只有看到她，他才能安心。

姑父真是一輩子有福的！竟然到最後，還走在姑姑前頭，享受了姑姑給他一輩子的幸福！如果他有遺憾，恐怕是他終究被逼「離開」了姑姑，把姑姑獨自留下了吧？我問姑姑，姑父對把她一個人留下，擔不擔心？姑姑說，他知道孩子們都孝順，一定會照顧媽媽，所以也並不憂慮。

原本照姑姑的意思，準備在聯合、中時兩大報登訃聞。她把資料傳真給我，要我在電腦裡幫她打出樣式來。照著傳統，她自稱是「未亡人吳薛慕蓮」。後來，因為新聞見了報，大家都認為，訃聞上要說的，報上都有了，大家也都看到了。而且，他們也不在臺灣舉行什麼儀式，實在不必再登訃聞了。她接受了建議，訃聞沒有登。

「鹿橋」唯一的一份訃聞，存在我在電腦裡！

幾天後，她告訴我，姑父火化了。但沒有入土安葬，他的女兒昭婷堅持：

「我不要我的爸爸到任何地方去，我要他留在家裡！」

也許不合傳統吧？但我卻覺得這樣也好，讓他留在家裡，陪著姑姑，他一定樂意，對姑姑應該也是一種心靈的慰藉。

姑父生前，我們常通電話和傳真。姑父去世後，傳真少了；姑姑的眼睛很不好，無法回信。但，我還是維持著十天半月必跟她通電話的「習慣」。我想讓她知道：也許，對某些人，她真的只是鹿橋的影子。當身形消失，影子何由依附？但，對我，她不是姑父的影子，她是「我的姑姑」！

電話中，我們談著各自的近況，也談著姑父在世時的種種「故事」，談著他們五十年的美滿良緣……想到姑父自陳幸福無憾的一生，不覺想起納蘭性德〈畫堂春〉詞中的句子：「一生一代一雙人」，覺得真彷彿是他們伉儷情深的寫照。我何幸，竟然對這樣「神仙眷屬」的境界，得以耳聞目睹，心領神會！

今年二月八日，劉俠去世，我打電話告訴姑姑。她嘆了口氣，同情地說：「明儀！去年姑父走了，今年劉俠又走了，你一定會覺得很悶。」

她口中的「悶」，是「寂寞」的意思。她知道，對我而言，姑父和劉俠都是最「知己」的。我們之間，真正是推心置腹，肝膽相照，無話不談。而，只憑這一句話，姑姑與我之間的知己之情，又何容置疑？只是，姑姑素來沈默寡言，她總是靜聽的時候多，因而不容易像跟姑父或劉俠那樣，直接的從交談中感覺那份相互共鳴的知己之情。

也在她這一番話語中，我忽然感覺到她深沈的寂寞：當年，他們家的廚房兼起居室，是生活主要的空間。姑父特地在起居室旁，隔出的那間工作室，使他即使一頭栽到自己讀書寫作的世界裡，兩人還是聲息相聞，心犀相通的。而如今，與她相依相守了半個世紀的人，從她身邊消失了。「悶」，她一定深有所感吧？

後記之一：

這篇文章，我自己訂的題目是《納蘭詞．畫堂春》中的句子〈一生一代一雙人〉。

寫作期間，有一次，電腦當機，重新開啟。WORD 檔案「復原」，得重新存檔。我準備「另存新檔」時，照理，檔名欄應該出現的是第一行的標題：「一生一代一雙人」。但，很奇怪，出現的竟是八個字：「如花美眷 似水流年」。我確定不是我打上去的；我當然要用原來的篇名存檔。而且文中雖然有「如花美眷」的字樣，卻沒有「似水流年」四字；我也不認為這像一篇文章的篇名。不明所以，我不禁想：說不定是這位老爺子「來」說「哈囉」了？或許，這八個字是他認為他們半世紀美滿姻緣的寫照？

因此決定：保留原訂的題目，但用這八個字當檔名存檔，以為紀念。

後記之二：

二〇〇四年春，家父要到美國去看他的小孫女。我告訴姑姑，我將赴美，且一定會到波斯頓去看她，並陪她住幾天。她非常高興，連說：

「那太好了！那太好了！」

因為我們的護照都過期了，得重新申請護照。而因著大選的問題，政局混亂。美國在臺協會因此將原先五十五歲就不用親自面談的規定，一下提高到七十九歲。旅行社說，這段時期，恐怕不容易得到簽證。我也告訴姑姑這情形，並說，我還是會去辦簽證的，除非真受到刁難，行程不變。

簽證面談的日子是五月十二日，那天正是我的生日。

面談的情形很順利，似乎不會有問題。但我想，還是等簽證拿到手再跟她說，免得萬一有失，讓她失望。

沒想到，就在十三日上午拿到簽證的幾分鐘之後，昭屏來電話，告訴我，他媽媽在十一日的下午去世了；那正是臺灣的十二日上午，我生日的當天。

懷著感傷的心情，我安慰昭屏：

「我想，現在她一定跟你爸爸快樂的團圓了！他們彼此都已經等得太久了！」

這是真的！在姑父去世後，我曾這樣對關心她的人說：

「姑姑不是那種把大喜大悲表現在外的人，她不會痛哭流涕的讓人感覺到她的痛不欲生。她只會安安靜靜的活著，等著，然後默然萎謝。」

他們在天上團圓了！我確信！

哲人其萎，長歌未央

——悼念吳訥孫教授

雷戊白

吳訥孫先生（鹿橋）過去了，在二〇〇二年春天正式來臨的前兩天。

雖然，認識他的人都很早以前就知道他為病所苦。但是在和他聯絡的過程中，又常常會碰到他精神和體力都還好的時候；電話裏，就一如往日的談天論事了。所以，大家難免都還是心存希望的。漸漸，得知他睡的時間比醒的時間要多了，因為疼痛必需吃藥止痛。他的體重，也掉得很厲害，只剩下一百磅左右了。兒子女兒，都輪流著回家幫著媽媽一同照顧。三月中，他知道來日無多，自己要求住進了醫院，就再沒有出來。台北時間的三月十九號晚上八點四十二分，溘然與世長辭，子女們和一個小孫女兒，都隨侍在側。

我很有幸，在二〇〇〇年初搬到上海之前，住在美國密蘇里州聖路易市的二十多年裏，是去吳家最多的常客。聖路易的朋友們，和他廣大的讀者們，都稱他們為吳教授，吳老師，師母。臺灣的讀者們去信，也有人稱呼他為「鹿先生」的。劉明儀（樸月）因為義父李抱忱先生是吳媽媽的表親而稱他們姑姑，姑父。我，則因為家父與吳伯伯校友的老關係，一向稱呼他們為吳伯伯，吳媽媽。和他們的交往，都是些日常生活的接觸。

正是因為這般，我多年來所受到鹿橋的教誨，薰陶和關愛，非比一般，格外銘誌於心。

預見生命的結束

一九九八年六月二十一號，星期天，那一年的父親節。我和外子陽初坐在吳家的廚房裏。吳伯伯忽然兩手放在飯桌上，抬起頭來－我還記得自己正站在冰箱旁邊——，很鄭重其事的對我說：「Pat－（我的英文名字是 Patricia，他總是叫我 Pat 的）告訴你一件事！」我看看坐在一旁的吳媽媽，她雖然和往常一般的面帶微笑，但是很顯然她知道吳伯伯要告訴我什麼事，搖著頭，一付無可奈何的樣子。「從現在開始算，我還可以活一千天。這件事，我兩個禮拜以前感覺的，到現在已經有十二、三天了。我算了一下，大約可以活到 2001 年的四月一號。所以從現在開始，要把事情都 prioritize（排好順序），一件一件的排好隊。但是，如果有要緊的事，當然還是可以插隊的。」

我實在不知道該說些什麼，吳伯伯有他自己一套對天地間萬事萬物的看法和感覺。那時他已由一九九六年下半年第一次發現腸癌的治療中康復，依舊平靜樂觀的過日子。接下去，他又說最好要身穿白色長袍，置身東北的深山老林中，讓那既漂亮又威武的東北虎把他吃了，回歸自然，不浪費資源。說完了大笑，消遣自己說那完全是自命瀟洒。如果是真正的瀟洒，又何必還要穿什麼白袍呢？吳媽媽看著我，搖頭苦笑，說「不知道他在說什麼！」而吳伯伯，總是這般瀟瀟洒洒的笑談生死。當然，現在回頭看，他已經比當年自己預估的時間活得久了。可是去年四月，也就差不多是他癌症又犯，開始逐漸要影響生活起居的時候了。

世交

聖路易的華人中，有二位名人。一位是陶光業伯伯，著名的工程師，華盛頓大學的校董。另一位，則是吳訥孫教授，藝術考古的專家和有名的作家鹿橋。他們二人，是當年南開中學的同班同學，二人都是家父的學長。而陶媽媽郭毓彩女士，則是家父同級的南開女中同學。家父和陶伯伯，因為打球運動而少年相識；與吳伯伯，則是因為課外活動和對合唱的愛好了。這二位家父的學長，都是當年在學校裏，就有才氣又出風頭的人物。若非抗日戰爭爆發，陶伯伯就會代表中國參加奧運會三級跳的比賽。吳伯伯，則藝術文學的天份，更是早露風華了。

（以下這段，是家父雷穎為我提供老友吳訥孫少年軼事的一段）：

訥孫是一位天才人物，書念得好，也能玩。是天津南開中學 1936 級最年輕的學生。南開有個「南開少年團」，人數不多，可說都是同學中的精英份子。1936 級的陶光業，楊錫城，吳訥孫和 1939 班的我和張世武（有斜玉旁的武字），呂乃剛等人也都是團員。我們經常外出郊遊踏青。1936 年春假曾遠赴泰山，曲阜和鄒縣（孟子故鄉）旅行。曾有許多趣聞和驚險行為，值得紀念。

訥孫對體育音樂都有興趣，我們同在南開歌詠團唱歌。記得指揮胡先生找來一首國外名曲，曲詞優美雄壯，合聲極為好聽。可惜外文詞句難習，希望徵求中文譯詞。中學生誰有這般本領？但確有一篇應徵，其詞意之佳，文藻之美，實在令人激賞。指揮大加讚美，選定為正式歌詞。只是始終無人出面承認是著者。大家都認定只有吳訥孫才有此功力。但訥孫並未承認。五十年後，我在台北為南開校友會刊物寫過一篇有關當年合唱的小品，提及此事。戊白將此文示之訥孫，他竟打開保險櫃取出當年「凱旋」的原詞，揭開這一段佳話之謎。訥孫也曾和我一起打過排球，身手十分靈活。

前些年，我經常出差去美國辦事和考察訪問。每次經過聖路易市（訥孫譯之為「神鹿邑」），總要去拜望訥孫兄嫂。因為我確以這位老友為榮，所以總帶著同行的同事去參觀他的家，尤其是他臥室中屋頂和四壁，由他自己寫滿的易經詞句，以及各種古色古香的陳設和家俱；有時更能吃到一頓簡單精美的晚餐。加上他睿智的言談，確是一番享受。我也曾為一兩位同行的同事向他要一本「未央歌」。同事們都是我的隨員和部屬，能拿到鹿橋親自相贈大著，併以「兄」相稱，十分驚喜，視為珍寶。我也說「再」要一本。他卻簽署「少平賢弟清賞」。相形之下，我在同事面前矮了半截。

每次談起未央歌中的人物，訥孫都不肯完全肯定真實人物的影子。許多人都說書中的「我」是「小童」？是「大余」？伍寶笙是祝宗嶺的影子。訥孫只對我肯定的說過「大宴」是李達海。另外一位在滇緬公路跑單幫的市儈人物，訥孫曾說「你看他像不像咱們的老同學陳××？」李達海，祝宗嶺，和陳××等南開中學時代的學長們，都印象深刻，讀來十分親切。

訥孫是專門研究古代藝術史的學者，對故宮中的許多古畫都能如數家珍的加以解說。我和如京退休後，如京即習國畫，作為消遣。有一次在吳家，除了享受慕蓮姐精緻的晚餐外，訥孫還特別從銀行保險櫃中拿出他的國畫珍藏和我們暢談國畫的精髓，並展示他令姐吳詠香的傑作，還給了我們放大鏡，以便仔細觀察。這些都令我們對國畫有了更深一層的瞭解，印象極為深刻。

老車林肯

我在聖路易的二十多年，就備受陶、吳二家長輩的關愛和照顧。他們近年來，因為子女們多不在身旁，都是待我如女。而他們倆家之間，更是將近七十年的情誼。吳伯伯二〇〇〇年由聖路易遷去東岸與女兒為鄰之前開的一部林肯大車，便是陶伯伯的舊車。他們彼此互通有無，不以為意。倆家的孩子們在成長過程中，也是親如手足的。吳伯伯的老車，特別申請的車牌只有兩個字WU。一方面當然是他的姓；一方面，也是他任教多年的華盛頓大學Washington University的縮寫WU。歷年來，很多姓吳的華人學生們，都曾經想要申請那個車牌，未料已經被吳伯伯捷足先登了。後來他在一九九九年決定搬家之時，把這個用了多年的專用車牌，當做禮物送給華大的校長了。

吳伯伯的那輛藍灰色林肯車子，是個古董，開了十多年了。那是部大型的轎車，前排座位還是連接式的。照他的說法是車子雖然很乖，但是很有脾氣。到底車齡大了，常常都有些毛病要修。加之他的眼睛越來越不好（說是年輕時對著太陽拍照時傷到了），晚上就很不願開車出門了。一同出去吃飯，都是我們接送。我們比較喜歡開高速公路，因為快，省時；他則總是在市內街道上慢慢的開，比較穩當。加上車子太大，他就情願繞路順著右轉，以避免調頭或倒車，安全第一。我們地方熟，也不怕麻煩，省時最重要。有時不聽他的指揮，情願倒車調頭求方便快捷。剛開始時，他還難免要說我們幾句，後來慢慢習慣了，也就隨我們去，反正總能順利到達。

地方上的活動，他們常受到邀請。大家也都很體貼，定會主動的安排人去接送。但是幾次之後，他就都婉言拒絕了。有人因他坐在車上而太緊張；有人為了禮貌，就在行車途中，邊把著方向盤，邊轉頭和他說話，險象頻出，反而讓他很不放心。後來就都給我打電話問：「妳去不去？」我就常常的開車接送了。他們坐在我和外子陽初開的車上，因為熟了，說說話，開開玩笑，大家都很自在安心。為了當專用駕駛，我也參加了好多額外的飯局，見到一些吳伯伯其他的朋友們。有時我自己也有事，就會另外替他安排車子開得穩當的朋友。我弟弟的同學蔡天祥，陳淑貞夫婦，就常常被抓差的。我每次晚上由他們那兒出來，二三十分鐘後回到家裏，就「遊必有方」，也一定會去電告知已平安到家，讓他們放心。這件事，讓他們特別滿意。

寫字

我在聖路易多年，平日也很積極的參與社團的活動，所以熟人很多。大家也都知道吳家二老對我很好。另外，我自己也常常寫些文章在報上發表。很早，吳伯伯就特別告訴我，為了避免無謂的爭端，不要寫他，我也就恪守諾言，從來不提我們之間的談話，或我受教的心得。吳伯伯做事一向仔細，也小心謹慎。以他的名氣和地位，既是明哲保身，也是對我的厚愛和保護。現在想來，更是感激無限。

有一二次，在文章中提到，我也都刻意的姑隱其名，一筆帶過。只有一次，聖路易亞洲藝術協會在一九九三年頒獎給他時，我也在場，寫了一篇報導。

聯合報系北美世界日報駐聖路易的記者周密，最能瞭解報導吳伯伯演講的困難。他說的話，舉的例，都平易近人，聽的人總是入神。但是他言詞故事背後的大道理，卻是我們一時難以體會瞭解的。要能把其中精髓筆述出來，而又不失其真，實在是件大工程。周密每次採訪聽講，都一定要用錄音機。回去也總要反覆聽過好幾次以後，才能提筆。我唯一寫過那次亞洲藝術協會的報導，後來在《世界週刊》上刊登出來，其中還有一段插曲。

初稿之後，我在稿紙上自認很仔細整齊的抄了一遍（那時，電腦的中文打字還不普遍），才拿去給吳伯伯過目，先徵求他的同意。一共近四千字，八張稿紙。他快快的看了一下，也沒看完，就闔上了交還給我。對我說：「寫得很好，沒有用多采多姿四個字。我最不喜歡人用多采多姿來形容。既然多采多姿，就有很多可以寫的，何必一筆帶過。」然後這才言歸正傳：「妳回去以後，好好的再抄一遍，寫字要工整，該直角的地方要直角，該有四點的地方，也都要點到，不要偷懶。」

好慘！我回去就乖乖的又抄了一遍。這才發現原來工工整整的寫字，實在並不比我偷懶的用自以為是的方法，多花時間。文章沒有被修改，吳伯伯倒是給我寫字的方式上了一課。這篇將近四千字的文章，我前前後後一共手抄了三次，才寄出去。（該篇文章在世界週刊一九九三年十一月七日刊出。）由此，可見他對於寫字工整的堅持和要求。

吳伯伯曾給過我一張他寫的字：

「謝安素善尺牘而輕子敬之書嘗作佳書與之謂必存錄安輒題後答之甚以為恨安嘗問敬卿書何如右軍答云故當勝安云物論殊不爾子敬又答時人那得知」

如聞其聲也，不知其面赤否

鹿橋時年七十又七

陽初，戊白——想必有會心也

他說「想必有會心也」這話，其來有自。實在是很多人給他寫信，包括了好些時下有名的年輕作家們；那筆字，都是龍飛鳳舞，我們幾個人加起來，也認不出幾個字來。時常，我們坐在吳家的廚房裏，大家絞盡腦汁的猜字認字，結論還是不知所云。實在，寫信是要和人溝通，重點便要在能讓人看得懂。還有幾次，竟連來函人的簽名也認不出來，自然，吳伯伯也就無法回信了。我們於是就對那些排字的手民們，更加的肅然起敬了。

由以上這件事，和看吳伯伯的字，每一筆一劃，都是清清楚楚的。人如其字，也是方圓規矩，各如其份。真的是隨心所欲而不逾矩了。另外，吳家世交一位比吳伯伯年紀還長的王充和女士，用蠅頭小楷抄錄過一本書（我記不得書名了），吳伯伯非常佩服，常常拿出來看。

書畫

吳伯伯自己，這些年來，至少是自一九九五，九六年開始，是每天練字的。他原來在客廳裏的大餐桌，是老早已經改成了書桌了。在那張桌上，他曾經在家父家母來訪時，把他珍藏在保險箱中的書畫古籍特別請出來，包括了其姐名畫家吳詠香的書畫，一邊解說，一邊教我們如何欣賞捲軸。餐桌的對面牆上，掛了一幅「谿山行旅圖」的複製品，由天花板一直落到地板面上。我們去了，就都被教了要坐在地上，由該圖最底下旅人的角度往上看，才可見山林的雄偉壯觀。書桌上，文房四寶和字帖一應俱全，隨時可以坐下提筆。

餐桌的後面牆上，則是一幅他在一九六八年的畫。主幹的樹枝已經乾枯了，地上還有些落葉，但是下垂的樹皮上，卻已經另有新葉。吳伯伯說，這是象徵文化的傳承，主枝或已經乾枯，但是只要一息尚在，碩果僅存，則便又可以分流延續了。我們為了這件事，有過很多的討論。尤其是我聽說了臺灣中學裏竟然不再要唸全本《論語》之時，非常的驚訝失望，和吳伯伯說這件事的時候，直要落淚。而那時，我正在社區大學中教中國歷史文化，講《論語》給外國人聽，所以感觸特別深刻。吳伯伯曾經寫過《利涉大川》一系列的文章說明他的觀點，我則感慨日後要「禮失求諸野」了。後來，他在很多的場合裏提到讀《論語》這件事，特別是前兩年到休士頓演講的一次－順便一提，他對那次的受邀，非常的高興。尤其對休士頓的許多招待過他們，寫文章的年輕人（當然，在他眼中的年輕人，也都是五，六十歲的人了），讚不絕口，回來後多次對我提起。覺得現在還能夠有一批人，本身都既有程度，又肯用心於中國的文化傳承，讓他們二老非常的快樂。

墨寶

近年來，吳伯伯去買了大卷醫院或醫生診所裏用來鋪在診療桌上的白色棉紙，代替宣紙用來練字。既省錢，又好用。每天，或早，或晚，成為他固定的功課，或抄古詩，古籍，或臨摹名帖。常常有感而發，我去了，他就將心得講給我聽。字練久了，他自己也很開心。若是連著幾天寫得好了，就會截下來一段來，蓋上章。找我拿出去複印好，然後把原本送給朋友。

吳伯伯給我們一家人，包括我的弟弟妹妹們，都曾經寫過字。或長或短。有時抄錄，有時隨興。他的字，自成一格。但是圖章上，則說自己六十才學書，七十才學畫。

因為和家父母多年的情誼，吳伯伯特別錄了一首先祖 寶華先生詩集「綠凝館」中詩一首，送給家父母，現掛在家裏書房的牆上。

物外煙霞遠，嵐光雨後晴，鳴蛙聽閣閣，啄木響丁丁。
古寺斜陽外，微風散落英，盤根苔點綴，老幹氣縱橫。
扶疏擁華蓋，皎潔若為情，未經秦世劫，猶帶漢時榮。
朱顏殊未改，白髮愧叢叢，睹茲婆娑態，月華幾度明。
酒觥羅階下，長笛發清音，嘉會難再得，良友尋別離。
行行不可遏，皓首以為期。

右綠凝館詩也。一門三代腳踏實地以科技報國余每書其名言理直氣和義正辭婉境由心造事在人為屢有感焉 爰敬錄 持贈
少平兄嫂儷正
鹿橋 時值六十八生辰

（此篇「戊寅七月旅居南鄭宿雨乍晴偕（張）伯常夫婦遊郡南名勝聖水寺寺內有漢桂一株根可十圍正丹華滿枝馨芳盈袖歌以記之）

我自己家裏也有好幾幅，其中一幅他先問了我尺寸。那時客廳中有一面大牆，正好掛一幅橫幅，於是吳伯伯把他少年之作錄給了我。裱好之後是 215 公分 X 80 公分，現在掛在我上海房中飯廳的牆上。

薄暮青山路又斜，倘佯湖畔少人家，浮生若夢的不差，聽我歌聲隨流水到山崖。
夕陽已落西山下，草地供臥何須大，蒼天覆我如青瓦，后土載軀是我家。
心中常泰緣無債，袋中缺錢不用花，浪跡天涯不識愁，真樂本在也何用詫。
山徑昏暗無人跡，山鳥歸林野空寂，且從歌聲穿林去，埋此心情青松底長棲息。
右余弱冠時以意譯當年流行電影歌詞初稿也數年後以最後三行為未央歌第十七章題
助今略易若干字為戊白姪女書之。
鹿橋一九九零年庚午元月時年七十有一

吳伯伯在這幅字上用了五個圖章
鹿橋（方形）
吳訥孫印（方形）
呂黛（圓形）這是吳伯伯早期用的筆名，他給我弟弟弟妹雷壬鯤，顧澄如寫的一幅
「佳人拾翠春相問，仙侶同舟晚更移」，也是用的這個圖章。
六十學書七十學畫（橢圓形）
方圓之間天人之際—延陵乙園（橢圓形）
另外，在吳伯伯為我的小妹雷庚玲和妹夫金甘平所寫的一張上，則有兩個不同的印
章：

甘平庚玲伉儷存念
瞿塘峽口曲江頭，萬里風煙接素秋。花萼夾城通御氣，芙蓉小院入邊愁
乙亥歲尾丙子年頭
鹿橋時年七十又七

印章之一是長方鹿字的象形文，另一是橢圓的「草屋吳氏」。

吳家我常去，自己喜歡去，二老也很高興我去。每過一陣子，我會自己打電話去，說好了時間過去看看他們。若是自己雜務太多，忙昏頭了，好一陣子沒去，他們便會來電話問起，或是要我找時間過去，或是約了週末一同去飲茶。所以，我去得很勤，要是等他們來電話找我，就失禮不好意思了。吳伯伯愛吃甜點，我總是買些小蛋糕等帶去。我家附近的超市 Dierberg's 的糕點做得很好，他們都很喜歡。買了帶去，待飯後吳媽媽煮咖啡時配著吃。我晚上喝咖啡睡不著，就喝白開水。若是中午下午，便也來一杯。

前些日子，美國來訪上海的朋友送了我一大包的咖啡豆。我特別去買了一個研磨機。一開封，就想到吳媽媽總是打新鮮的咖啡豆，打完了，她就用一個上面粉用的刷子，清理內部。於是，我也馬上取了一個未曾用過的小毛刷來備用。和陽初每個週末的早上，邊喝咖啡，就會邊講起以前到吳伯伯家的情形。

我們特別喜歡在寒冷的冬天去拜訪，因為那廚房的爐子上，總是燉著一鍋湯，熱氣騰騰，感覺上格外温暖。因為這般，我們便也養成了冬天常常在鍋上熬一鍋熱湯的習

慣。但是吳家的房子「蓋」有年矣，路邊的老樹成蔭，路面上冬日受陽的時間特別少。一旦下雪，就積雪不化。加上老房子沒有車房，大家把車子停在路邊，剷雪車也行動不便，於是常常滿地硬雪厚冰，不便於行。聖路易中國雜貨店新亞公司的老闆老闆娘白先生夫婦，對吳家二老特別尊重照顧。每到天寒地凍，他們就都主動的打電話去，訊問所須，然後著人送貨到府，不勞兩位老人家自己出門。吳伯伯非常感謝他們，曾經將家祖雷寶華先生所書的四句家訓「**理直氣和，義正辭婉，境由心造，事在人為**」寫了送給白家。我曾經將祖父寫這幾句話給我的故事寫成文章記錄，也就影印了一份，寄給白先生夫婦一同存念。

餐敘

一九九六年，陽初到了上海工作，我一個人留在美國。孩子們大了，也都出去上大學了。吳伯伯就特別的心疼我，總覺得我「閨中少婦不知愁，悔叫夫婿覓封侯」，常常會打電話來叫我去吃飯講話。其實我的朋友和事情都多，但是有人這般疼愛，我自也是求之不得，樂得享受。尤其是當他們有好菜的時候，更總是想到我。我愛吃辣椒，吳媽媽不吃。所以每次我去了，吳伯伯就說他有人陪了，拿出各種不同的辣椒醬來，我們老少二人，吃得不亦樂乎。

吳媽媽做的菜，精緻細膩。她人瘦小，因為多年風濕，也不良於行，就在廚房中扶著桌子走來走去。每次上我們的MiniVan，我或陽初都是一把就把她抱起來上車了。但是她切起菜來，又細又薄，真是功夫。吳伯伯吃飯很重視食的藝術。吳媽媽多年來也很習慣成自然，配合得甚好。菜雖簡單，小盤小盤的，但一定是色香味俱全的。

吳伯伯吃飯，有他的次序，一樣一樣的慢慢來。吃完了一盤，再嚐下一盤。細嚼慢嚥，不急不徐，非常的享受（enjoy）。飯前，他喜歡來一杯葡萄酒。所以他也最喜歡陽初去，可以陪他喝一杯。他們總是不要我做事，說是回家了，就享享福。每次飯前，吳媽媽一邊慢慢的切菜做菜，吳伯伯就拉著我，叫我坐在我固定的座位上，聽我報告事情。他對華人社區的事很關心，對中文學校的事，更是有興趣。給他打電話的人很多，他只要一弄不清楚了，就來問我，知道我會據實以報。對於我參與的活動和我們小小公司的情況，他也每次必問。此外，他也把自己對人對事的感覺都告訴我，知道我不會出去亂說。有些事要我代辦，則交待清楚了，我就有事弟子服其勞，一一辦妥。

吳伯伯自己也下廚做菜的。他做了辣椒醬，自己滷了肉，豬耳朵，一定都另外給我帶一點回家去吃的。洗碗，是他的專利，有一定的程序，不讓別人代勞。所以，我也只能吃完飯了，幫著收拾，放進水槽裏。他們家廚房的水龍頭，冷熱水裝得和一般不同，左冷右熱，要特別記得才好用呢。

他吃東西，真是百無禁忌，什麼都樂於嘗試。而吳伯伯親自下廚，讓我記憶最深的一次，就是「腰花十八鏟」。這件事，說來話長，要從頭由吳伯伯教我如女，不厭其煩的額外指點我做人做事說起。除了前面提過要我好好寫字一事以外，還有其他指導鼓勵的事例。

課女

一九九六年六月，臺北復興劇校赴聖路易，在藝術博物館的表演廳中演出。我帶了由大學放假回家來的兒子提早去了，想要先在博物館的餐廳中吃頓晚餐，再看表演，計劃得很好。未料才走進博物館的大門，就被抓差。負責人說是臨時發現沒有英文報幕，要我幫忙。而他們連演出的說明和劇情介紹都沒有；好在〈鍾馗嫁妹〉和〈白蛇傳盜仙草〉的故事及平劇的大概，我是熟悉的。就這樣打鴨子上架，又介紹平劇，又說故事的把開場的一段交待過了。中場休息時，過去和吳伯伯和吳媽媽打招呼。他告訴我：「你的英文，母音已經很清楚了，但在大庭廣眾台上用麥克風說話，子音更是不能含糊，一定要特別仔細注意，否則聽起來就會模糊不清了。」這是他曾經當過廣播電台播音員的訓練心得。後來在其他的機會中上台，朋友們稱讚我英文又有進步，其實真正要歸功吳伯伯的點化。也是因為吳伯伯和吳媽媽的提醒，讓我自己在說中國話的時候，會特別注意到自己的卷舌咬字。一般的長輩們，都很客氣含蓄，晚輩們表現得稍好了，他們就大力誇獎一番。但吳伯伯真正愛護我，不厭其煩的教育我，就更是讓我實質受惠，感激不盡。

吳伯伯自己也拍過電影，所以對於上台的效果非常的注重。當他提起曾在 1946 年拍過在大西洋城選美的紀錄片時，吳媽媽曾在一旁要求吳伯伯早早自己寫生平事略。實在是因為他的興趣太廣泛，做過的事太多，真是沒有人能弄得清楚，替他代勞。

1996年夏天，我主持國際婦女崇她社在聖路易開全球代表大會的開幕式，台下數千名來自世界各國的婦女代表（包括來自臺灣，香港，新加坡等地的華人婦女）。半年多以後，錄影帶做出來，吳伯伯特別要了去看，一邊獎勵，一邊指點。我就再經一事，再長一智。父母們遠在臺北，身邊有一位不吝指教我的長輩，隨時提醒自己，既是我的福氣，也讓父母放心。家母曾去信謝謝吳伯伯代為課女之誼。而吳伯伯後來則寄了一張他們夫婦的照片給我的父母們，旁邊寫了一行字「謝謝把女兒送來照應我們。」

看了錄影帶，吳伯伯開心極了。我也向他報告，因為會議辦得成功，很多人要我出馬競選，更上一層樓，設法到國際大會中擔任職務。吳伯伯非常鼓勵，覺得這也是替中國人在世界組織中做事出頭的機會。可惜後來搬到上海，也就未再進行了。為了那次的表現，吳媽媽打電話來，說吳伯伯要親自下廚，請我吃了一頓飯。而我，當然是欣然以赴啦！

腰花十八鏇

記事本上那頓飯的菜單如下：

涼拌茄子，炒芥蘭，大頭菜炒肉絲，腰花十八鏇，海參肉片湯，芝麻湯圓，和水果派。

水果派是我帶去的，芝麻湯圓是冷凍的，其他則都是二老親自動手做的。海參還是吳媽媽自己泡發的，其他的菜，當然也多是吳媽媽做的。但是值得一寫的，是那「腰花十八鏟」。

那一天，他們找我去，說明了是要獎勵我。才一到，吳伯伯就很開心的告訴我，今天有好吃的。原來他們當天買了新鮮的腰子，吳伯伯一邊和我說話，一邊坐在桌上用刀子片割腰花。他把腰子放在一個倒叩的鐵碗上，很得意他的新發現，因為二者的形狀正好配合，十分順手。他又說起炒腰花的訣竅，說是只要大火熱油下鍋以後炒十八下就起鍋，既鮮又嫩，恰恰好。而且還說起以前每次試做都不成功，近日發現原因。知道這腰花要早早從冰箱中拿出來，必需先暖到了室溫才合用等等。談笑之間，材料就都已經準備好了。

然後，吳伯伯就開始和我說別的事。說著說著，需要引經據典，就講起三國演義來了。晚餐時間到了，其他的菜也都做好了，就等這腰花下鍋了。吳伯伯套上圍裙，拿起鍋鏟，一邊等著油熱，一邊繼續說三國，比手畫腳的，非常精彩。我則站在一旁，聚精會神，也聽得入迷。說著說著，他笑了，「你看我們，一邊談三國，一邊腰花十八鏟」，開心極了，好像預知我會特別記得這件事一樣。

記事本上，我記錄著吳伯伯對我的嘉許，他說我是一個很有傳統家庭觀念的中國女人，對女兒，妻子，母親和媳婦的角色，都做得很稱職。除此之外，還有自己的事業，則算是現代的婦女了。這些話，可見他對傳統婦女角色的概念，但是，也很體認現代社會的現象。

人文和科技

另外，還有一件事，他在聖路易常提起，有關人文和科技。

在一九八〇年初，聖路易開始舉辦學術研討會時，正值臺灣舉國上下科技掛帥之時。會議取名為「美中西區華人科技研討會」。除了華人一向對兩岸關係熱衷的國是組以外，其他一律都是有關科學技術的組項。待到一九八七年，我被推選為大會總召集人時，大鬧革命。因我自己學文，堅持要改名為學術研討會，以便擴大討論範圍，可以加上人文，藝術，教育，經濟等等社會科學的專題。此舉引起和諸位理工博士們很多回合的爭論，各持己見，互不相讓。最後大家妥協，改為「學術科技研討會」（後來又用了很多年，才終於把重複使用的「科技」二字刪去了）；在生物，醫學，電腦等等之外，加進去了建築和人文等組。

那一年，吳伯伯應邀在會中演講，題目是〈建築空間與中國情操：故宮紫禁城中軸的意義〉。在一九八八年，北京天安門事件的前一年，他就因為毛澤東的屍體實佔了北京中軸線的空間，而人民英雄紀念碑更似一把插在胸口要讓人流血的匕首，因而擔心中國要出事，在報章中發表過有關的論文。雖然身在海外，實在心繫中國。

後來吳伯伯多次應邀在建築，人文，藝術分組或大會演說時，都曾提到「正名」這事，謝謝我當初力排衆議的努力。他也常説若非會議改名，那麼他就只能換個名目，偷偷摸摸的走後門來演講了。他在會上，也發表過「人文為體，科技為用」的演説，把一百年來中國為了生存和自尊而提倡的「中學為體，西學為用」，又做了進一步的闡釋。一九九七年，他以一位非科技從業的學者，得到了學術研討會頒贈的「傑出學人獎」，實至而名歸。

因為這「學術」研討會，有許多各地的文人作家們來訪，除了喻麗清，簡宛外，還有和吳伯伯同輩的趙伯伯紀剛先生夫人。他們年齡相仿，可談的最多，後來常有信件往來的。

訪客

去訪過吳家的人，都記得他們的廚房，因為那也是會客室。吳伯伯常說，他在外演講時的心情和感覺，就好像把家裏的飯桌擴大了一般的和年輕人們說話。我們自己常去，也帶過一些朋友們。

有一次，喻麗清去參加學術研討會。我去機場接了她以後，臨時說起想去拜訪吳伯伯，她的皮箱裏還有一本「人子」，想要找「鹿橋」簽名。悶熱夏天的午後，WU車牌的車子停在門口，但是門鈴無人應（後來才知道他們在午睡），我們二人便在房子的前前後後轉了一圈。麗清看到後院的一塊布窗簾，寫了董其昌的「手植松杉皆老大，經年不踏縣門街」。（喻麗清為此造訪未遇曾寫過一篇〈接近完美的偉大〉）。她覺得拿墨寶當窗簾，風吹日曬雨淋太可惜，向吳伯伯申請。吳伯伯也很爽朗的答應了。可惜年久，布塊缺了一角。麗清將之裱了掛在牆上。我一九九一年去訪她家，還合照了一張相片。後來缺的一塊又找到了，補寄過去。麗清又另裱了一個小框掛在一旁。一大一小。吳伯伯看了照片，很高興，但說「那尺寸大小倒正好做一個鎮紙呢！」這事在他後來給我的一幅窗簾上又另有詳述。

還有一次是陪了簡宛和夫婿石家興同去。我事先和簡宛說過，所以她也一直沒有寫成文章見報。但是那一個下午，多麼温馨，就連我們照的相片，也都顯得燈光特別柔和，相信石家夫婦亦深有同感。那時吳伯伯剛由他第一次發現腸癌治療中康復，精神情緒都很好。只可惜我們晚上另有約會，必須早早告辭，意猶未盡。

未央歌

吳伯伯是文人，陽初是工程師，不同的訓練，不同的個性。有一次我們約了吳家二老出去吃晚飯，回程中，吳伯伯坐在前座。當晚正值滿月，他就脱口而出，背了一段古詩，一付「山月隨人歸」的意境。陽初嘆為觀止，回來後念念不忘，真正是碰到一位文人了。

還有一次，我們坐在廚房中，吳伯伯忽然兩手放在桌上，很嚴肅的和我們說：「有件事，我要向陽初學習！」我們二人對看一眼，戰戰兢兢，簡直不敢當。他說：「我太固執，要跟陽初學著隨和，凡事不要太計較！」後來我們出去吃飯，他就都用了這個理由，自己不點菜了，隨我們決定。我們常常去接了吳家二老一同出去進餐，有時碰到他們的生日或結婚紀念，吳伯伯就特別高興，說我們就代表了他們的兒女，家裏人自己一同過特別的日子。

我們也常常相約了去飲茶，慢慢吃，慢慢聊。吳伯伯喜歡吃鳳爪，那是一定要叫的菜。但是他太有名，總有朋友，年輕人來打招呼，説幾句話。因為人多，有時並不方便説話，他們也就常常乾脆要我到家裏去。所以我常在週日的上午過去，吃完中飯去中文學校教課，或是下午放了學再過去看他們。當然，我們都圍坐廚房的小圓桌吃飯説話。談話的內容，天南地北，隨興而起。後來讀《市廛居》時，特別的親切，就因為書中都是些曾經在飯桌上聽過的事和道理。

在那張桌上，我看過《未央歌》的手稿，不但有字，還有圖畫。好像一齣戲的劇本，幕慢慢的打開來，人物一個一個的出場。寫書的時候，吳伯伯正等著出國留學，住在四川一位父執輩的家中，閒來無事，就寫小説。鋼筆的藍墨水不夠用了，他就加了水調稀了好用得久一點。為了躲警報，於是每天到後面的山洞裏去寫。寫在稿紙上的稿子相當整潔，一氣呵成，很少改動。他説那一年，正好蔣介石和Fairbank交惡，所有的學生都不許出國。於是他沒事，就利用時間寫了《未央歌》。然後忽然又都准出國了，所以第二年，他就搭船到美國留學了。

把《未央歌》在大陸出版，是他未了的心願。其間困難重重，最主要的還是因為他的堅持使用正體字。這中國文字的簡化，是他心上的一塊石頭，非常的不以為然，更認為一般人用「繁體字」一辭，是完全錯誤的。不能因為有簡體字，就把原來傳統的「正」體字相反辭一用，稱之為繁體字了。其間並沒有繁化的過程啊！為了恢復正統的中國文字，讓大陸的青年學子們也可以重新認識欣賞中國文字之美，他考慮在大陸出版正簡體對照的《未央歌》。但是又怕太厚，說是最好買一本送一本，讓有心的年輕人可以兩相對照，買一送一呢！總是說：「等妳來了，我們當面好好談談！」

聯絡

這件事，我去年九月和他通電話時，還是他最關心的事。但是長途電話中說不清楚，他就說，等妳聖誕節回美時，我們再細談，「還來得及！」但到了十一月，聽到的消息就越來越不好了。聖路易的陶媽媽和臺北的劉明儀，不時會給我一些新的近況。但我每次去電，也還都運氣不錯，能和吳伯伯，吳媽媽說上幾句話。他們是習慣用免提電話的，可以大家一起聽，一起說。有時公子擋駕說他睡了，但在一旁聽到是我，又起勁的說起來了。元旦時，我由加州打電話過去，正好是吳伯伯自己接的。他說自己一個人在家，正躺在床上休息。吳媽媽和和兒女們都在隔壁女兒家吃飯呢。想他這麼愛和兒孫們在一起的人竟然獨自臥床，情況一定是很不好了。但他又還念念不忘和我說：「妳寄來的文章和遊記我都看了，寫得很好，千萬不要停了，繼續寫！」

我這十年來，常常寫一些文章，三四年前，曾經想要結集出書。拿去給吳伯伯看，請他指導。他看後很高興，答應替我寫一篇文章，還說他從來不幫人寫序的，所以不是「序言」，只是幫我寫一篇介紹。我與文藝出版界完全沒有聯絡，一時不知如何開始；又知道他終日信債文債忙不過來，便也未曾催促這事。陽初幾次說我，覺得我應該要打鐵趁熱，否則到了真的要出書時，也不知吳伯伯是否能提筆為文了。未料不幸言中，真是遺憾。

我二〇〇〇年搬到上海後，還常常和吳伯伯以 e-mail 聯絡，他的網址就是 deer-bridge@aol.com 可惜電腦病毒把他給我的回覆都遺失了。後來他們搬去了東部，也把地址電話都給了我。漸漸因為眼睛不好，病又犯了，他就不查 e-mail 了。我也就只能過一陣打一通電話過去，每隔一二週，傳真一份生活上的報告，或把到附近城市旅遊的英文遊記或在上海的見聞觀察寄去給他看。

給吳伯伯寫信的人很多，而他回信時，是決不輕易作覆的。總是考慮再三，認真做答。欠下的信債就特別的多。其中有他多年不見的老同學從大陸寫來的信，有臺灣年輕的讀者，還有大陸上讀過他的書，要做研究寫論文的學者們。陽初剛到大陸的那幾年，常常替吳伯伯帶些書回上海，然後轉寄給他的老朋友們。那時候，有人還能自己讀一遍，寫信和他談談回憶；有人臥病在床或眼盲，要由兒女們代讀；還有人則由家人回信，說已作古了。吳伯伯就常感歎「訪舊半為鬼」啊。

另外，吳伯伯寫日記，是真正數十年如一日的。我只是不知道他何時終於因病和體力不繼而停下來了。他的日記，除了早期的一疊，戰亂中交給朋友保管不知下落了以外，後來的都成冊的收藏著。

他回信和寫文章，凡是回憶往事，一定都回去找日記細查。年月日都不肯靠記憶隨便寫。當年李達海伯伯過世，他一方面悲痛，一方面思念，更不肯苟且，把老舊的日記，一本本查過，才為文追悼。他和李伯伯，就和他與陶伯伯一樣，雖然各自都功成名就，但一見了面，就身份名位都丟去一旁，仍是以少年誠摯的情誼相待。（戰亂造成很多友朋的失散。吳伯伯和李伯伯，大學畢業以後，曾經有一段時間失去過聯絡。後來，吳伯伯無意間在美國的電影之前的新聞片中看到老朋友到訪美國的片段，於是寫信各處追踪尋找，這才又聯絡上了。另外，吳伯伯初到華盛頓大學任教時，陶伯伯在學校的報紙上看到新教授的名字，也是特別打電話去問：「Nelson Wu，請問你就是當年南開的吳訥孫嗎？」二人這才又喜相逢了。）李伯伯當了經濟部長以後，到訪吳家，還曾打過地舖的。這種感情，也就是吳伯伯他在《未央歌》中要表達的意念。

大家常要把《未央歌》拿出來，當做抗戰文學來討論評價。但他很早就和我們說了，這本書真正要寫的是友情。他一直認為人生就在少年時候，有那麼短短的一個窗口，能讓男孩和女孩，忘卻掉性別的差異，成為至交好友。這個時候一過，就要陷入了禮教的規範，失去了體會這種人間美麗情誼的機會。所以書中的感情都清淨單純，不是現代小說中慾戀相交的男女之情。抗戰，只不過剛好是他熟悉的少年生活，取作為小說的背景而已。就像他在紀念李達海的文章中寫道：「一個人在童心未泯的年月，有幸瞥見了人性天真之莊嚴與絢麗……。曾經走過這樣人生的人，把經驗留給後代，那一刹那的光輝就照亮了新生一代的路途。自己也就不虛到人世走一遭了。」

曾經有個臺灣的歌手，依鹿橋《未央歌》的內容，寫過唱過一首「未央歌」。鹿橋事後才聽說這事，非常好奇。後來，這人也到聖路易去看過鹿橋。他帶了一個「女朋友」，就一同上門「同住」了幾天。至於說有網站用簡體字發表《未央歌》，更當然是完全沒有經過鹿橋的許可。拍電影和連續劇的事，也都還沒有任何人得到原作者的授權。《未央歌》是他心愛的一個孩子，總覺得要自己能確定了劇本，角色的人選，場景和精神等等，才能放心託付。

吳家旅店

吳伯伯在聖路易的房子，在華盛頓大學的附近，他走路去教課，走路去打網球，走路去體育館游泳。街上大樹成蔭，後院竹林茂密。老房子，共有三層樓。進去後，左手是原來的客廳，沙發椅子之間，有一個人樹根做的矮桌，還有一個很有年紀的電視機。後面是飯廳。右手原是書房，後面則是廚房。後來書籍和雜物太多了，客廳就幾乎不用了。飯桌，也漸漸成了大書桌，供吳伯伯練字之用。而原來的書房，因為吳媽媽風濕腿不好，上下樓太累，就改成了一間臥房。很多貴客都住過。房中掛了一幅羅青的字。他們自己也暱稱之為「Motel Wu」「吳家旅店」。（二月時通電話，他因為知道我們在上海常常招待朋友們，還對我說：「你們的客房該取個Motel的名字了！」）他們這客房隔了一個長形的隔間出來，一邊是廁所，洗手台，另一邊則是一個日式深缸的浴池，訂做不銹鋼的池盆，可以坐進去泡澡。書房裏，曾經掛過一個很大的九大行星的模型，是吳家的孩子們小時候作業的成品，一直保存著。後來，搬到了原來的客廳裏，再後來，就不知他們在大搬家時如何處理了。

為了加浴池，大動工程，後來和那位工匠成了朋友，常常來幫忙其他修理的事。吳伯伯出遠門時，甚至放心讓他自由進出工作，順便拿郵件，照顧房子等等。

客房和廚房之間的牆上，有一張吳伯伯小時的全家福照片，而後面衣櫥的門上，則貼滿了他們每次出去開會演講時的名牌。上下的樓梯，前面可以由大門前廳上去，後面可以由廚房邊上下。前門上樓轉彎處，因為房子年久了，有一塊白色牆板的油漆略有剝落。若是一般人，也一定就找工人或自己油漆補上了。但是吳伯伯自有他的生活情趣。說那正好是一幅天成的山水畫，而刻意的保留下來了。我曾照過一張相片，留作紀念。廚房的樓梯旁邊，有一個鈴鐺，以便樓上樓下聯絡。因為吳伯伯耳朵不好，吳媽媽在樓下，又沒有力氣大聲說話喊叫。

二樓和三樓，像其他老房子一般，有很多的房間。以前他們的四個孩子在家時，當然都是臥室，後來，理所當然的就都改成書房了。每個房間裏，有不同的書架櫥櫃。那種感覺，好像走進圖書館後面的藏書室，進了迷陣裏一般。另外由廚房有門通到地下室，也是開架式圖書館的藏書方式。雖然書籍，雜誌，照片，地圖等等一籮筐，但是他對每一本書的地方，瞭若指掌，一找就到手。幾年以前，他就開始考慮這些書的處理方式，和華盛頓大學以及密蘇里大學聖路易分校的圖書館都談過，帶著我去開會。他的耳朵不好，我既可以幫忙開車，又可以幫忙看聽，回頭好向他報告，並一同分析給吳媽媽聽，所以也跟著吳伯伯樓上樓下的走過好幾趟。

每一間書房裏，都陽光充足，或有書桌可以坐下來寫，或有地方可以方便臨時存放或整理資料。有的把檔案櫃排列放成大書桌一般，櫃中放資料，影本，照片等，面上則有大地圖。有的則是一排又一排的書架，古籍，工具書，古今小說等等。圍著每個房間的四周，則一定都是書架，中外書籍真的是滿坑滿谷。另外，家中隨處都有堆放的最新的中外報章雜誌，也有複印機，傳真機，打印機和電腦。

他對舊的人事和物，都有特別的感情。經常穿的衣服，就是那幾件。又是因為舒服而穿衣，所以冬天的毛衣，有時還有些蟲蛀的小洞，他也完全不以為意。眼鏡掛在脖子上，常是用一條綠色的毛線拴著，總是一付安閑自在的樣子。家裏留著的東西，都有歷史。除了書，雜誌，地圖等等，還有所有和朋友們往來的書信，成堆的照片。

他們搬去東部，是在我離開聖路易以後。我自己已為搬家所苦，就更難以想像他們二老處理一屋子家當和書籍時體力和精力的負擔與取捨時的依戀和困難。

廚房和臥房

他們家中最有名的房間，當然就是大家都在談論的易經壁紙了。那是主臥室，搬進去以後，發現原有的格子壁紙有多處泛黃髒了。年輕學人也沒有餘錢新買重貼，要另外想辦法。於是他把格子的花式大略的計算了一下，格子數恰好和易經的字數相符。於是就利用課餘開始逐字逐句的滿牆的抄起來。除了四壁之外，還有天花板，也一併在內。

他每次笑著告訴我，這滿牆的易經，有趨吉避邪之用。說是有一個日本的傳奇故事，講到有一個人總為惡鬼所苦；最後，為了讓他隱身，使鬼魂找不到，就請高僧在他

鹿橋全家福 1970 年

（吳昭屏提供）

鹿橋夫婦家居生活中心：廚房 2000 7 31

（樸月提供）

遍體上寫滿了經文，一切就緒。但是卻可惜功虧一簣，忘了耳朵後面的一塊。最後，還是難逃厄運，被惡鬼揪著耳朵拖去了地獄。說完，他總是哈哈一笑，很得意自己既省錢又創新的作法。

吳伯伯對於易經和風水等中國古老的學問是很有興趣的。經由對易經的研究和瞭解，他在學習風水時就特別的駕輕就熟了。大約二十年以前，後來當過中壢市長的方力脩在聖路易大學攻地球物理的博士學位時，曾經替我們一批有興趣的朋友們開過一系列陽宅風水的課程，吳伯伯也和大家一樣的背著書包去上課，坐在教室裏勤抄筆記，非常認真；這樣說起來，我們還有同窗之誼呢。那時我有一本臺灣買的《推背圖》，吳伯伯也拿去研究。

臥房中，還掛了一幅立軸。吳伯伯在很多其他的文章中提到過，是他們有一年在日本過聖誕節，為了一解孩子們對美國過節的鄉愁而畫的。圖上，有一棵小小的聖誕樹。吳伯伯雖然在日本住過，也對他們的文化藝術很有研究，但是對於日本人總是故作玄虛，一套又一套的茶道，花道等等，很不以為然。

廚房

整個房子裏，使用最多的房間，便是廚房了。尤其是後來這些年，客廳也不用了，客人來了都到廚房坐。飯廳也不用了，因為二老沒有體力精力在家宴客。加上吳媽媽的腿不好，不能走遠，白天的生活就都圍著廚房轉。在廚房和原來飯廳的通道中，一邊是碗櫃，一邊是對著後院竹林的窗子；吳伯伯就在小小的過道窗下，自製了一張桌子，用兩個檔案櫃架一塊門板起來當書桌用。吳媽媽在廚房做事，吳伯伯就在旁邊做他的事，形影不離。同時，也為了彼此照顧。吳媽媽身體不好，人工膝蓋，又有風濕，骨質疏鬆，真的是風一大，也要吹倒了。一不小心摔了，可是不得了。

前幾年，吳伯伯為了《市廛居》出版的事，是否要回臺灣一趟，幾經斟酌。他們很知道這定是最後一次能長途旅行了，但是擔心吳媽媽的體力能否支撐。而吳伯伯，也決定是不肯一個人出遠門的。那次吳媽媽在臺灣是全程用的輪椅。返美時，正值聖路易大雪。明儀來電話找到我們去接機。說來真巧，陽初頭一晚由上海回來，我們第二天一早又要全家開車南下渡假，正好當中那一晚有空。不但剛才下過大雪，冰天雪地，而且幾個箱子，還有一個輪椅，都特別的沉重，好在有Minivan，裝得滿滿的。到了吳家巷子裏，更是積雪未化。我們二人小心翼翼，先一邊一人扶著吳伯伯進了家門，然後再一邊一人，把吳媽媽腳不沾地的架回屋中；最後才一件件行李搬了進去，安全返防，功德圓滿。

他和臺北的友人寫信報平安，也寫著「我們很幸運，像是從一個窄門，祇閃開一線，放我們平安到了鹿邑。戊白同夫婿陽初開了一旅行車，把我們四件大行李裝上帶到我們冰天雪地在園景里的家中。他們連行李都不讓我動手，一齊搬進門來。第二天，她們就按原定計劃去佛羅里達州渡假去了」。老實說，那幾個箱子的沉重，我們還真怕老人家要閃了腰呢，哪裏敢讓他動手？

我每次去，有固定的座位。因為都是事先打電話，約好了的，吳伯伯也總在我去以前把飯桌清開了，而且告訴我說，除了用紙或布擦過，還要用手掌摸一遍，再感覺一下。因為人的手，可以觸覺到 Milli-micron 的微物。他雖學文，但是現代科學，醫學，政治，經濟的常識都豐富，不斷的由書籍，雜誌，電視中吸取各種最新的知識。對於臺海兩岸的政局變幻，也都有他的憂心和見解。八十多歲了，還不斷的想要更新他的電腦。直到他們搬去了美國東部，我們也一直用e-mail 聯絡的。他家喝的水，是自己配製的。他郵購一種含高氧的水，再添加蒸餾水，配成飲用水。吳伯伯也童心未泯，郵購了一個自鳴鐘，掛在廚房的牆上。每個小時準點報時，有十二種不同鳥兒的叫聲。他另外對中外古董古籍，現代的新知時事，都有涉獵，博大精深，簡直沒有他不能提出見解的話題。無怪，華盛頓大學在他退休後，聘為榮譽講座教授，可以在全校文，理，法，醫，工，農，商，音樂，服裝設計等每一個學院科系中開課講書，真是為人師者的最高榮譽。他在醫療期間，也因為個人的知識豐富，而能在所有治療的過程中，積極的參與意見和醫生討論。

小仙人拳

因為常常都坐在固定的座位上，我對面前廚房裏的的爐灶，櫃子，水槽，窗户等等，雖然沒有刻意的去記憶，但是看慣了的畫面，一旦稍有改變，就注意到了。那天（一九九七年二月），我一坐下，就覺得有些異常，於是留心的注意了一下環境，發現原來是白色的布窗簾上有了圖畫。飯廳中養著的一小盆仙人掌開了一朵紅色的小花。吳伯伯心血來潮，就把窗簾布拿下來，畫了一幅靜物寫生的小品。我看看畫，看看吳伯伯，笑一笑，他也不説話，只對我微微笑。我也不説話，又過了一會兒，我開口問了：「可不可以給我？」他大笑起來，很得意的説：「我就和吳媽媽説嘛！Pat 看到，一定會跟我要的。不急，不急，等過幾天有空，我給你寫幾個字再拿去。」這份老早被他料中我會喜歡的即興之筆，就歸我所有了。

後來，吳伯伯把這幅寫了很多字，畫了兩株小花的窗帘，折好，放在一個黃信封口袋中，上面寫了「小仙人拳」，交給我。而布上的「幾個字」，把這幅畫的來龍去脈都交待清楚了。

鹿邑園景裏宅磚樓後門外倚樓有木造小屋早已歪斜門上原有玻璃亦因木框不直過甚無法再裝乃屢以布為帘甲子一九八四退休後書董玄宰句「手植松杉皆老大，經年不踏縣門街」於其上一九九零年女作家來邑乃雷戊白姪女舊友喻麗清因相偕來訪而未值見此布上所書驚愛而讚之歸而為文記其事時布已日曬風吹其下半已碎落仍剪取以寄贈。後戊白赴加州訪麗清二人於鏡框前合影見贈。 去冬嚴寒後院竹林為摧廚房之窗為之暴露。適多年所養小仙人拳忽發一小紅花欣愛之甚乃製此圖并以年年有香之茉莉成一窗帘戊白來見之似有欲言而未啟齒已見其意遂指以歸之此畫水彩懸之窗上日日陽光射之顏色難久駐也由陽初戊白賢伉儷存之亦善功又豈祗緣也

鹿橋時年七十有八
丁丑歲朝

吳伯伯一直說要帶我去「延陵乙園」看看，可惜總是湊不上時間。但是他畫的「乙園」的地圖，各個時期中所照過的相片，還有文人雅士們在那兒聚會的請帖和節目單，在不同的時間裏，都給我看過。

「乙園」地點的購買，房屋最初的設計，都是有一些故事的。後來的加蓋和建造，則都是隨心所欲了。他們還在東部，「乙園」的全盛時期，園的活動和訪客都很頻繁。聚會的表演，從各人自己的詩歌朗誦，到舞蹈話劇，應有盡有。很是一種現代「蘭亭集會」的盛況。他也時常感慨，說他很多的外國朋友和學生們，無論言行，甚至思想，都比中國人還要更中國化。

吳伯伯在聖路易郊外買過一塊地，他老是說哪天要開了車過去看看。他很積極的考慮要把這塊地捐出來作為一個中國人的墓園，想得很遠。另外，我們總也想約了在冬天開車到密蘇里河邊去看聚集的美國老鷹（American Eagles），但因為怕天氣太冷了受凍生病，而未能成行。這些事，都給我教訓，凡事想到了，如果不能當時就動手去做，有所行動，時機和年歲一過，就常常不能實踐，成為憾事了。

往事

吳媽媽個子嬌小，終年穿著一身旗袍，頭髮在腦後紮髻，一口的京片子，總是笑容可掬，輕言細語。我看過吳媽媽年輕時跟著大家建蓋「延陵乙園」時穿著牛仔褲的照片，也聽吳伯伯提起他自己開飛機帶著吳媽媽飛翔的事。那時大家常說蔣夫人，希拉蕊都是魏斯里女校的畢業生。吳伯伯就總是拍著吳媽媽的肩膀說：「我們吳媽媽也是早期的校友呢！」很以她為榮。吳媽媽主修生物，我養了很多年的一株茉莉花，便是吳媽媽替我水養發芽了以後給我的。放在廚房旁邊落地窗前的花架上。常常讀報時一陣清香。抬頭一望，啊！好一朵美麗的茉莉花，芬芳美麗滿枝枒。

吳媽媽的中英文都好，是一位真正的賢內助。她婚後持家教子，是穩定家庭最重要的因素。吳伯伯在外面所有的事，教書，開會或和朋友見面，回家都會和吳媽媽說，互相商量。平常在公共的場合，吳媽媽是絕對沉默的，完全當配角。但是我們都知道，她堅強有耐力，既隨和，又樂觀，總是關心著別人。

他們不花錢買花，但是廚房桌上，常常都有一個小小的玻璃杯，放了院中剪來不知名的小花或綠葉。春天初到，把那紫荊剪一枝放在瓶中，又清秀，又豔雅，我見過一次，便年年仿傚。家裏車道旁的一株紫荊，正好派上用場。

吳伯伯和吳媽媽的感情，有目共睹。有一年，聖路易僑界舉辦新春聯歡，臨時大家鼓掌，請到吳家夫婦上台表演。那是唯一的一次，聽到他們合唱。歌名是「本事」——記得當時年紀小，我愛談天你愛笑。有一回並肩坐在桃樹下，風在林梢鳥在叫，我們不知怎麼睡著了，夢裏花兒落多少。

回想多年來和他們的相處，這首歌正是他們夫婦二人情感的寫照，經過半個世紀的相守相依，仍然是「我愛談天你愛笑」的並肩同坐，聽風聲鳥鳴，看花開花落，永遠的互相扶持著。吳伯伯一直身強體健，而吳媽媽則為風濕，骨折，牙病等等纏身。吳媽媽出門，吳伯伯總是小心攙扶著；輪椅，也都是自己親手在後面推著的。

他們四個兒女，大學畢業以後，就和一般美國人的家庭一樣，各自發展，居住在不同的城市。他們，一位是建築師，一位做生化的研究，一位是醫生，還有一位很傑出的電機工程師，因為個人興趣轉行當演員了。四個人，都是常春藤大學的畢業生。廚房中，有他們四人小時候的照片。他們常常打電話回家，所以吳伯伯和吳媽媽慣用免提電話，可以大家一起說話，也方便吳伯伯聽不清楚時，吳媽媽好幫忙提醒。吳伯伯生病時，已經搬在女兒家的隔壁了。三個散居各地的兒子們，則是輪流的回家，幫著媽媽照顧爸爸。他們喜歡小孩，對三個小孫女，自是鍾愛異常，也覺得在這種非常時期，有兒女們在身邊相伴照顧，是一件多麼幸福的事。

說起小孩，我的孩子們小時也常去吳公公，吳婆婆家，覺得那裡新奇好玩的東西特別多。後來他們長大了離開家上大學時，吳伯伯告訴我：「兒女們小時候是孩子，長大了就要是朋友。父母親要知道自己把兒女們教導成什麼樣的人，等他們把男朋友，女朋友帶回家來時，就知道了。」所以孩子們一上大學，我就寫信給他們，提醒他們交朋友時要放在心上想一想的事；免得因為自己不教而誅的錯誤，弄得以後大家不開心。

朋而不黨

最近這些年，吳伯伯常在他的字畫後面題上一句他為人處世的原則——「朋而不黨，更不呑聲哭」。他的朋友們雖然很多，教授，學者，學生，讀者，工匠，中外各國的人士們都有；但是他很少加入團體，也不廣收門生自立門派。與任何人相處，都是君子之交。後來有人請他當顧問等等，他也都婉言辭謝了。認為很多事，終究要靠各人自己的努力。

還有一件事是他在一九九八年一月時告訴我的。那天，另有陶伯伯和陶媽媽在場。這事雖在他的日記中有記載，但他說是告訴我了，以為見證。

吳伯伯是三十一期中央訓練班第六小隊（或是中隊）的隊長。受訓時要求學員們要入黨，只有三個人不肯，一人是王雲五的兒子王學武（？），還有一人姓「原」，另一人就是吳訥孫了。於是每夜熄燈以後，就找他們去談話，以致睡眠不足。那位找他談話的人，就是查良鑑。後來他赴臺時，因為和查良釗熟識，於是吳氏夫婦，臺大國文系的教授張靜和查良釗等人一同去見查良鑑。但是查先生說他不記得那事了。

雖說大家對事情的記憶，常常都有各自不同的版本。但這件事，還真是充分體現了他從來就「朋而不黨」的文人風範呢。

我所認識的吳伯伯和吳媽媽，是經由日常生活的接觸。他們與世無爭，不計名利，表裡如一。退休後的生活很平靜，不求官，不求利。而名，更因為年輕時就享盛名，反而力求淡泊。除了看書，練字，寫文章，很多的時間花在看病，牙科，眼科等等。他的常識豐富，而且有遠見。對海峽兩岸的事和人，都很關心。除了對簡體字很有反感之外，對於三峽大壩的建造，也是堅決反對的，認為對自然生態的破壞，將無以為繼。

吳伯伯給過我很多他的文章的影本。我都放在信封袋中。拿出來整理，發現還有一篇「人子獸言篇」，是他自己的英譯。一定要花點時間重打出來，給我那些國外出生長大的兒女和外甥們去讀。

鹿橋

二月十六號晚上，我從臺北剛回上海，給吳伯伯和吳媽媽打了一通電話。三個人，加上他們的兒子昭屏，一同在電話上說了快一個小時。聽到背景裏，鍋碗瓢盤的聲音，格外的親切。我問他們是在廚房裏嗎？吳媽媽說：「我們正在準備吃早飯呢！」他們三個人，吳伯伯和吳媽媽在兒提電話上，昭屏則在另一個分機上。

問起他的病情，吳伯伯說，一天到晚有大夫，吃藥，照X光，和放射線物理治療。嚴重的時候，醫生就告訴他不超過五天了。我問他痛嗎？他說痛了就吃藥，肝和脊椎都痛，最開始的腸癌，倒是沒事了。前晚就疼得厲害，但是我們說話的時候，他又很好，很健談了。陽初和他說話，他馬上就問起膽固醇的控制如何了？一如往日，頭腦很清楚。因為長途電話，因為好幾個人用不同的電話，大約也因為化療的關係，吳伯伯說話有些不容易聽。他的聽力也不太好，常要調整助聽器。所以，談話之間，常常需要吳媽媽和兒子的說明。

他們對我在上海的日子很感興趣，我也不時的把自己寫的遊記傳真過去。告訴他們除了週末到附近的城鎮外，我這個春天會再去一次長江三峽。吳伯伯對三峽和大壩一直都很關心並且懷念。前幾年，還說想要和老同學們去徒步旅行再走一次三峽，對於自己的體力，很有信心。仍然是少年時和同學們登泰山的豪情壯志。我說走長江，一定要順水而下，不能逆水而行。順江而下，進峽口時震撼的感覺不同。逆水而上，則好像從後門溜進花園裏，逛一圈再由正門出來，總是不太對勁。他對於這樣的形容，覺得很有意思。

除了閒話家常，這通電話還有兩件很重要的事得到澄清。

我先問他們記不記得吳伯伯曾說過一千天的事？吳伯伯和吳媽媽還沒說話，昭屏就馬上接腔問我：「我彷彿記得這事，妳記得是什麼時候的事嗎？」我當時只記得二〇〇一年四月一號的日子，第二天特別把確切的日子再找出來，發了傳真過去。然後我說起東北虎的事，吳伯伯又起勁了。他說：「對啊！世界上的各個國家，常常要分享一些自然寶藏。前些年韓國主辦奧運會，把一些大老虎給外賓看，作為韓國保護野生動物的例証。事實上，那就是中國的東北虎。」

第二天，收到昭屏傳來的一封傳真，提到他記得那一千天的事，也謝謝我把更確切的日子提供給他們。接下去，就說起老虎的事了。他不但記得聽過吳伯伯說這事，也很認同。覺得自然的一部份終要能回歸自然，繼續留在存活變幻的世界中，總比封在一個盒子，埋在地底下要合理自然。真是有其父必有其子。我們也相信吳伯伯自己，定能把這種理念更完美的說明表達出來。因為這個話題，他又提到另外一個有關吳伯伯和老虎的故事，那是昭楹前不久和吳伯伯在電話中談到的事。當吳伯伯還是六歲左右，很小的小小孩時，他就喜歡自己編故事。有時候，當他故事裏的角色太多，或是某個角色變得多餘而需要被刪除時，他就常常很方便又很乾脆的讓那個角色給老虎吃掉算了。可見他從小就對老虎，情有獨鍾。

另外一件重要的事是我弄清楚了他筆名「鹿橋」的由來。我的筆記本上，曾經記過「鹿─鹿篙桐」，「樵─橋」。但是我又實在記不得鹿篙桐是人名還是地名了。在電話上問，為了這三個字，說了好久，一個字，一個字的說─鹿橋的鹿，篙行的篙，竹字頭下面一個馬，桐油的桐，木字邊一個同伴的同……可見吳媽媽和他們的兒子都還不是很清楚這件事。我們幾乎都要放棄了，說明天寫了傳真過去再說。忽然，吳伯伯很開懷的哈哈一笑，一連串的講下去了：

「鹿篙桐啊，北京的名媛。住在和平門外，比我高三、四班，是大學的美人。一九三六年，我在北京考大學的時候的事。一九三四到三六年，那時候，北京的名媛仕女，我都認得，他們都要收我當乾弟弟呢。我前五，六年，還寄書給她看的，後來，就沒有聯絡了。時間和人，都是有關係的。鹿篙桐上台，總是穿件白色旗袍。就像後來在聖路易，有個雷戊白，也是穿了旗袍上台一樣，還有早期臺灣青訪團來的時候的胡茵夢。都是英文說得好，咬字很清楚的。穿旗袍上台的人，還要有個子，太矮了也不行。」

吳伯伯很記得胡茵夢，大概因為是他在美國見到的第一位代表臺灣出來，又中英文都真能上台面的人，所以總是會提到她。後來，他就喜歡和我說，以前有個胡茵夢，現在有個雷戌白。其實，胡茵夢比我小幾歲，是我弟弟的朋友。

家父在他「造化遊戲四十年」的回憶錄中（P.290）也曾經提到鹿篙桐其人其事—「鹿篙桐在南開中學瑞庭禮堂建成後，由張逢春先生導演，萬家寶（曹禺）主演的名話劇《財狂》中任女主角，當時好像是南開大學的校花（一九三五）是一位多才多藝的大美人。」

至於「橋」字，他說：

「我本來是選的『樵夫』的『樵』，比較雅。但是明末清初的吳梅村（吳偉業，字駿公，號梅村，有時自署鹿樵生，灌隱主人）先用了，我就只好改用『橋』字了。」

我恍然大悟，在電話裏很大聲的說：「啊！」他又很高興的大笑起來，「哈！原來如此啊！是吧？」完全瞭解我因為得知了他這筆名的來源，而特別高興的心情。

那天，我們說了將近一個鐘頭，但也是我最後一次和吳伯伯說話。

後來，知道他體力日差，睡的時間比醒的時間多，思考也常常不是很清楚，我就很少打電話去了，實在也是不知道要說些什麼才好。倒是和他們的公子昭屏，偶爾通一封電子郵件，問一下近況。我們談起吳伯伯的英文名字 Nelson I。Wu 那 Nelson 當然是訥孫，但是 I。字何來？我記得吳伯伯告訴過我是 Ikon，但是忘了問由來。昭屏為我問清了。原來是吳伯伯的小名，在他得到訥孫的學名之前，家人們這樣叫他的。吳媽媽則說，依她的瞭解，I是「你」的意思，Kon則是來自健康的康字。大概也就是父母長輩們對他自小的祝福吧。

吳伯伯，在中國人的社會中，以文學著名。他二十六歲寫成《未央歌》，七十六歲寫成《市廛居》。當中寫的《人子》一書，則更是寫給九歲到九十九歲的人看的。而在全球藝術考古和建築的領域中，他則在一九六三年以四十多歲的年齡，就收集他自己在哈佛大學演講發表的論文，完成了見解成熟的經典之作「中印建築」。這本書的全名：Chinese and Indian Architecture, City of Men, Mountain of God, and the Realm of the Immortals「中國與印度建築：人的城，神的山，永恆的仙境」。那，也正是他要教給我們的「天人之際，方圓之間」——中國自古以來人和天地宇宙間的關係。授業之外，他真正是一位傳道，解惑，言教又身教的好老師。

在我們二〇〇〇年初離開聖路易以後，吳伯伯也搬去了波士頓。隨後幾次返美，也都沒有機會和時間到東岸去拜訪。沒有想到，真的就此天人永別了。在我，是痛失良師，親長。打電話告知家父母，他們更是感慨萬千，引用李抱忱先生當年常帶他們唱的〈常常在靜夜裡〉的歌詞（MORE作曲，鄭萍因作詞）「想當年多少良朋，盡凋零，都逝去，似黃葉不耐秋風」，不勝唏噓。

吳媽媽來電話留言告訴我，吳伯伯一直清醒，對於孩子們都回去看他照顧他，非常的高興滿足。家人們對於吳伯伯終於結束了八個多月來的病痛和折磨，認為應該是對他的解脫。我再打電話過去，公子昭屏接電話時的一聲「Hello！」聲音和語調，簡直和吳伯伯當年一模一樣，剎那之間，我簡直要以為吳伯伯又健康的回家了。後事，則順應吳伯伯的要求，和他一貫的作風，火化從簡。當然，他是不能去和老虎結緣了。

三月中那幾天，華盛頓大學的校長，董事，和有關的各院長，系主任，都正在中國開亞洲區的諮商委員會。在上海碰到校長時，告知他吳伯伯的近況，他還提及了那塊車牌的事，並且說要在回到學校以後，當即和吳家聯絡。聽到消息，通知了剛離開上海到了北京的陶伯伯和陶媽媽，他們原說回了美國，就要去看吳伯伯的。現在，都來不及了。而我，再不能親聆教誨。連終於提筆寫了有關吳伯伯的文章，也不能讓他親自過目了。

聖路易的公共電視台，很多年以前曾經製作過一個特別節目，名為「城市裏的珍珠「Pearls of the City」——而聖路易的三顆閃亮的珍珠之中，有一顆就是Professor Nelson I Wu 吳訥孫教授。這一位好老師，思想家，文學家，說故事的高手，典型傳統中國的文人，就這樣在親人圍繞中，悄悄的獨自離去。但是，留下了他的音容笑貌在照片，他的理念和期許在著作文章中，讓後人去慢慢的體會思考。

吳伯伯，是一位那樣溫柔敦厚的長者，在他的面前，如沐春風。他們對我的厚愛，關心，使我在離開了父母的身邊後，還有長輩不斷的提醒和教誨，言教和身教，都讓我受惠終身。常常會思念，但是懷念的時候，總是帶著溫柔和微笑，記得他對生命的樂觀，對知識的追求，對中國文化的情懷，和對人類的關愛。還有，無數個白天或晚上，坐在他們家的廚房，或一同出去吃飯的時候，聽他們說話，聊天。每次我去，他總是自已來開門，或相送。我也總是抱著吳伯伯和吳媽媽，在他們臉頰上親一下，好像女兒回家一樣。

（寫於二〇〇二年五月）

——傳記文學第八十一卷第一期

回家

吳昭婷

回憶中，父親大部份的時間總是和母親在一起的。也許在唸書給她聽、徵求她對某些事情的意見、幫她準備飯菜。或只是坐在廚房裡跟她面對面的喝茶、吃甜點。在我記憶裡，如果母親沒有在他身邊，他就一定會去尋找她。從一個房間到另一個房間，想知道她到底在哪裡？我聽見他呼喊她，一開始還帶著開玩笑的聲調。但如果沒有立刻得到她的回應，他就會變得越來越不安。臉上開始出現疑惑，接著變成擔憂……最後則總是以重逢的喜悅收場。他其實只是想確定一下她沒事，因此當他得到肯定的答案時，便又回到書桌前繼續寫作。

父親很喜歡跟我和兄弟們講述他和母親第一次見面的情形。年輕的他，那時過著比較自由率性的生活，而母親則是衛斯理學院的遺傳學家。

他永遠不會厭倦這個故事，一再重覆的告訴我們：母親是多麼完美。當時，他認為她絕對不可能注意到像他那麼任性粗野的年輕人。然而她不但不嫌棄他，而且還決定跟他共諧連理，成為終身伴侶，並組織了一個家庭。

他告訴我們，母親跟他所有的朋友是多麼的不一樣。又如何在他母親過世時，成為

昭婷與哥哥昭明弟弟昭屏

（吳昭屏提供）

昭婷與貓 攝於延陵乙園

（吳昭屏提供）

他唯一的慰藉。還有，他是多麼的喜歡她的聲音；事實上，當他從一位朋友的錄音機裡聽到她的聲音時，就已經愛上了她。

「她擁有全世界最好聽的聲音。」

他說這句話時，會閉上雙眼，嘴角露出溫柔的微笑。

沒錯，她的聲音的確是世界上最悅耳的！尤其是和父親合唱的時候。

在夏天，我們一家人常會在傍晚與朋友聚餐，直到晚上才開車回家。那時候父親便會唱起歌來。車外是神秘的夜晚，郊外潮濕的空氣從窗外透了進來。母親甜美的歌聲開始加入，與父親雄渾、爽朗的歌聲融合在一起。我和兄弟們在車廂的後座也隨即加入，同時凝視著父母親側面的輪廓。

父親的側影看起來俐落、靈活、喜樂；而母親則是嬌小、恬適、穩健。他們倆偶爾會相視會心而笑；如果那是一首好玩的歌曲，則甚至會哈哈大笑。

有時候父親會受歌曲感動而眼泛淚光，我們便心存敬畏的沈默下來。心裡想著：光是一段旋律或一句簡單的歌詞，竟然就能讓他如此感動。有些時候，他們兩人的歌聲配合得天衣無縫，連他們也不禁停下來，感到不可思議。最後，父親會把歌詞改寫成對母親的讚頌。他轉頭看著她，眼光和歌聲都充滿了愛慕。母親則會伸手觸摸他的臉龐。

坐在後座的我們靜靜的看著這一切，心中明白：不管這輛小車從外面看起來多麼不起眼，我們都是獨一無二的。我們的父母親深愛著彼此，也深愛著我們。無論外面的世界發生什麼事情，他們都會帶領我們平平安安的回到他們兩人攜手打造的家園。

回到家時，天色已晚。我們一行六人走過院子時會儘量保持安靜，以避免吵醒那些好夢正甜的動物，跟習慣在晚上活動的生物。地面有點起伏不平，父親會走在母親旁邊，挽著她的手肘，提醒她這裡有個凹洞，那裡有個土墩。要是時間夠晚的話，青草上會佈滿露水；我想青草們一定很開心，有我們的鞋子替它們分擔露水的重量吧。

有些夜晚，我們會以為自己走在微小但閃亮的燈火之間。這時候父親會叫我們停下來，指點我們抬頭望向天際。飽滿的月兒顯得非常高興，滿懷寬慰地看著我們，好像整個晚上都在尋找我們的踪影，奇怪我們到底去了哪裡。

當我們六人駐足欣賞著壯麗的夜空時，偶爾我的目光會搜尋父母的身影，只見他們肩並著肩，沐浴在月光中。孩子們不是依偎在他們的臂彎中，就是躺臥在他們的腳邊，身後則是原始的森林。我可以確定，他們是來自古代的一雙伴侶，在穿越了幾個世紀的時空後，再次遇上彼此，並同意和我們相聚一段時光。

父親在二〇〇二年三月逝世，母親則是在兩年多後離開我們，時間是二〇〇四年五月。我可以肯定這兩年來，父親仍然在我們中間，因為他曾以很奇特的方式向我女兒顯現。

很久以前，父親曾經告訴過我，存在於這個世界的人，一定要管好這個世界；而在另外一個世界的人，則必需管理好他們那個世界。他說我們只是管理人，必須明白自己的本分，不要漫無目的地在一個已經不需要我們的世界上遊蕩。他又說有些人會回到我們的世界，那是因為他們有特殊的理由。所以父親回到我們的世界，也一定有他的原因。

於是我耐心的等待著。我記得母親離開前的最後幾個小時，夕陽忽然從雲層後穿透出來，讓病房裡充滿暖意和光芒。這令我想起父親高歌時的情形。我知道父母親經常喜歡在一起看日落。於是我靠近母親，告訴她太陽正在下山。如果父親在等她，她可以安心的跟他走。就在那一刻，母親走了。

在母親過世的前一年，我買了一株很特別的蘭花，並把它種在橫跨父母親家和我家的小花園裡。蘭花是我和母親一起種的，她先選擇好栽種地點，然後專注的看著我把它栽植到土裡面。那是一株拖鞋蘭，以前父母親住在康乃迪克州時，他們家四周有一個森林，在他們開始熟悉這座森林時，就發現了這種蘭花。我記得在早春的時候，我們會登山涉水，走進森林，去探視這一小片的拖鞋蘭在經歷寒冬後是否仍然健在。我們小心翼翼的走到一座山丘的頂峰，溫柔地盯著葉子下面，在去年看到這些珍貴的拖鞋蘭的地方逐一尋找。當父母親找到新發的嫩芽時，嘆！他們是多麼開心！看到蘭花脆弱的根株，居然經得起新英格蘭冬天的考驗，令父親感動萬分。接著我們會以最溫柔的動作，在嫩芽上面蓋好葉子，然後趕緊跑回家飽餐一頓，好讓凍僵的身子暖和一點。

在母親病發前的幾個禮拜，我和她會靜心觀察拖鞋蘭的生長情況。當我們看到一株新鮮蔥綠的嫩枝直挺挺的冒出頭來，快樂地享受著春天的陽光，感到非常安慰。

自此以後，母親常常會問起拖鞋蘭的狀況，看我的女兒在花園玩耍時，也會去看看它。我們很期待可以看到花朵，但它卻遲遲不開。唉！在開花以前，母親已經變得非常虛弱。接下來的那幾個禮拜非常難熬，生活變得很不正常，大家都十分沮喪。但我們的花園卻充滿生機；植物們恣意的生長，好像並未注意到我們失去了什麼。我沒有心情除草，這些熱情活潑的不速之客，進駐了我的花園。

然而我仍然看著拖鞋蘭在長大。我會在早上的時候去察看它，確認它擁有一個寧靜的夜晚。到了晚上，我會再去看一次，希望夜行動物們以輕盈的腳步走在它的四周。雖然我們事前並不知道，但種植這株拖鞋蘭，是我和母親共同著手進行的最後一個計劃。她已經等不到花開了，現在我必須獨自把它完成。

有時候我會很想知道父母親到底去了何方？不過我相信父親正在等待母親，所以我並不期待他們重聚以後會在我們身邊徘徊。他們仍舊在一起嗎？他們快樂嗎？偶爾會想起我們嗎？在六月九日父親生日的那天，答案出現了。

那天晚上當我走到外面去，想看看那株拖鞋蘭時，我發現它終於開花了。

Returning Home

Chao-ting Wu

When I think of my father, he is, most often, beside my mother. He is reading to her, asking for her advice, preparing a meal, or simply sitting across from her in the kitchen and sharing a cup of tea and something sweet. And if my memory finds my father without my mother nearby, then he is looking for her, wandering from one room of our house to another, wondering where she could possibly be. I hear him calling her, playfully at first, and then if he does not find her right away, with growing concern. I can see the puzzle on his face, and then the worry, and then the delight when they are reunited. A moment is all he needs to reassure himself that she is fine, and with that reassurance, he returns to his desk and his writing.

My father enjoyed telling my brothers and myself about the first time he found my mother, when he was a young man moving with a faster crowd and she was working at Wellesley as a geneticist. He never tired of the story, of telling us how she was far too perfect to have been expected to pay attention to a young man as unhewn as himself, and then how, in spite of his wildness, they decided to form a lifelong partnership and raise a family. He would tell us how different she was from all his other friends, how she alone could comfort him when his mother passed away, and how much he loved listening to her voice. In fact, he found my mother when he noticed her voice on a tape recording from a friend. "She had a most beautiful voice", he would say with his eyes closed and a soft smile on his lips. She did, and never so beautiful as when she and my father would sing together. Our family would be driving home late on a summer's night, after an evening with friends, and my father would begin to sing. The mysterious night would be outside, the humid country air would be coming through the windows, and then my mother's sweet, sweet voice would join my father's rich and expansive singing. From the back of the car, as we added our voices to theirs, my brothers and I would settle our gazes on the silhouette of my father, tall and trim, alert, so happy, and that of my mother, petite, poised, and steady. From time to time, they would look at each other and smile, sometimes laugh, if the song were funny. Other times, my father would become teary, and we would fall silent, awed by how a melody or a simple phrase could have touched him so deeply. And then, there were those moments when my parents' voices meshed so perfectly that even they would have to pause and marvel at their music. Eventually, my father would begin to modify the songs so that they would be about my mother. He would turn to her, his eyes and singing ever so full of admiration, and my mother would reach out and touch his face. Watching from the back seat, my brothers and I would know, once again, that no matter how small and insignificant our little car would look from on high, we were special. My parents loved each other, they loved us, and no matter what was happening outside in the world, they would bring us safely home to the garden they had built.

It would be dark by the time we arrived home, and the six of us would keep our voices quiet as we crossed the yard so as not to awaken the creatures that slept or frighten those that worked the night. The ground was uneven, and my father would be by my mother's side, his hand gently under her elbow, reminding her of a dip here, a mound there. If it were late enough in the night, the grass would be laden with dew, only too happy to unload its burden onto our shoes. Some nights, we felt we were walking amidst tiny, brilliant lanterns, and it would be then that my father would stop us and guide our gazes skyward. There would be the moon, full, overjoyed, and brimming with relief to see us back. It was as if the moon had been there all night, looking for us, wondering where we had been. As the six of us paused to admire the magnificence of the night sky, I would glance at my mother and father. There they were, beside each other, bathed in moonlight, children in their arms and at their feet, the forest growing wild behind them. I would be certain, then, that they were ancient companions, travellers over many centuries, who had found each other once again and agreed to spend a little time with us.

My father passed away in March of 2002, and my mother left us a little over two years later, in May of 2004. I am certain that my father was with us during that intervening time, as he made his presence known in extraordinary ways to my daughter. My father had told me once, long ago, that beings in this world must tend to this world, and those in the next, must tend to that other world. We are all caretakers, he said, and must apply ourselves to our duties, not dilly-dally without purpose in a world that no longer needs us. Sometimes, he said, a being will return to our world, but such visits should only be for special reasons. And so it was that my father returned and waited patiently and playfully for my mother. I remember holding my mother, in the last hours she was with us, when the evening sun broke suddenly through the clouds and filled her hospital room with a warmth and glow that reminded me of the way my father sang. Knowing that my parents often made time to watch sunsets together, I leaned close to my mother and told her that the sun was setting, and that if my father were waiting for her, she should feel free to go with him. My mother was gone that instant.

A year prior to my mother's passing, I had bought a special orchid to plant in the small garden that spanned the distance between my parents' house and mine. My mother and I had planted it together; she chose the spot and watched me intently as I put it into the earth. This orchid, a lady slipper, was of the type that my parents had discovered when they were becoming acquainted with the forest that surrounded their young home in Connecticut. Well I remember our family treks in the early spring to see if the little patch of lady slippers had survived the winter. We would approach the crest of a particular hill ever so carefully, peering gently below the leaf cover, little by little exploring where we thought we had seen the precious lady slippers the year before. And, oh, the joy my parents would feel when they spotted the new year's shoots! My father would be overwhelmed at how something so delicate could have survived the test of a New England winter. Then, ever so softly, we would return the leaves that had covered the shoots and hurry home to warm ourselves with something good to eat.

In the weeks before my mother fell ill, she and I waited to see if the lady slipper we had planted had survived, and how relieved we were when we saw it break ground - a clean shoot, coming up straight, already green and so happy to discover the light of spring. Thereafter, my mother would ask regularly about the lady slipper, taking time to view it as she sat in our garden watching my daughter play. We anticipated a flower, but the bud was slow to come and, alas, my mother's strength left her before there was a blossom. The weeks that followed were difficult, strangely unbalanced, broken, the garden bursting forth with life and sound, wild, as if without regard to what had been lost. I had no interest in taming the weeds, and everywhere, vigorous, enthusiastic visitors joined my garden. But, still, I watched the lady slipper grow. I visited it in the morning, to assure myself that it had spent a peaceful night, and then looked upon it again at the end of the day, hoping that the creatures of the night would continue to step gingerly around it. Though we did not know it then, this little orchid would be the last project my mother and I would initiate together and, while she would not be here to see it bloom, I would follow through alone. From time to time, I wondered where my mother and father had gone; whereas my father had waited for my mother, I did not expect my parents, finally reunited, to linger with us further. Were they together still? Were they happy? Did they remember their children from time to time? The answers came on my father's birthday, June 9th, when I went out to see how the little orchid had fared the night. I found that it had blossomed.

為父親而寫

吳昭楹

二〇〇二年二月十九日

這天早上的波士頓，是一個晴朗的二月天，我正要動身到機場去。我離開了位於法蘭西斯街八號的家，也離開了我的父親。他躺在樓上的一張小床上，房間不大，採光卻很好，雖然之前被閒置著，因此有點亂，但也算舒服。之前我們應他的要求，替他整理房間裡的一個矮櫃。現在櫃面變得很乾淨，上面擺放著一個花瓶跟一束鮮花、一個大鐘、一座石膏塑像，以及我們每位家庭成員的手鑄像。我也離開了哥哥，在未來的幾個月裡，他將會投入所有的時間、力氣，以及他極度縝密的心思，全心照顧父母親。我也離開了母親，她個性始終如一，永遠心平氣和、實事求是的包容與接受，跟我父親形成強烈的對比。因為父親喜歡在這條未知的生命道路上，對每一個新階段進行心靈和精神上的探索。

父親超世拔俗，對塵世卻往往有敏銳的觀察。

他問我：「你帶了幾件行李？只有一個袋子和放電腦的公事包？」

我說是。

鹿橋賀年卡（明、婷、屏、楹）1960

（李在中提供）

「沒有其他小包裹或袋子？」

我回答：「沒有，就這兩件。」

「很好！」他微笑著說：「你是一個很專業的旅行者。」

最近，父親每做一個動作都需要經過深思熟慮。長久以來，他已經習慣擁有一個天生具有平衡感的肉體、協調又迅速的反應能力、強健的體力，和優雅的姿態；現在的他卻連站跟走的力氣都沒有，就連坐著也覺得累。在以前，他很少行動遲緩或是感到疲憊；如今把力氣花在每天的行動上，對他來說已經是個挑戰。

我們不假思索即可做出的動作，對他而言卻像是漫長戰役中一連串的重點軍事演習。為了作好準備，他需要研究戰鬥的場地，並在床邊做好預備動作。他依次的把一隻腳放在地上，接著再放另外一隻，小心檢查著摩擦力的大小，以及自己的力量。他的作戰計劃必須考慮到在哪一個時間點和哪一個位置，可以讓他重新凝聚、平衡以及回復力氣。集中力量以後，他緩慢卻毅然地開始移動，用手臂把身體撐起來，繼而用一隻手肘支撐著，另一隻手則伸往另外一個方向。靠著一連串的肢體動作他終於坐了起來。坐直以後，他的身子往前微傾，手肘放在膝蓋上，凝聚身上的力量以進行下一個階段。他搖晃了兩下，開始站了起來，試著召喚大腿與下半身的肌肉繼續下一步。它們非常的疲憊，但仍然作出了適當的反應，如同經驗豐富的老兵般，知道如此做需要什麼條件和付出多少代價。它們重新振作，於是父親平順而緩慢的站起身子。有那麼一刻他猶疑了一下，佝僂著身體，隨即又挺直，個子看起來依然很高。他閉上雙目，慢慢的深呼吸，身體放鬆，雙膝靠攏，肌肉開始回到一個可以發揮更大力學效益（mechanical advantage）的狀態。

我覺得他很不可思議，也很懷疑他還能獲得幾次如此難得的勝利。他就像是一位將軍，在經歷了一場漫長的戰爭後，發現自己和他的軍隊變得老練又忠心，但是每個人都精疲力盡，人數也越來越少；英勇的同袍們在戰場上壯烈犧牲，有些則被病魔侵襲，而補給線也過長。

我看到爸爸在今生的生命邊緣起舞。我很想知道他看見了什麼、聽見了什麼、聞到了什麼、又觸摸到了什麼？有時候當他張開眼睛，我似乎可以感覺到他眼中殘餘的景象。我想他一定正摸索著通往一塊陌生領域的道路，不過它被濃霧籠罩，難以看見。但那是一個他未曾涉足的地方，因此很想去探個究竟。他在兩地穿梭來往，想回來向家人分享所見所聞，然而每次回到這個世界，另外一個世界立即消失，連描述它的能力也不見了；似乎只有身在當地，才能夠體會與描述那些經歷。當你在這邊，另外一邊便顯得朦朧、紛亂。這可能是平行宇宙（parallel universes）概念裡的測不準定理（uncertainty principle）中一種模式。每一個世界都有自己一套語言，兩者之間不能太親密，只能透過暗示的方式提及對方。所有的經歷都只能意會不能言傳，也不能夠掌握。不過就算只能感覺一下，也是不錯的。

二〇〇二年三月十六日

早上我看著父親，覺得他好像回到四十五歲時的模樣。我看見他以迅速迫切的腳步走在一條山路上。在他年輕時所拍的一張老照片裡，我看過那條山路。那座山上有一隻石猴，它老是瞪著眼凝視前方。我記得那是一張黑白的照片，景深效果非常出色，前面是矮松樹的樹枝，後面是那隻石猴，最後面是地平線。照片中的他回頭看著我們，露出微笑，顯得很開心。我知道他其實很懊惱，也很捨不得，因為他將要丟下我們；我也知道他被一股無情的力量往前拉。他看著前方，很渴望可以到那裡去。我感覺到他想告訴我們關於那裡的一切，但他知道他不能，同時他也了解到我們會明白他別無選擇，只能繼續向前走，就算我們不在身邊，他也會快樂的活在新世界裡。

我想像著一個山峰。若要攻頂，你並不需要是專業的登山者，但是登山的路程十分漫長。攀登這座山的挑戰性在於：你會遇到連續不斷的陡坡，需要消耗大量的體力。山上又有許多的岔路，和騙人走到其他小山峰的拐彎，還會常常出現偽峰。它的山頂略圓，地上佈滿青草，有些地方則散佈著灰色的岩層，還有一些較小的亂石，不過大部份都是草地。

微風吹拂著，他快要接近山頂了，忽然間，他覺得自己變得好輕盈。在漫長的辛勞後，他的呼吸變得比較順暢，或許是因為這裡比較平坦吧，也可能是因為他知道山頂已經近在咫尺。不過，整個景色仍然被濃霧籠罩，他只看到附近的岩層和面前的路，但當他走完最後的幾十步，他看見天上的雲朵變得稀薄，天空也晴朗起來。他其實只是無意識的隨著坡度、沿著羊腸小道往前走，一直走到了頂峰，才驟然驚覺已經到達目的地。但可以肯定的是，這裡的確是山頂，因為四周都變成了峭壁。剩下的幾步路很容易，因為已經不需要作任何的判斷、抉擇、妥協或是權衡。靠著充份的信念和之前的練習，這段路他走得輕鬆、走得優雅。

他安靜的等待著，看起來有些迷茫。我懷疑他是否有最後一絲的疑惑？一陣暖意拉開序幕。太陽高掛在他後上方略微偏右的地方，右邊的耳朵和肩膀可以感覺到一絲刺熱。他微笑著，或許還嘆了一口氣，就像一個男人在分別多年以後重遇他的愛人。他不需要轉身就知道雲和霧正在變薄，天空開始變得晴朗，太陽在天空照耀著，陽光越來越燦爛。

他凝望著，視野漸漸變得寬闊。他看到更大一片草地，坡地上的岩層也開始出現，他看得更遠了。從左後方吹來的微風變得温暖，吹在身上的感覺跟太陽的暖意有點不一樣；微風刺激著、撫摸著他左邊的身軀，右半邊則因陽光照射發出光芒，在蔚藍色天空的映襯下顯得奪目耀眼。此時，天空中的最後一縷雲煙在他的面前逐漸散去。他定睛看著山谷在腳底下冒出頭來，向前滾呀滾，越滾更遠。景色美的讓他心碎，同時又治好他的傷痛。

他並沒有怔住，轉身想看看來時路。路就在他的正前方，連登山時看不清楚的地方現在都一目瞭然。他看見了平坦的山路，也看見了險惡的地帶，還有走錯的路。這是一條很棒的山路，而且非常長。他看見沿路所種的樹木開花了，又看到他的孩子和孫子在工作和玩耍，當他們停下來，剛好看到山坡已經脫離了雲層。此時，他看見自己所種下的喜樂種子在太陽中轉動，如同麥田在風中湧起的黃金浪花。

For Daddy

Chao-ying Wu

This morning, a clear sunny February morning in Boston, I made my way to the airport. I walked away from the house at 8 Francis Street, away from my father who lay upstairs in a small bed in a small sunlight room, a room spare and yet happily cluttered. One low dresser we had cleared at his request, its neat top surface now holding just a vase of flowers, a large clock, and a plaster sculpture, a cast of the hands of everyone in the family. I walked away from my brother who has chosen to dedicate the next few months of his life, his diligence, and his astonishing attention to detail to the full time care of my parents, and away from my mother whose calm pragmatic acceptance, and unending consistency contrasts with my fathers spiritual, mystical explorations of each new phase of this unknown path.

My father floats between mystical detachment from the mundane details of this world, and incisive observations thereon. He asks, "How many bags are you carrying? Just one bag and your briefcase with your computer?" I answered affirmatively. "Not even another little parcel or string bag?" I answered, "No, just the two items." "Good," he said with a smile, "a well trained traveler."

My father moves these days with thoughtful deliberation. Accustomed all his life to a physical body that moved with instinctive balance, accustomed to coordinated swift reflexes and ample strength, accustomed to grace, he now finds himself with barely the strength and energy to stand and walk. Sitting tires him. He has the thinnest of margins for error or fatigue. Thus he now applies his considerable creativity and kinesthetic sensibility to the daily challenges of moving.

The movements we all make without thought he plans as if they were a series of critical battle maneuvers in a long campaign. He prepares by studying the field of struggle, and takes up a preliminary position at the edge of the bed. In ordered sequence he moves one foot to the floor, then the other, tests the quality of the traction, and his strength. His battle plan includes moments and positions where he may regroup, reconsider, and regain strength. Having gathered his strength he makes a steady but determined move and rises up, pushing off with his arms. He braces, leaning on an elbow, while he moves the opposite hand to a new position. With the advantage of this new hand position he levers himself up. Sitting upright now he leans forward elbows on knees, gathering strength for the next stage. With two preliminary rocking movements he begins to rise, and then calls on the muscles of his legs and lower trunk for this next effort. Worn, and fatigued, they respond, like seasoned veterans who know the cost and the need. They rally yet again, and smoothly, yet so slowly he stands. There is just a moment of hesitation in a stooped posture, but then he straightens, still tall, and eyes closed he breathes deep and steady, his body relaxing just a bit as his knees lock and his muscles come into a position of greater mechanical advantage.

I wonder at him, and I wonder also, how many more of these dear victories he can manage. He is like a general who has fought a long campaign and now finds himself and his army expert, experienced and loyal, but worn, reduced in number, gallant comrades lost along the way, beset with illness, and supply lines too far extended.

I watch Daddy dancing at the edge of life, of this life, and I wonder what he sees, what he hears, feels, smells and touches. Sometimes when his eyes open I can almost sense in them the scene he has just left. I think he is feeling his way across an unfamiliar terrain, that it is foggy and difficult to see. Never having been there before he feels the urge to explore it thoroughly. He crosses and re-crosses the space between, coming back to report to his family, but it seems that each time he comes to this world the other fades and his ability to describe it is garbled and jumbled, almost as if the other side can only be clearly experienced and described when one is there, and when on this side is unknowable and somehow scrambled, a form of uncertainty principle for parallel universes. Each one can only be known on its own terms, and from another universe is necessarily remote, no more than a suggestion, a hint. The entire experience can neither be captured nor transmitted. Still the sense is one of happiness.

March 16, 2002

Earlier this morning I saw my father as he looked when he was 45. I saw him walking quickly, eagerly on a mountain path. It is the path visible in the picture he took as a young man of the mountain where the Stone Monkey stands forever gazing. I remember the photograph in black and white, remarkable for it's tremendous depth of field, from the branches of the wind-stunted pine trees in the foreground, beyond the Monkey, to the horizon. He turns to look back at us. He is smiling, excited. I can tell he is sorry to leave us behind, that he will miss us, and I can also tell he is drawn inexorably forward; he sees something ahead and is so excited to get there. I sense he wants to tell us about it, but knows he cannot, yet also that he knows we will understand he has no choice but to go on, and that even without us, he will be joyful in new discovery.

I imagine a mountaintop. Not a precipitous technical climb, but a long climb, challenging in its persistent steepness, the toil required, and in the many easy exits leading off the path, the misleading turns to other lesser summits, the disappointment of multiple false summits, before finally leading to a gently rounded summit covered lightly in grass. There are scattered grey stone outcroppings, and some smaller loose rocks, but mostly the summit is a greensward. A light breeze blows, and as he nears the summit he feels a bit lighter. After long toil his breath comes a bit easier. Perhaps it is because the grade is less here, or perhaps because he is certain the summit is near. As yet fog still wraps the scene, and his view is limited to the nearer outcroppings and the ground he walks, but as he rises these last few tens of feet he can see, he can feel the thinning of the clouds, the sky brightening above. Without conscious guidance his feet follow the grade, taking him in a curving path to the summit until, with a mild sense of surprise he arrives, still enshrouded, but certain, because the ground falls away on all sides, that he is here at last. These last few steps came so easily, the decisions, the balancing of alternatives, the compromises, the weighing of risks, all fallen away, the final steps taken with the ease of full conviction, and the grace of long practice.

Quietly he waits, still enshrouded. I wonder if he experiences a final flicker of doubt?

It begins as a warmth. The sun is above and behind him, slightly on his right, and he feels a faint tingle of warmth on his right ear and shoulder He smiles and perhaps a sigh escapes him, as when a man sees again, his true love after a long absence. Without turning he knows the cloud, the fog, is thinning, the sky clearing, the sun burning through, brighter now, moment by moment.

Moment by moment as he gazes his view extends. He sees the larger scale of the greensward; the outcroppings that dot the slope emerge and define the more distant scale. The breeze, now warm, blows in from the left rear quarter, a different warmth, tingling and caressing his left side, while his right glows in the radiance of the sun, now brilliant in an azure sky where the last wisps of cloud are dissipating even as they blow away before him. He gazes unblinking as the valley emerges below him, rolling forward, forward and away, away in a beauty that breaks his heart even as it heals him.

Not quite transfixed he turns to see the path he has taken. It stands plainly before him, even where, as he climbed it was obscured. He sees the easy portions and the hard, the good choices and the errors, and how even the errors have brought him here. It is a good path, and a long one. He sees flowers on the trees he planted and tended for a time along the way, he sees the children and grand-children at work and at play as they pause a moment to see the mountain break free from the cloud, and he sees the joy he has sown moving in the sun, like the sea swell of wheat fields in the wind.

聖路易的啟示

劉世琳

鹿橋爺爺已經去世三年了！可是，到現在我還記得，那回和我姑姑、媽媽坐飛機前往密蘇里拜訪鹿橋爺爺和姑奶奶時，那興奮期待的心情；那是二〇〇〇年的夏天……從座艙的窗户望出去，只看見一望無際的森林、草地、和藍天。我坐立難安，心想：四年不見的鹿橋爺爺和姑奶奶，不知道現在是什麼模樣？他們的家會是什麼樣子？到底大不大呢？許多問題不斷的從我腦海閃過。我不耐煩的嘆了口氣，飛機還有三個小時才會落地呢。

三小時之後，我們一行人抵達了聖鹿邑機場。前來迎接我們的是鹿橋爺爺。他是一位和善的老先生，面帶著微笑，讓人一看就想親近。花白的頭髮、爽朗的笑聲和慈祥的眼神，讓他顯得既友善又平易近人。鹿橋爺爺和我握手，並拍拍我的背。隨後，我們四個人坐上他那部五〇年代的老爺車，開回吳家。

他家位於一個種滿樹的社區裡，到處都有樹蔭。我們在一棟看起來有點兒年歲的大房子前停下車。這棟磚造的房子，有個中國式的屋頂。百葉窗則是白色的，屋子前面還有個大陽台。院子似乎缺乏照料，有些荒蕪。不過我直覺：屋子外頭雖然看來不起眼，

鹿橋夫婦與于素花 劉世琳母女於聖鹿邑「湖南園」2000 7 31

（ 樸月提供 ）

屋子裡頭卻一定藏著許多寶貝。

鹿橋爺爺領著我們走到大門口，還沒敲門，門就打開了。姑奶奶一定早就在窗口守候，等待我們出現。姑奶奶是一位慈祥的老太太，有點駝背，走起路來也不太方便。她像個媽媽一樣，招呼我們進門。

晚餐後，鹿橋爺爺帶我們參觀他的家。廚房很簡單，沒什麼裝潢，但是感覺很親切；其實他們家的一切都讓人有親切感。廚房雖稍嫌凌亂，不過仍然很溫馨。主臥室最特別了：鹿橋爺爺是一位優秀的書法家，他在四面牆壁上以工整的筆跡寫滿了中國著名的哲學作品《易經》。除此之外，他還很有想像力。牆壁上，有部份油漆剝落，顯出底下黑色的木頭。鹿橋爺爺說，那看起來就像一幅山水畫。整面「壁畫」在他的眼裡不但有山、還有湖，黑色的斑點也隨之變成了一塊塊的大石頭。這樣的想像力和欣賞能力讓我非常佩服。

吳家我最喜歡的部分就是他們的後院，那兒有一大片竹林。茂密的竹林長滿了院子，把陽光都擋在外頭。走進竹林，就像深夜裡身處在熱帶雨林一樣。竹林裡還有一條小路貫穿其中。聽說我最喜歡的植物就是竹子，鹿橋爺爺和姑奶奶立刻找了一個塑膠袋裝滿泥土，把一棵幼竹放在裡面，好讓我帶回家栽種。

有一天晚餐後，鹿橋爺爺端出冰淇淋請大家吃。他笑瞇瞇地說：

「只有小孩子可以用蛋捲吃冰淇淋，大人都要用盤子吃。」

我疑惑的說：

老小孩與小小孩同吃蛋捲冰淇淋
2000 7 30（樸月提供）

「這裡就只有我算是小孩啊。」

「不對！」

鹿橋爺爺頑皮的笑著說：

「我也算！我喜歡當小孩，不行嗎？我是個『老小孩』。」

說的真有道理！當我老了的時候，我也要假裝自己是小孩，只因為這會讓我很開心。我覺得鹿橋爺爺有時候還真是孩子氣呢！他做了兩個蛋捲冰淇淋，卻讓我媽媽、姑姑、和姑奶奶都拿盤子裝冰淇淋。吃冰淇淋的時候，鹿橋爺爺還教了我一招，該怎麼預

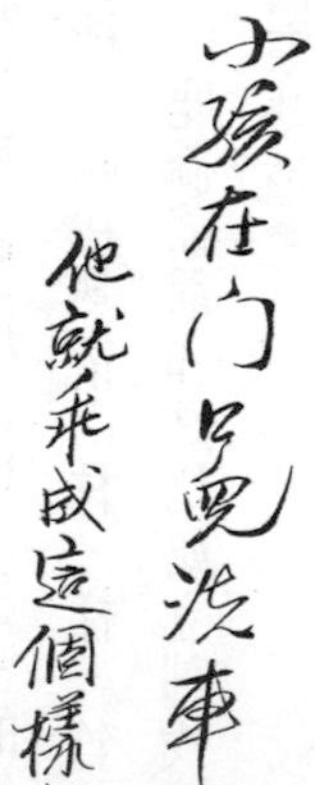

鹿橋留言條：小孩在門口洗車
（樸月提供）

防融化的冰淇淋從蛋捲底部的洞滴下來：只要放點麥片、玉米片之類的在蛋捲尖端就好。因為麥片會吸收那些甜膩的糖汁。這個方法還蠻好用的。

在吳家小住的那一週，我們造訪了一座蝴蝶園、著名的空中拱門(Gateway Arch)、和幾處公園及博物館。我最喜歡的地方是空中拱門，它又稱作「通往西方的拱門」。遠看這座高高的拱門，只見它在陽光下發出耀眼的光芒。我們乘坐電梯到達它的頂端，我伸出手臂，碰了碰拱門的天花板，那是拱門的最高點，離地有一百九十二公尺！

我在聖路易得到許多難得的經驗。鹿橋爺爺和姑奶奶以各種不同的方式啟發我的思考：不管是吃冰淇淋的方法，還是把壁癌當成壁畫欣賞的精神，都啟發了我的創造力和想像力，也提供了讓我自娛娛人的許多新方法。鹿橋爺爺就是這種生活藝術家的最佳範例。

我一輩子都不會忘記這次的密蘇里之行，這是我人生中最特別的一次學習經驗。

Inspiration at St. Louis

Stephanie Liu

Mr. Wu has passed away for 3 years already. However, I can still clearly remember my feeling of anticipation and excitement on the flight to Missouri to visit Mr. and Mrs. Wu with my aunt and my mother during the summer of year 2000.

I peered out the window of the airplane and saw endless forests, fields, and sky. I could not sit still. What do Mr. and Mrs. Wu look like now after 4 years since last seeing them? I have not seen their house before; is it large? Continuous questions flowed through my head, just making me more excited. I sighed with impatience. There were three more hours left on the plane.

Three hours later, my mom, my aunt, and I were greeted warmly at the St. Louis Airport by a friendly-looking, elderly man with a broad smile. I liked him from the moment I saw him. His happy eyes, his laugh, and his graying hair made him look friendly and sociable. Mr. Wu shook my hand warmly and patted me on the back. We all filed into his 1950s antique car and drove to his house.

Their neighborhood was shady and full of trees. We stopped in front of a large house that looked rather old. The house was brick with a Chinese style roof and white shutters. There was a large front porch. The front yard looked rather unattended to. Light was glowing from inside the house. I was sure that the exterior look of the house deceived all the treasures that were probably inside. Mr. Wu led us to his front door and, before we knocked, the door opened. Mrs. Wu must have been watching from a window for us. Mrs. Wu was a hunched, kind looking, elderly woman who had some walking trouble. I think she acted very motherly. She greeted us all and ushered us inside, closing the door behind us.

We were shown around the house after dinner. The kitchen was not much decorated, but friendly-looking. In fact, everything about their house was friendly-looking. The kitchen was much cluttered, but still comfortable. The master bedroom was very unique. Mr. Wu is a very talented calligraphist. He wrote Chinese characters from a famous Chinese book of philosophy all over the walls of the bedroom in an orderly fashion. Mr. Wu is also very imaginative. There was an area on a wall where paint was peeling and the peeled areas had black wood showing. Mr. Wu thought that the paint peeling was like a work of art though. He thought that if you look at the area as a whole, it looks like a mountain scene by a lake, the black areas being mountains and rocks. I admire that skill of imagination and appreciation.

My favorite part of the Wu's home was their back yard. The backyard was a Chinese bamboo forest. Bamboo plants crowded the entire yard, letting in sparse light. It was like being in a crammed rainforest at night. A path led down the small forest. Bamboos were my favorite plants, so Mr. and

Mrs. Wu found a growing baby bamboo in the forest and gave it to me in a plastic bag bundled with some soil so I could plant it back at home.

One of the nights after dinner, Mr. Wu served everyone ice cream at home. He said the kids were allowed to use cones to eat ice cream. “The kids?” I asked quizzically, “There is only one kid, and that is me.”

“No, that’s not true,” Mr. Wu replied, smiling mischievously, “I’m a kid too. I like being a kid. I can pretend to be a kid if I want to, can’t I? I’ll be an 'old kid’.” Yes, I will have to admit that that is very good thinking. When I am an old woman, I will pretend to be a kid because it will make me happy. I think Mr. Wu is rather childish sometimes. My mom, my aunt, and Mrs. Wu used bowls for their ice cream while Mr. Wu and I used cones. Mr. Wu taught me a way to prevent my ice cream from dripping through a hole at the bottom of the cone. He said to put some cereal at the bottom of the cone because the cereal would absorb the ice cream if it tried to leak through. This method is sometimes effective.

Over the week that I stayed at Mr. and Mrs. Wu’s house, we visited a butterfly house, the famous Gateway Arch, a garden and park, several museums, and more. My favorite place was the arch, called the Gateway to the West. From the outside, the tall arch gleamed majestically in the sunlight. Inside, we took an elevator up to the top. I was able to touch the ceiling of the highest point of the arch, which was 192 meters up from the ground!

The experience I had at Mr. and Mrs. Wu's home in St. Louis was exceptional. Mr. and Mrs. Wu have inspired me so much from creative ice cream eating ways to thinking of peeling paint as a work of art. This trip has exercised my creativity, imagination, and fun. I also learned a lesson. Even when one is old, one can still find imaginative and creative ways to amuse oneself and be happy. Mr. Wu is a perfect example of this. I think this was one of the best learning experiences I have had in my life. I will never forget my trip to Missouri as long as I live.

未央歌人物寫真

未央殘人幽寫真

引言

《未央歌》行世數十年了，直到去年，還名列「最愛小說大選」的「二十大」中。可知其在讀者心目中的份量。

許多的《未央歌》讀者，都不免好奇：書中的人物，倒底是真實的，還是虛構的呢？應該這麼說，場景是真實的，大學生的生活情調也具有汰蕪存菁的真實性。「故事」雖然大抵虛構，但有些人物，是有「原型」的。其中最確切、具體可以指陳的有三個人：「小童」的原型是鹿橋自己；「伍寶笙」的原型是他最敬愛的學姐祝宗嶺女士。「大宴」的原型則是故經濟部長李達海先生。

關於這三個人，鹿橋是本書的「主角」。李達海先生，鹿橋自己寫了文章，並收入一九九八年他在「時報」出版的《市廛居》裡，也收錄於這個章節中。

由他這篇文章最後的「名言」：「朋而不黨更不吞聲哭」，倒想起一件很有趣的往事：

有一次接到他的越洋電話，一開口，他就抗議似的說：

「明儀，我覺得你對我有點誤會！」

我聽他說得嚴重，忙問是什麼誤會?他說：

「你老覺得我喜歡杜甫，我不喜歡他！」

在那之前，因為他告訴我他每天寫字，寫的是杜詩。而且特意為我寫的〈湘夫人祠〉也是杜詩。因此跟他談過我對「李」、「杜」二家的看法，根本沒想過他喜不喜歡杜甫的問題。沒想到他竟為此認真的打越洋電話來抗議。便笑說：

「您不是老寫杜詩嗎?」

他說：

「那只是寫字!我不喜歡他;他太愛做官，又太愛哭了」

我當場笑翻;原來「愛作官」與「愛哭」就是他不喜歡杜甫的理由!也是鄭重抗議的理由!

杜甫是「少陵野老吞聲哭」。而「野老鹿橋」卻最討厭哭，更絕對是「不吞聲哭」的!

至於祝宗嶺，恐怕《未央歌》讀者群中，我是唯一有幸與她相識，並蒙她許為忘年知己的。因此，介紹她，不僅是一種權利，甚至也是我責無旁貸的任務。

鹿橋姑父曾在閒談中，講起一些《未央歌》的「相關」人物。

「大余」的形貌與某些性格，是他一位姓徐(大余的姓也許就由此而來)與姓李學長的綜合體。姓李的學長，後來在北大教書。據祝姑姑說，她與這位李教授並不熟識，也沒有往來，只是知道有這麼一位同學。所以，《未央歌》中余孟勤與伍寶笙相戀、結婚，完全是「小說家言」。

「女主角」藺燕梅，容貌是他的女朋友們的綜合體；《懺情書》中提到的李漪、友麋、雋等，應該都列名其中；墨綠色斗蓬式的綢雨衣，就是友麋的。而性情、風華、才藝、故事情節，則出於他的「杜撰」。有些心性、思想，其實與他自己相似。其中有些情節，還是發生在他自己身上的事。「雙子座」的他，有他睿智曠達的一面，也有他非常敏銳善感的一面。

「朱石樵」是與他南開中學的同學陸智周。當鹿橋想徒步旅行去看「中國廣袤大地」時，他的父母要求他一定要找個伴。與他同行的，就是這位同學。但讓他很難過又抱歉的是，當初他不知道，陸智周陪他旅行，並沒有得到家長的同意，導致陸的父親非常憤怒。而且，在陸智周沒有得到父親的原諒前，他的父親就去世了。這也是朱石樵性情陰鬱的原因之一。

「史宣文」，據鹿橋姑父說，有這麼個形象，但並沒有那麼出色的學問與才華。祝姑姑曾傳給我一篇文章〈憶世燕〉（這篇文章附在〈來鴻去雁〉中），她說「世燕」是與她同屋的好朋友。鹿橋《懺情書》中也提過有一位「趙世燕」，不知她是否就是史宣文的原始形象。

有一次，鹿橋姑父請我寄一本《未央歌》給一位住在武漢的老同學李雲湘女士。曾說：「凌希慧口中，有她爽利的聲音」。

曾有一位編輯朋友跟我說起，她的中學老師暗示自己是書中的「喬倩垠」。我也曾

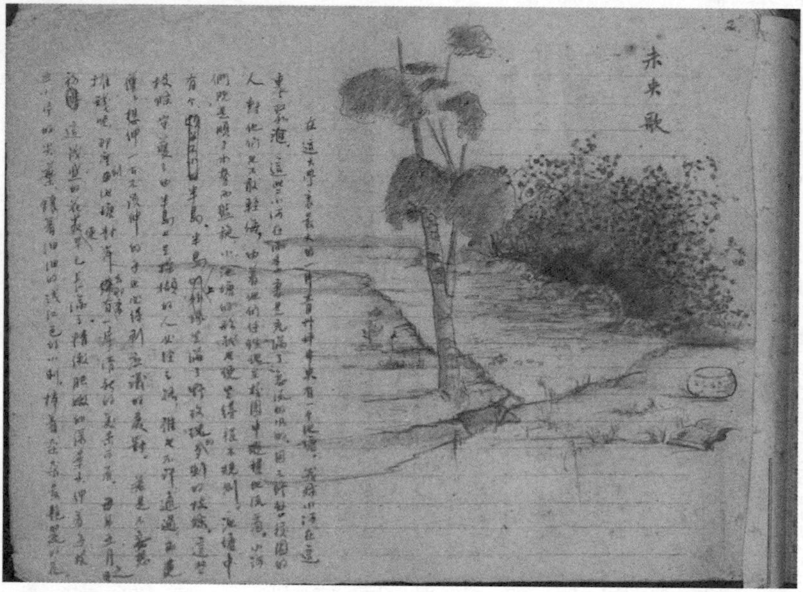

鹿橋親繪《未央歌》封面與手稿

（吳昭屏提供）

向鹿橋姑父求證。他説，「喬倩垠」也是個杜撰的人物。當年昆明的衛生條件不好，各種疾病很多。他不想一天到晚寫人生病，決定把病集中給一個人生，就創造了這個「病美人」。

其他，大概都屬於「不可考」了。

憶《未央歌》裡的大宴：少年李達海

鹿橋

甲戌，一九九四年，十一月十五日，美國東岸時間中午，我來到康州、且溪、延陵乙園，將近兩個星期。吳惟誠自紐澤西州來電話：「達海忽然過世了！你聽說了嗎？說是十三號夜間，在家裡睡覺，就未再醒。中文報紙說是心臟病。」

我一時驚住，一句話也說不出來。他又說：「報上登的是享年七十歲，我看這歲數不大對，你們倆不是同年生嗎？」

一、噩耗初傳

這個新聞報導顯然有錯誤，我與達海同庚，是己未年生人，生肖屬羊。他比我大幾個月，今年已過了七十五歲生日。怎麼可以說是才享年七十歲？

心臟病？這更不對！消化、排泄系統的毛病，他有過，而且動過手術。但是從來沒聽他說過心臟有甚麼問題。我這位老同學一向精力充沛，嗓音洪亮，談論起來滔滔不絕，哪裡是有病的樣子？他經常按時接受健康檢查，怎麼會漏過這樣重要的症候？報紙常常有錯，一定是張冠李戴弄錯了人！

那天我們有客人，畫家朱繼榮及夫人，帶了酒食由新倫敦開車來同我們一起喫涮羊肉鍋子。我偏偏那幾天時時流鼻血，這毛病我幼時有過，六、七十年沒有再犯。可是這次來勢很洶湧；左鼻孔先流，堵住它之後，血多時不凝，改道由右鼻孔出來。客人這時已把我切羊肉片的工作接了過去。談話題目轉向達海到底可能是因為甚麼病而不治，又夾雜著各人流鼻血的經驗及試過的偏方。

我的鼻血自右鼻孔也塞住之後，就已將鼻腔一帶充滿，從我左眼緩緩由淚道滋潤出到臉上。整個一餐飯我一口也沒有喫，惟誠聽見我流鼻血後，又來電話。他問過了做醫生的兒子，來安慰我說鼻血不是嚴重的病；並提供止血方法。我們的客人飯後也遲遲不走，誰也明白他們是準備萬一我去醫院，他們可以開車送我去。

這時我們電話及談話上的話鋒，又移到達海一睡而終，免去纏綿病榻或失去活動機能而長期受罪，像幾位老朋友那樣；他的情形不失為一個有福的終場。大家感覺達海真是有始有終，連壽命這樣不能自主的事，都是他一貫明快的作風。

壽命長短的觀念近年來改變了許多，我們這一代經歷了漫長的抗戰流離，何曾想到個個都已活到七十開外？每念及此，都引起對生命及千古的種種省思。陸放翁有〈記夢〉七律一首。前四句是：

久住人間豈自期，斷砧殘角助淒悲；
征行忽入夜來夢，意氣尚如年少時。

達海與我結識在少年時。那時養成的開闊、認真、無畏、好奇的習性，我們一生受益。想到這裡，那些在忽傳噩耗之後，種種不甘心接受這消息的心情，及盼望這新聞報導是弄錯了人的妄想，都慢慢自知沒可能而消散了。

第二天，我提筆寫下這篇文字的題目。主題是可貴的少年意氣。對象是今日的青年男女、我的讀者。因為，一個人在童心未泯的年月，有幸瞥見了人性天真之莊嚴與絢麗，此情此境日後在混濁的苦難中，可應祈求而重現，為你的苦海慈航。

生命可長可短，而此一靈犀是超時空的一種存在。曾經走過這樣人生的人，把經驗留給後代，那一刹那間的光輝就照亮了新生一代的路途。自己也就不虛到人世走一遭了。

二、兩度同窗

達海與我是天津南開中學同學，但不是同班，我比他高一年級。在學校裡，十幾歲的孩子們，因為差了一級，宿舍課室都不在一起，也就不常來往。因此，我們雖認識，但是並不熟悉。彼此成了好友，是在到了昆明，在西南聯合大學又同學之後。

我一九三六年中學畢業得到獎學金，保送到燕京大學。但我心不在上大學繼續讀書，盼望能得到父母允許，休學一年，去徒步旅行，看看都市以外的廣大中國。但是父母遠在西伯利亞，父親是駐布拉哥總領事，書信往來奇慢，我只好註冊上課等待來諭。十月間得到許可，只有一個條件：不可單人出發，一定要有一個同伴。我找上南開同班的陸智周。我們前此同在安徽、浙江一帶走過一千五百多里路，彼此知道有體力、能吃苦。後來寫《未央歌》的時候，以他孤僻的性格寫出朱石樵來。當時我不知道的是智周未徵得他父親的允許，致引起終身悔恨。這是後話，將來另寫。我今日已做了祖父，才真知道當初我給我親愛的父母親平添了多大焦慮。

抗戰開始，北方學生大流徙，輾轉我們都到了昆明。這個經歷影響我們一生至大。我們的學習已不全是在學校裡上課，我們的教師也不止是教授學者。鑄成自己思想的五金是自各方面來，而大社會的種種問題供給熊熊烈火。

北方三所大學：北大、清華、南開，在盧溝橋事變後才幾個月，就在湖南長沙組成國立長沙臨時大學，收容流亡學生。後來由這個組織導引，將師生、圖書、器材運送到雲南，成立了西南聯合大學，簡稱「西南聯大」。在那艱苦的情形下，短短幾年中，西南聯大在造就人才與延續中國文化上的貢獻，至今，我仍感覺難以測量其深度，這一點是要大書特書的。

在昆明，達海與我又是南開同學。所不同者是因為我曾休學一年，我們便同年級了。綜觀我們求學經過，很可以看出兩人性格之不同。達海一口氣讀完化學系。我則在燕京是生物系，到了昆明先是不分系，據校友會材料，有一時期算我是哲學系。而我自以為仍在生物系，只是旁聽兩門哲學史。父親來諭嚴命我習國際公法，入外交界。那時他改派到海參崴，書信往返仍是很慢，我來不及去稟求免，只有又加上政治系課程。這時已喜歡上了外交史；邵循正教授的課，就與馮友蘭、馮柳漪兩位哲學教授的課一同讀。

一九三九年秋，戰事瀰漫了歐洲。父親下任後正在倫敦寫書。德國飛機來作疲勞轟炸，於是偕眷回到香港。我從昆明又休學去香港省親，並懇請准我轉入文學院。後來一九四二年我在外文系畢業，那時達海早已追過我去，在一九四一年畢了業，並已遠征到了甘肅！我是一九四四年底出國留學，《未央歌》剛寫完第十章。

從在老君廟煉油廠做工程師起，就一直未離開科技建設的崗位。他到了臺灣，接收了在高雄的日本海軍燃料廠後，在重建為高雄煉油廠內自工程師做到廠長，而董事長，而經濟部長，而國策顧問兼生物技術開發中心董事長。在過世的時候，他正在積極準備出任工業技術研究院董事長的新兼職。

達海與我個性如此不同，而能在這麼多年離多會少的情形下，彼此有深切瞭解與企望，又都能不令老友失望；想必是在西南聯大做學生的時候，儘管所學的科目如此別異，而所受的教養中的啟示則是一貫的罷。

三、恍如隔世

惟誠與我們在西南聯大才認識。他與達海同鄉，都是東北來的。我們三個人不止一次住同一宿舍。

一九九四年夏，惟誠偕夫人來美國看望孩子。他先寫信通知我時，說這是他第一次，也就是最後一次出國了。他戰後留在大陸，受了不少苦頭。退休前在北京市委統戰部。我們從學校畢業出來後，歷世經驗之不同，是很可觀的。老同學又見了面，幾天幾夜也談不完。

惟誠近年在北京一次招待會上見到了達海。達海是貴賓，主人們是政府人物，有好幾位是南開校友。惟誠到了鹿邑，我開車從機場接他們夫婦來家小住。路上說起達海來過幾次，並且說他還去過康州、且溪，在我們的延陵乙園作過幾回客。我開車時，目不旁視，但是聽他那驚訝的聲音，就如看見了他詫異的神情。彷佛說：你怎麼可以在家裡招待經濟部長、國策顧問！老朋友四十年闊別，一時在思想與語言上都要彼此適應。時間空間的距離之大，恍如隔世。

秋天我們到延陵乙園去，還邀了惟誠夫婦來玩。他們由兒子開車，從紐澤西州帶了兒媳、孫女一同來訪。我特別畫了地圖，並解釋一下這有異於一般人家的住處，為他們的心理作準備。延陵乙園半是難民營，半是靈修舍。地處偏僻，沒有地圖是無法找的。

惟誠到了乙園後，看見我們的住處簡單，並十分窄小。

「達海來時怎麼住的？」

他問。我說：

「那時比現在不如，地板還未加工，房子像是工地，他就打地舖睡在地下。」我們大家在戰時甚麼地下沒有睡過？

惟誠夫婦來了，也是睡地舖。不過現在地上已加了新塑膠地磚。

那次達海從臺灣來時，大概是一九八七年秋。他是公事在身去紐約商談。臨時知道我們在乙園，就計議來看我們。紐約到乙園不過九十英里，但是怎麼來呢？

接待達海的機關，看見天色已晚，為了安全起見，決定用他們的貴賓車送他一程。但是我無法在電話上指示如何尋乙園，就商定由他們的司機把達海送到附近一市鎮的一家旅館的停車場。我們可以在那裡由司機把達海交給我，好卸了他的責任。

那天夜晚，我開車到那旅館時，他們也剛到了不久。遠遠在停車場的燈光下，就可望見那黑色而雪亮、又長長的座車。司機開了車門，達海出來，一身黑色西服、白襯衫、領帶、黑皮鞋。我是尋常工作衣褲，鞋上是泥土。

到了我們住處，暢談一晚，他打地舖，睡在地上。

四、再續舊誼

許多年以前，我初營延陵乙園時，達海是第一個我的小時同學來美國康州、且溪看我的。那時乙園連難民營都稱不上；不但是房頂，四牆都待努力完成；沒有電，也沒有水，更不用提衛生設備。在一個從樹幹側邊鋸下的一大片木頭當凳上，擺了幾樣菜肴。在那邊一排坐著喫飯的是兩個美國同學，達海、同慕蓮。我拍了一張幻燈片，後來我在演講對園林真諦的看法時，曾經用上。這次為了寫這一篇文字，把它尋了出來，幫助回憶那時情景。時間是一九五一年九月。達海在那年三月已婚，我與慕蓮是同年十二月一日結婚的。這次是達海與我在戰後第一次見面。我們分別時是在昆明，又見面已是在地球的那一邊了。所談的事自然紛亂又繁多，不過新添了成家、事業及子女，這些人生的

李達海協助建築乙園　右起：慕蓮　李達海 1951（吳昭屏提供）

大題目。那年我們已三十二歲了。在中國老說法：男子三十而娶，我們兩人都晚了兩年。

在美國又尋到了老朋友，因此又添了四十三年交誼是一個奇遇。不似今日，交通、音訊都方便，慢慢地親友們在戰事分散後，輾轉打聽，知道存亡，互覓再聚。在一九五一年，消息沒有那麼多，也不容易得到確訊。我找到達海真是巧而又巧的事，也是他常樂道的。

那時我《未央歌》已寫完，在耶魯念研究院。差不多每一兩個星期到紐約去一天，做與電影生產有關中文版的事，可以說是我的打工生活。電影名片的對話我譯成中文的很多。譯完還去錄音，所以從一九四六年起，在國內去電影院看美國電影的人，聽見對話或描述情節時，所聽得的其中有我譯的語句及講的聲音。娛樂性的長篇電影工作之外，新聞短片也做。就有這麼一天，在製作的新聞片上看見幾個中國人，是從臺灣選派到美國參觀的青年科學家。我忽然認出其中一人一定是李達海！他們都穿深色西服（電影是黑白片），衣冠楚楚，大異在西南聯大的時光。但是雖然分別已十年，仍不會認錯的。我通過製作新聞片的單位就與達海聯絡上了。

從那時起，達海每到美國來，只要可能，都來看我，或在康州，或在鹿邑。在乙園時，每年六月的第一個星期六學校剛要放暑假時，我們在家辦「乙園文會」，從上午到午夜①。主要是同學朋友們互相觀摩，彼此辯質。參加過一次的人，常常按時再來。在這文會展出作品的人，及會上朗誦或表演的人，很有後來成名的。達海也來參觀過不止一次。這張在乙園石壁藝廊所照的幻燈片，正在右邊上，把他照上了。這是一九六〇年。一九六五年的會有七百多人參加。每年會後第二天，星期日，是我們例行請幫忙籌備開會的同學們野餐，也是請大家來幫忙清理幾英畝的場地。我們把開會經驗及感想，彼此提出談個痛快。從展覽、朗誦到舞蹈、戲劇、電影，可談的正有得是。

這裡正好要插一筆，告訴今日青年同學，中國教育理想是造就整個人格，不止是訓練出專業技術人才。臺灣近年來物質方便些了，大、中學生多可以發展專門以外的才能及興趣。三十年前，政府因為需要，特別獎助科技，因而文學藝術一度受到冷落，但是四十年前，在出版條件遠不及今的情形下，達海他們在修建高雄煉油廠、生產石化工業出品時，還辦了一個水準高的《拾穗》雜誌，相當注重文藝。我們同樣喜愛中國文學，同樣在文字上不標奇立異，或者洋化，也不覺得有必要在意識風格上與西方文學時尚共舞。

五、少年意氣

像我們這樣的老人，年輕的時候又是甚麼樣呢？我為了要說明這一點，還去翻了些舊日記。這固然費時間不少，但是頗合我動意要寫這一篇文字的原旨。我覺得我們那時學得做事相當勇於憑了天良。因為我們未失童心。後來我與達海見面時間少，而且每在闊別之後。但是在歲月畫滿了紋理的顏面後，是兩個少年同學沒有機心地在對談。

達海初任高雄煉油廠廠長時，我正好道經臺灣，去高雄看他，見了面才知道他的行政新職。他的新辦公室很大，很空曠。好大一張辦公桌上沒有一張紙，是光光的桌面。我問他辦行政的祕訣，他說：一日之事，一日處理完。

我不但日日的事一概都處理不完，並且有時捨不得就一下給處理完了。桌上這裡一堆、那裡一堆都是紙。近年來更變本加厲，樓上樓下添了好幾張桌子，也都堆滿了文件、信件。而且每日還自覺很忙，發出的信也並不少。

達海從前是不愛寫信的。學生們流亡的時候，最關心的是家信，我們從長沙起身，一直到了昆明，寫信及收到家信，都是大事，達海看見人人發家信，也寫了一張明信片，但是忘了投進郵箱。到了昆明多時，才在衣服口袋裡發現，已是揉得稀爛了。這是那時有名的事。

我們好幾個南開同學找到一起，住在一間宿舍。學校尚未開課，遠道的學生還陸續到達。大家每日在外面找地方喫飯，分頭打聽消息，只有早上起床前才全在一起。我們乃訂了規矩，早晨不准擅自起床出去，為的是大家可以談一天的事。大概那時已看出他的才能，公推達海為「睡務司」，嚴禁睡眠缺席，兼管「走私」。達海有兩個小磁狗，算是他的緝私警犬。曾有別的屋子的同學拿走了我們的一支蠟燭，我們開會通過，要達海派他的稅務警犬去追犯人。祖望是胡適之先生的公子，同屋之中他最熱鬧。他給那兩個小磁狗取名，一個叫李達江，一個叫李達河。

初到昆明時，外省人看不見這地方的好處，只擔心傳聞的雲南疾病：瘴氣、甲狀腺腫大，及痲瘋。我們偏不怕，有一點不舒服，就派給它一個雲南病名，輪流把病都害遍了。雲南蚊子、跳蚤確實很多，咬得皮膚紅腫，我們就依觀察診斷分別是：小疙瘩痲瘋、小紅點兒痲瘋、大凸疱痲瘋，諸如此類都是我們為醫界做實地觀察的貢獻，皆是先此未被發現的各種不同的痲瘋。

瘧疾是被稱為瘴氣的一種，幾乎每人都得過，我就得過不止一次。病情厲害時，也就不瞎說笑話了。

那些厭惡這邊遠省份的人，日後只記得在昆明受了一場苦難。我們則很快地愛上了雲南。一直到今天，在回憶中，那是一片光明、快樂、生長、健康的日子。從那以後，知道所謂環境是整個的，要接受這個整體。我們無權，也不必挑剔環境。這才是適應環境的第一步。再以愛心來瞭解環境才能對環境有真貢獻。我們不抱怨、不叫苦，並彼此激勵。時常因那些不停訴苦，貼大字報，又彼此攻擊的人，感覺可厭亦可憫。

我們也不是很老實的，你們想想，大宴與小童那一幫人怎麼會是老實好惹的？

在北方有一種行業叫做抬槓的，他們的場址叫做槓房。是做殯葬的行業。出大殯的場面很大，用上百十來個槓夫，一幹巨大的龍頭紅漆大槓，分層別架多少中小槓子，大家一齊抬上面架著的幔亭與靈柩。行動時要聽支使的大小頭目，打擊硬木號板清脆的號令：快、慢、左轉、右轉，要停下來接受路祭或休息的時候，也要聽號令，否則偌大的一個重結構怎能安全慢下來、停住？停下來後，槓夫們齊齊用手中提著的一根支柱代替自己的肩膀，頂住自己所扛的重量，那龐大的龍頭大槓才算歇在那裡，準備再出發。這一連串的動作是一種傳統、可觀賞的藝術。

抬槓這個動詞之外還有一個定義，包括很廣。從辯論、爭吵到鬧意見，找彆扭，只要出之於聲音言語，都謂之抬槓。說起來其實很簡單，一根槓子有兩頭，一個人只能扛。兩個人，一人一頭，就抬起來了。

我們那時的同屋，達海之外還有智周、惟誠。比較老成的記得還有也是南開來的傳夢筆。我們自己天天抬槓，都練出了真功夫。來訪的同學慢慢聽到這名氣，走進屋來都要小心說話。因為無論他說甚麼，我們都可以接過那一頭，就抬起槓來。我們自稱所住的宿舍為「槓房」。

老字號的行業都有行規，依我看來多是自經驗累積演化而來的規矩。那時同學們為了大事如戰事、政治，小事如錢財或個人行止，吵架的事日日皆多。有時吵得很難聽。我們槓房裡據我查日記所得及記憶中搜索，彼此沒有紅過臉。辯論多了，漸漸助長一種共同修養，獨自向壁修煉不出來的。那時的時尚在說話及寫文章時常出現市井詬罵的髒字我們從來不用。這習慣至今不渝，連說英文都一樣守此行規。來抬槓的人似乎至少當了我們的面也檢點些。

從辯論中認識結交成了朋友，那友誼的基礎是很好的。（面對今日的國際糾紛，令我多麼盼望彼此能深入辯論，從而彼此互助尋求問題癥結之所在！）達海與我脾氣、興趣如此不同，而半個多世紀如此要好，其原因在我們能談、能抬損。他為了石油危機，很有效地與石油工業及來源國家交涉、商談，也是以推動共識為主要目標，不在爭取一時上風，或個人口才得逞。

不在爭論、抬槓時發怒，才能聽見清脆的硬木敲打而發的號令，龍頭大槓才能穩穩地停住，抬槓的成功在能停。這也是一種藝術。

當然事情有時需要緊急措施。傅蘿筆（真想知道他在哪裡！這麼些年沒有他確實的消息）有特殊給人起外號的天才。一個好外號可以是一枚針，一下扎破一個假面具，也可以是一面鏡，忽然令人看見自己的嘴臉。那時有一派同學多半是從洋人學來的一種看來熱情又氣派的舉止，從老遠就打招呼，走近了握手大搖，猛拍肩背，滿口「哈囉，哈囉」地嚷。蘿筆在我們都瞠然無聲時，指出這些動作是「青年會派」。一下子連青年會派也安靜了。

蘿筆打出的這一招不是批評，也不是反對，只是客觀地描畫，是一面鏡子有助自忖。

今日回顧，我們槓房的行為很具幽默成份。幽默、玩笑是那時緊張、憂鬱，又迷惘恐怖生活中，一劑溫和化解的對症藥。

我們這些做大學生的，時常被人好意提醒，十萬個中國人還不見得能有一個在戰時得上大學。中國的前途在我們的肩上，我們要好好讀書。可是我們看見自己的教授苦口婆心，奮筆直書的政論或建言，在報紙的社評或特約刊出時，一大片、一大片的「開了天窗」，被檢查掉了，以一串一串的「囗」字代替。這時再聽說那有權刪除教授文章的人，高中尚未畢業！念書又有什麼用！我們不久就明白現實社會十分複雜，我們必須教育自己。傳統的學校有許多課程實在可愛，但是不夠我們的需要。西南聯大有名的自由空氣，是同學們協同教授們硬給創造出來的。

從槓房的立場看，你若是開人家的天窗，就等於在辯論上你失敗了，或是棄甲曳兵逃走了。龍頭大槓的巨大重量一旦失去支柱平衡，倒在地上，大小龍骨就散漫遍野。我們都知道大家肩上有重責，可是我們年紀小，沒有力量。但是仍不敢，也不甘心，作悲觀想法。

一九九二年底，達海已是飽經宦海風浪，七十三歲的人了。他由北京經濟研究院及臺灣的中華經濟研究院聯合邀請去福建演講，並得往廈門、泉州、漳州、福州等地遊覽。這是他「四十六年來第一次登上大陸」。一九九三年又有機會去北京。這時他已看透中國的困難多是人造的。那複雜情形與我們在昆明時所見並無二致。他來信說：「兩岸兩黨真是一個師父教出的徒弟，許多行事反應頗為相似，不知要等到何時才能真正進步。」

我們雖然年紀大了，也還是力量不夠。仍是不甘心，也不敢悲觀，而繼續盼望進步，如年少時那樣。

六、切磋以誠

達海問我話，我是有問必答；我問他時，他也是一樣，都是照實說。他出任經濟部長後，第一次來看我時，我問他：「你入黨了?」他說：「我入黨了。」

我對於政黨政治的看法，達海當然很知道。我們甚至對這個題目都沒有辯論過，顯然兩人的看法是很接近的，沒有辯論之必要。所以這次的問答雖然如此簡短，其實在二人心上衝擊的力量是很大的。

今天寫到這裡，不免想到一個那天沒有問出口的話：「你甚麼時候入的黨呢？」現在想再問，也沒有達海來答我了。

很明顯地，我知道達海入黨的理由必不是不能告訴我的。我不必追問，他也知道我一定瞭解。就在這以前，大陸來的朋友們，也經我一問，告訴我他們加入了共產黨的情形：入黨不是目的，目的是以科技貢獻國家。正如達海信上說，都因為是「一個師父教出的徒弟」所造成的局勢。

我不是說政黨制度本身是好是壞，我要問的是它合不合國情？在中國，天下大亂時，是群雄並起。大治時是因為「定於一」，有真命天子。在這樣的傳統下，一時很難培養出兩黨或多黨制衡來，而容易陷人你死我活的局面。人民習慣於不是服從就是叛逆的抉擇，而且往往是並沒有選擇的情形下，一個好心好意的政黨還沒有上台已會被人民給養得腐敗了。

再說從國外進口「法治」、「民主」等等制度時，也要想想制度會產生的原委。一切制度，正如文藝、美術的風格一樣都有它的應運而生、光輝成長，然後積病內腐，而老死解體。新的制度就又萌芽了，當然一切事沒有這樣死板的演變，不過從頭到尾都脫離不了本土的文化環境。換而言之，不是橫的移植、進口就可以作業的。近年以來中國進口了不少病、蟲、害；而危害我們最大、傷及文化命根最深的莫過於政黨政治。

以黨來革命是可以的，以之治國，成績並不好。一九七七年我被選派去大陸，在一個月內，到了七個城市，看見政府機關無論是省或是市，都稱為「革命委員會」。革命是成功了。政治呢？自後來的事實證明，幾乎徹底失敗了。後來在天安門慘劇發生之時，年輕的學生把生命輕拋來換「法治」、「民主」，要向美國學習，也全不知在美國法治歸根結底還是人治。否則大法官的選任也不必那麼爭了。美國的民主今日也有些老態龍鍾，各政黨為了求生存，正在把制度拆拆釘釘的改造。我們進口文化時，真要小心看貨色及對社會可能的影響。

我想誰也不希望把法治搞得像美國這樣，不但窮人請不起律師，而整個國家處處是律師在發財。在民意測驗中發現，律師及兩黨的上下議員多是為大多數人民不能信任的。而議員中大多數也是律師。這情形比起中國的天理良心、公道在人心裡及捫心無愧，三個以「心」為出發及歸宿點的傳統，於社會秩序的成果，有多少高下？我們傳統中，社會安謐是建築在人民教養的質素上。不管是哪個文化，它的人民的質素崩潰了，甚麼法律都救不了它。

我對中國文化前途的看法及期望作過很多次講演，也寫了些文章。其內容達海也熟悉。我在臺灣及美國都說一樣的話。不是「中學為體，西學為用」那種老朽的空話，細看其中沒有可行的內涵。也不是「中國要現代化」那種有語病的話。全世界的大小部落、國家，從北冰洋，到熱帶雨林，都將一同舉步邁入第二十一世紀。更不是「現代化就是西化」，及四〇年代已有的「全盤西化」的說法。真不能想像我在西南聯大做學生，及後來留校做助教時，還是抗拒這種學術權威的高論。我一直在談：「人文為體，科技為用」。自古以來，這是不變的道理。目前中國以外的世界不止是「西方」文化，還有阿拉伯、回教國家、非洲的多種文化、印度文化、美國及加拿大原居民文化，不一而足。臺灣也有一個這情形的縮影。各國文化都在以「人文為本」而利用尖端科技。紐約世貿中心之被炸，就是個不幸的警號。而我覺得中國文化有許多好處，可以用來為世界現下的病況作對症的藥的。

在這一點，我的許多從事科技的同學或朋友，所從事的正是「科技為用」的事。因為他們是中國文化教養大的，由其「人文為本」的跡象，也看出與西方不同。同時我的許多美國學生比我的中國學生在思想上更中國。文化是學來的，不是與生俱來，與膚色何干？

達海入黨不入黨，甚麼時候入的黨都不是大題目了。他是與我可以談這科技為用的人中，地位做到最有影響力量的一個。偏偏在這兩岸關係發展又一章時，忽然撒手而去，真真是非常不幸，非常可惜的事！他只在信中留下這「師徒」的一句話。

他如果尚在，又來看我，我們就要談論中國文化在「後極權」、「後強人」、「後真命天子」的世界裡該是甚麼樣子。中國的「天聽自我民聽」豈不比今日閃爍多變、又不是全面地民意測驗，可靠得多？

七、書裡書外

一九六〇年正月六日，在臺北由行政院文化建設委員會及中央日報合辦了一個「現代文學討論會」。提出的討論對象是我的兩本書：《未央歌》及《人子》。我們已經十年沒有去臺灣，很想藉此機會去走一趟，但是明知不可能。慕蓮旅行很不方便，同時我們相依為命，我也不能離開她獨自遠行。盤算商量了一陣之後，還是決定只有缺席了。梅新先生主辦這個會，要請一位能向大會講講昆明西南聯大那個時代之文藝環境。我後來想也許可以麻煩達海一次，便建議請他向達海問問看。

這個會的前身是「抗戰文學討論會」，那時《未央歌》不是主題，但是也被比較、討論過好幾次。此次會據後來報導看來，對這本書的認識深入多了。三篇論文都指出這本書不是寫抗戰也不是寫戀愛，而是寫友情的；也是在我獻詞中寫得明明白白的。

達海在會上以好友的立場，滔滔不絕。把我的家世，我父親到南開中學講演，我們兩度同學，我的子女與我一樣，都是很任性的等等，說了恐怕將近一小時！而昆明的文學氣氛似乎未提。並且說：「《未央歌》在西南聯大時寫了一半，才花了三個月時間。另一半到美國完成……。」這一點，看過書中各序及致讀者書信、謝辭、後記等都可以知道是不正確的。達海對此不明就理，因為他早去甘肅了。不過最有趣的是這篇《中央日報》海外版正月八日的報導中說，當天達海最受矚目，因為許多人認為他就是書中名叫童孝賢的「小童」。

多少年來，臺灣的同學愛用書中的人名給起外號。女生被推為伍寶笙的認為是無上光榮，並要從此更加努力，以副眾望。男生被稱為小童，立刻一方面得了同學愛護，一方面也被人好意的逗趣，說他不洗臉，穿破鞋，經常不穿襪子，種種無傷大雅的事。但是憑了他爽快的性格，存心善良，別人樂與他為友。這種人格正是青少年時希望遇見的。

達海帶著我們槓房的豪情，實行著正直的做事態度。臺灣就有了一個可以寄託書中「小童」的有血有肉的人了。他一再向記者表示他不是小童也沒有用。恐怕在那感情熱烈的會場裡，年輕人們把他那「前經濟部長」的尊嚴也給打去了幾分，變得特別可親了。

達海這個在抗戰流亡時只給父親寫了一張明信片的人，開會後給我寫了一封九張紙的信。他告訴到會的人說，他自己「真如同是蠻牛闖入了磁器店」，因為他不像別的與會人士是文學教授、文評家、作家。他是一個粗線條、大喉嚨的工業建設、經濟建設的「老工頭」。並下了一個小註告訴我說：這是他夫人給他起的雅號。然後，他單刀直入，說他與我是「……這麼多同學同事、舊友新知，我們算是最投緣的」。

這種話我們彼此當了面是不會說，也不用說的。不過在他以書面報告形式寫信給我，我看了很感激。他去替我開了一場會，又寫了這麼長的一封信，自是有緣。我在這裡夜以繼日，奮筆直書，寫對他的回憶，也必是有宿緣罷！

書中的大宴是以那時的達海為主，加上別的成份而塑成的。我的事一切亂七八糟，達海常常幫我忙，也一半是管教我。同屋的夢筆似乎也曾看不過我對錢太不經心。有一次我收到家中匯來了錢，他自動要我交給他收管。在書裡這一類的事都變成寫大宴的材料，在與小童談論時用來描畫他們二人的性格。

達海本人的真名字出現在書中很早。一九六七年《未央歌》移到臺灣由商務印書館出版發行時，我寫了一篇再版致讀者的信。先在《東方雜誌》發表，後來印在書裡，在正文前面。那篇文章的結尾說到又遇到老友：「在臺灣又看見了久別的顧獻樑和李達海兩位同學，……達海是我西南聯大的同屋，……看見達海那種甚麼事都不難的生活態度就又有伴了」。

今天寫到這裡不免有些感觸。我想得也許不對，不過那時我觀察臺灣的同學們有點缺乏獨立、不怕難的精神，及對自己有信心的意氣。我把這現象歸罪於推崇專家及權威的社會風氣。更怨那管制升學的考試制度。如果一個學生有獨到的見解，但是與預知的考試答案不合，他是選擇言論自由呢？還是入大學呢？

所幸者，在我見到的讀者中，已有不少開始問這類問題了。我才在那篇文中把西南聯大時的少年意氣提出來響應，並鼓勵他們：「共同推波驅浪前進的時候會見到的。若是那時忙得騰不出手來握一下，咱們就打一聲忽哨，破破沈寂。」

《懺情書》出版時，一九七五年，因為裡面有很多是日記中的原字句，我在〈前言〉中將書中故事及書外本人分別點明了一些：「大宴在這裡提到時都是用他的外號。他的外號特別多！煤球、球子、球頭，都是他。」我記得這些都是特任他為睡務司時，祖望的手筆。時間是一九三八年。

達海的詞藻甚具特色。我猜想與他幼時所聽大人們言談及看舊小說有些關連。他管出去胡鬧叫「鬼混」，思想不清叫「暈頭」，自己躺在床上不起來叫「高臥」，同屋的私自下床，溜出屋去，他就「震怒」了。

他那時的兩隻小磁狗，後來也有影子。一九九○年十月，他信中提到所養一狗已十五歲：「相當於人快百歲了」。但是牽牠出去散步，牠還是「跟小公狗鬼混，興趣頗高」。

達海喜歡養狗，我愛貓。學校宿舍裡不能養貓，我有了「乙園」，就抱養了兩隻初斷奶的小貓。那些時忙著蓋房，登高爬梯子，生怕把纏在腳下的小貓踩死。就把牠們放在上衣的口袋裡，一邊一個，牠們鑽出小頭來就按下去。

達海養蘭花，書中的大宴種美人蕉。我種菜，種竹子。他跟我都喜歡西方古典音樂，但是我愛唱歌，不止愛唱，而且作歌；他不唱，這麼些年，我不記得聽他唱過歌。我打好幾種球。在西南聯大時還代表學校打排球，但是總是輸給航空學校。達海不打球，到了臺灣以後，高雄煉油廠好像自己有高爾夫球場，達海因為缺乏運動，開始打高球。我不認為打高球是運動。

在回憶中更找不到蹤影的，是我好像從未見過達海與女同學說過話、一同散步。至於並肩坐在樹蔭下看白雲，或約同到電影院去看電影，簡直不可能是他的行徑。想到這裡，令我想起《儒林外史》裡那個正直爽快，為善不欲人知，仗義救朋友的馬純上、馬二先生。

《儒林外史》第十四回寫杭州西湖，「乃是天下第一個真山真水的景致！」「三十六家花酒店，七十二座管絃樓。」

「那些富貴人家的女客，成群逐隊，裡裡外外，來往不絕。都穿的是錦繡衣服。風吹起來，身上的香一陣陣的撲人鼻子。馬二先生身子又長，戴一頂高方巾、一副烏黑的臉，捵著個肚子，穿著一雙厚底破靴，橫著身子亂跑，只管在人窩子裡撞。女人也不看他，他也不看女人。」

一九五一年，我與達海在分別多時，天南地北沒有消息之後，一個巧遇重拾舊誼之際，才知道他已結婚了。又過些年，我與慕蓮，有時還帶了孩子，去臺灣時，就漸漸與他的夫人張靜洵女士也熟識了。達海這位不看女人的馬二先生，娶得這樣能幹明理的一房妻室，兩人合作無間，遇大事惟理是從，所以意見一致。讓我覺得奇怪嗎？事實上，真正是一點也不奇怪。這道理是我常向年輕的朋友談的。又是現下的社會風氣中需要借鑑的。

《未央歌》以友情為故事題材，更大膽地宣稱男女之間應該可以有很好的友誼。那時我們一群青年男女離鄉背井，沒有父母在近處看管，也沒媒妁以專家的知識來「酌二姓之可否」。男女同學一經介紹，或自己認識，便走上了終了是否婚嫁的第一步。在旁人的眼光中也是如此。多數人未能認識這個富有新生機的時代，守舊地不敢一視同仁、不分性別地來做朋友。「朋友」這五倫皆必須以之為基礎的一倫，在那情形下，為了性別，大家放棄了與半數同學交朋友的機會。沒有以朋友為基礎的戀情，也就停頓在自然生物、動植物性行為的階段。我們也難怪那些手足無措，不是太大膽，就是太羞澀的人，不敢交異性朋友，因為社會正在等待那時青年男女建立新的交誼規範。同時戀愛結婚的路上正處處是風險。

我在《懺情書》的〈前言〉裡談到那時社會對異性友誼的態度，同性之間是友誼，異性之間就是戀愛。

「在那個年歲，戀愛實在有些準備不足，結婚更談不到。可是不但是同學的父母、家人、保護人把這樣的男女同學關係看成天經地義，就是一班同學們自己也接受這種看法。大家整個不②分析自己的情感，鬧得兩個人初一見面，便如火車的掛鉤一樣。若不是沒有擺好，撞了個火花迸裂也掛不上。就是一撞就鉤上，分也分不開，無論性情興趣合適不合適，只要一個是男的，一個是女的，就鉤在一起，天南地北，走他一生。」

我的這位馬二先生從來不像別人那樣愛談自己的戀愛史，我也是一貫作風，不去問。慕蓮與我會到了靜洵嫂時竟是一見如故，才知道也是達海的一貫作風：事實勝於雄辯，好像是說：由你自己去看好了。

我們看到的靜洵在相夫教子之外，為自己寫下的工作方案及實施細則，一派現代婦女的作風。也像達海那樣，預先有成竹在胸，更把細節儘可能想好，然後就只剩下一板一眼的走就是了。

我記得南部的陽光照著高雄煉油廠，可是這一大片地上沒有煉油的機構，卻是手工業的廠房。從織毛線衣到後來做服裝、時裝，直到出品外銷爭取外匯。（那時外匯不像後來那樣滿溢！）靜洵是從小小的員工福利手工業做起的。工作婦女都與她打招呼。員工的小孩在附近新建的小學、幼稚園上學。那個新學校的建築是單元式的，幾個獨立的結構用廊子連接在一起，很合用、美觀、光線充足，也是員工福利的成果。那時慕蓮走路比現在方便，我們看了許多地方。靜洵還提倡健身，她是保齡球迷，也常得獎。保齡球場我們也去參觀了。

她招待我們午飯。我們都是在大陸北方長大，慣於喫麵食。她有一種烙餅是再美也不過，我們想學至今未成功。她喜歡高雄，但是達海因為工作，不能不在臺北。達海信上常說，靜洵要南北兩頭跑。

如果今天達海在這裡看我寫這文章，也許會笑問：「我們這列火車，掛鉤的成績還不錯罷？」

八、敢云見知

平時達海以寫信與我連繫，往來不一定要回覆。若是需要談談、徵詢意見則打電話。電話總是很短，而且臺灣美國時差大家都清楚，都知道甚麼時候通電話大家都方便。

他就任經濟部長前，緊迫沒有時間，給我來了一個電話，把我半夜從夢中叫醒，與我商量，談得很長。我聽出他的口氣是真不想做官，但是事不由已。我對這些事毫不知情，也沒有經驗，只靜聽而愧無貢獻。記得我心上有些憂慮，問了問他有沒有從政的一個班底帶去？他說沒有。只帶一位鄧潔華女士，他的祕書。部裡人事不更動。我明知沒的可說了，自己想一句俗話形容這局面，但是不倫不類，也沒有說出口。我想俗語說「虎入羊群」那所向無敵景象，他這個有點像是相反的情況，好似「羊入虎群」。但是老虎打食是單行的，從不成群，從叢草中竄出來一撲就得了。狼倒是成群的。達海這隻羊，一聲：「吾往矣！」就要入狼群了。

那以後，達海的消息時常可以在報上讀到，不但消息多，事情也做得好。他到鹿邑來，我可以連聽帶問增加不少知識。惟一不好的，他的體重大增，是應酬太多所致。

他自經濟部下來的時候，我不但對他的擔憂化解了不少，並且覺得他當初決定就任是對的。他年紀不算大，身體精力都好，有此一番經歷，對他很有好處，也許將來國家可以倚重他的地方正多。

那時我們家中正有臺灣的兩位女作家來美國訪問，在這裡小住。季季告訴我報上所說達海政聲甚好是真情。那時我也讀了很多篇評論對達海都是肯定的。口氣自然有不同，但是內容都足令我引以為榮，為他自慰。蕭颯對經濟部職員哭送達海，表示那是真情的流露。我想，這些事勝過獎章、銀盾多了。他將來事業的發展，正不可限量。

達海、靜洵，都對官場沒有興趣，可是對服務不退縮。我認為既是如此，歷練一下，不是壞事。靜洵早就在這些事以前來信談過退休。信中說到公務員生活：勤能補拙，儉以養廉。都是我們自幼所習的教養。她說：「儘管有甲可解，但是無田可歸。」我們生長在大陸的都有這種感覺。但是我一九七七年去大陸看過以後，我的心反更沉重了。

我們年紀都大了起來，也常常自我觀察。達海那「一日之事，一日做完」的辦法，做了行政之事，時間就不像做工程時那樣容易控制了。他已改為「不把公事帶回家」。我想那辦公桌上也就不是光光的了。但是好處是不致把他喜好讀書的生活完全破壞，晚上仍可以看書。

我們自身老了，就想有一下代可以接續。達海、靜洵有二子，孫輩有四個。我愧沒有甚麼照應他們的功勞，他們的父母都為他們安排好了教育、娶媳。我們的昭明到臺灣還在他們家住了些時，聽伯伯教誨，伯母給好喫食。我呢，我總是惦記我們文化的接續人，青年學子的素養。無論多忙，年輕的（五十歲以下都算年輕），不分國籍、膚色、宗教，來訪都傾心相談。把自已的孩子們也當學生，疼得要命。

有人說生命是一首詩。這話像是人過留名，雁過留聲。其實嚴格說起來，生命是自然現象，怎麼會是一首詩？（又來抬槓了！）若一定要說是一首詩，那詩是上帝所作的。所以我說生命是個自然現象，而人所留的是他的所做、所為、所說。立功、立德、立言。這些要算作他的詩，我不反對。話說回來，抬槓的藝術在知道如何停，在何處停。

但是人永不能忘情，希望他的詩能為他引起些回音。陸放翁那首七律中有一個麤字。三是多數的意思。我想達海的詩，是我們許多小鹿都欣賞的。那詩的後四句是：

絕塞但驚天似水，流年不記鬢成絲

此身死去詩猶在，未必無人麤見知

同學友弟　野老鹿橋敬譔

束髮受教為君子儒　朋而不黨更不吞聲哭

一九九五年乙亥、元宵夜

①《幼獅文藝》二二〇期，一九七二年四月有楚戈長文報導及相片多幀。

②這個重要的「不」字出版時被漏掉了，直到五版時補回，不知因何七版以後又脫落不見了。

從「小童」到「鹿橋」

樸月

《未央歌》與《人子》在臺灣是非常受讀者歡迎，尤其深為青年學子喜愛的作品。也因此，作者「鹿橋」成為文藝界的「偶像」人物。

但，由於時空的阻隔，許多人不太能理解「鹿橋」是怎麼樣的一個人？認識他，知道他是怎麼一個人的，又不免疑惑：這樣一個人，是怎麼「養成」的？他怎麼能一直保持著他「小童」的心性，不受「污染」？

他是得天獨厚的！出身福建閩侯的書香仕宦世家。福建文風鼎盛，吳家祖上自乾隆丁酉以來，科名鼎盛，「五世科甲」中舉者十餘人，歷代仕清為官。父親吳藹宸先生，因著家學淵源，舊學根柢極佳，能詩擅文。北京大學畢業後，又曾出國留學，精通外文，因而被政府徵召為外交官。在這樣的家世背景下，中國的禮教，與西方的禮節，是他從小教養中就自然存在的。

他博學的父親，對孩子的教育非常重視，在那新舊交替，西風東漸的時代，卻並不崇洋。從小家裡請了宿儒名師教他讀中國的古書，因此，薰陶出他根柢深厚的人文素養。而相對於一般文人，他曾讀生物系，受過嚴謹的科學訓練，也因而有著更客觀、清

鹿橋於史博館演講神態 1998 12 19

（樸月提供）

明的觀察力。尤其他對人對事不太自設樊籬，什麼事都願意涉獵，所以跟各行各業的人，都能談，也都能在相互的激盪中彼此獲益。

以前曾有人誤傳，以為故經濟部長李達海先生是《未央歌》裡的「小童」。實際上，李先生是「大宴」，鹿橋本人才是「小童」的原型！他本人的確也像「小童」一樣，孩氣歸孩氣，童心歸童心，但好學深思，不肯「人云亦云」的盲從，也不武斷的否定。各種的學說、理論，都必要經過了一番思辨，融會貫通後，發展出他的一番見解來。「學問」對他來說，不僅是某種的專業，更是一種落實於生活中的理念與態度。

他常深自慶幸，這樣一個融合了中、西之長的家庭，給了他立身處世、待人接物的良好教養。父母的開明與信任，加上適逢抗戰，隻身在外讀書，一切得靠自己，又給了他適度的自由，和充分發展自我的天空。當時「西南聯大」自由、開放的校風，同儕間彼此扶持，相濡以沫的友情，和雖然生活艱苦，卻充滿了理想與樂觀、進取的人生態度，更奠定了他一生積極健康的人格發展基礎。這些經歷，構成了他的人格特質，使他在面對抉擇的時候，能清明的思考權衡。

許多人批評《未央歌》太烏托邦了，好像與當時抗戰的大時代脱節。他卻認為，當代的「苦難」是人人都知道的，不需要再強調了。而當時，他們的確是努力在艱困的物質生活中，彼此激勵，維持樂觀進取的心境，不為現實的苦況擊倒的。在我認識了祝宗嶺姑姑（伍寶笙的原型）後，她也說：

「當時我們並沒有覺得那麼苦！日子中也還是有很多快樂的。」

至於是否太保守、太幼稚、甚至「童話」。一則，當時人心較「古」，以現代人的開放與思維模式去檢討六十多年前的保守落伍未必公平。而且，書中所表達的一些理念、哲思，未必是現代自認「不幼稚」的青少年所能有。二則，他完成此書時，剛滿二十六歲，也不過是個「青少年」。不論文學成就，以作為一本青少年讀物，至少，《未央歌》所帶給青少年的，還是健康、樂觀、進取，鼓勵追求自我提升，充滿理想色彩的正面作品；這也正是他自己所期許的。就青少年教育的立場來說，也絕不是時下那些非情色、即暴力，以描繪人性陰暗面為時髦的作品所能取代或否定的。

他樂於過簡樸的生活，不趨時尚，不慕榮利的淡泊心志，使他能擇善固執的謝絕「功名利祿」的誘惑。而選擇適才適性，最接近他自然心性的道路。這世界誠然不盡美好，人性也不盡善良，但，人還是有趨避的權利的。應該說，他選擇了最不違反他的「自我」，也最容許他保有「小童式」自然天性的那一條路。

我與鹿橋姑父是在先義父李抱忱先生家認識的；他是義父的表妹薛慕蓮女士的夫婿。我也因著這一淵源，稱他「姑父」。

由原先與他和姑姑，只是稱謂親切的「葭莩之親」，到與二老親如家人，並被姑父視為忘年知己，是經過許多不得不歸於「緣」與「命」的周折與遇合的。在相交逾密，相知逾深後，對姑父的「小童」天性更有了深刻的認識與了解。他的小孩脾氣，倒也並不是幼稚無知，或矯揉做作。他一直很率性、真摯，在天性上，他好像就是一個「光明之子」與「自然之子」。對世界永遠好奇，對人永遠善意、對事永遠認真。待人接物，

樸月陪同鹿橋 慕蓮搭火車自高雄返臺北 1998 12 3

（ 樸月提供 ）

鹿橋於波斯頓新居書房 2001 8 5

（于素花提供）

更是率性而真誠，一直到八十多歲，都保持著「小童」時代的那份「赤子之心」。

事實上，另一面的他，卻可以說是個智者、哲人。幾乎所有接觸過他，與他交談過的人，都深深的為他若不經意，卻含蘊著洞澈人生的智慧所傾倒折服。他並不刻意的「教訓」，也不以什麼宗師、學者自居；當人們以流行的「大師」二字尊稱他時，他偷偷地笑著對我說：

「我不知道別的『大師』怎麼樣。對我，這稱呼讓我覺得是『沐猴而冠』！」

他教了一輩子的書，但從不硬性的「灌輸」學問，或說什麼大道理；他非常服膺潘天壽先生傳述弘一大師的至理名言，還特意寫在送我的《市塵居》上相贈：

「寧可文藝以人傳，不可人以文藝傳。」。

他始終認為：做「人」才是最重要的！

他的「經師」當得如何，其實我是不清楚的。但以他退休多年之後，華盛頓大學和聖鹿邑美術館，還以他的名字成立「吳訥孫學術講座」，每年固定的邀請專家學者到聖鹿邑演講，以推展藝術文化來看，他在學術上的成就，也應該是備受肯定的。就「人師」這方面，更是成功。他總是那麼和悅、輕鬆的，就把他的理念、思想，他對文化的體悟、對世情、世事的看法，他的人生觀、生活態度，如和風細雨滋潤萬物般，自自然然的沁入人心。

他不贊成把人都訓練成「專家」，而喜歡文化上的「通識」。他常跟我說：

「做『人』比什麼都重要。不論思考什麼、寫什麼，都得有『自己』。尤其作為一個文藝工作者，更不能隨波逐流；沒有『自己』，就不能成『家』。」

他不贊成教育上種種「制式」的束縛與指導，因為那是最扼殺靈性和創作力的。這對他不只是一種「概念」，也身體力行。

當他年輕時，一般人還沒有什麼「環保」意識，他就有回歸自然，「人與自然應合諧相處」的想法。所以，他在康州買下了一片荒山，照著自己理念規劃，在儘可能不破壞「自然」的原則下，構築了一座有湖山，有幽林，與大自然和諧共融的園林。因為他姓吳，行二，這座園林，他命名為「延陵乙園」。又一木一石親力親為的，建築了一座在一般人眼裡看來，相當簡陋的木屋。這簡陋的小屋中，有「風雨樓」，有「浮雲閣」，是他寄託理想，安身立命之所。

他說，這簡陋的家，是「難民營」，也是「靈修舍」。他所想傳達的，是一種素樸簡單的生活方式，希望能稍稍扭轉一些當世奢靡浮華的風氣。

他非常愛物惜物，反對浪費，總希望能將一些別人認為應該報廢的東西「起死回生」。他初到聖鹿邑，買了一幢磚造三層的古舊樓房。其中一間貼著花格子的壁紙。壁紙舊了，上面有些不好看的污痕。他覺得，若換壁紙，工程太大。就數了數格子，約六千多格，想起《易經》正好是六千多字。於是用了一週的時間，在這些格子上用毛筆寫《易經》，讓墨筆字形成字網，掩蓋污痕。這一奇想，竟使原本看來壁紙陳舊的房間，成了他家最有名的「景點」：「讀易齋」（又稱「獨異齋」）。他家的窗簾，也不是一般坊間購買的，而是用舊床單做的。與眾不同的是：因他喜歡書法，雖非名家，卻別有逸趣。他就在這些白色的舊床單做的窗簾上寫毛筆字，頓然化腐朽為神奇，更為人所稱羨。

他的朋友都知道，他每天把寫毛筆字和寫日記都當成「功課」。所以常有人送毛筆給他。他有許多的毛筆，但自己笑：「新筆捨不得用，舊筆捨不得扔」。哪支筆「要告饒退休了」，不再能寫正規的字，他就用以給朋友寫信，覺得格外有情。他曾贈送我兩幅一丈多長的手卷，一幅寫的是他父親的詩，另一幅是「陸游詩」。自稱，這是他最珍愛的一件長卷，「割愛」送我。開頭的一段緣起，十分有趣：

「癸亥早秋，為友人子姪新張店家書額，姑姑笑我筆禿，乃出蘆屋得獎羊毫筆為之，書就乃急以破舊筆錄放翁詩數首舒氣，亦以慰故交，示不相棄云耳。」

要特別解釋的，「姑姑」並不是他父親的姐妹，而是他的妻子薛慕蓮女士。因為當年他們在先義父李抱忱先生家相識，薛慕蓮女士是李抱忱先生的表妹，他曾跟著李家子女喊了好久的「姑姑」，就成為他們之間的暱稱了。這一詩卷，原不為送人而寫，所以用語毫不修飾。又為了「舒氣」，寫來格外的酣暢淋漓，也怪不得他自己珍愛了。

我曾在二〇〇〇年夏天，到聖鹿邑渡假，就住在他們家裡，親身體驗他簡樸而自在的生活。他在飲食上不浪費，也並不認為偶爾享受一頓美食是什麼罪過，有時也親自開著他一九七三年出廠的老爺車，帶我們到餐館吃飯。一路開著車的他，還帶著我們一路唱歌，他跟姑姑合唱〈本事〉、我唱〈玫瑰三願〉……唱了一路，也笑了一路。

談起這老爺車的歷史時，他講起：有一次，他開車經過一個「汽車墳場」，裡面都是將擠壓成鐵塊的報廢舊車。他「感覺」他的老爺車會「觸景傷情」。就拍拍他的老爺車，安慰說：

「你放心，不要害怕，我絕不會把你送到這兒來！」

這可以說是他的「孩子氣」，卻也是他愛物惜物的真摯之心。對他而言，舊筆也好，舊車也好，都不僅是「物」，更是他的有情有義的「朋友」。

他雖然因到密蘇里州聖鹿邑的華盛頓大學教書，而搬離了乙園。但春天，乙園花開遍野的時候，他和姑姑還是常回乙園渡假。他曾在回乙園渡假時，給我寫傳真信。告訴我，他在乙園觀花、賞鳥，與小動物相對忘機的恬適情味。信中說到與鄰人伐了一棵樺木，將樹幹鋸了，截成柴木。而將枝葉堆在矮石牆邊。為了「給小鳥、小獸一個隱藏的地方。」這種幾近與大自然融為一體，仁民愛物，天人合一的境界，我除了稱羨，別無言說。他告訴我，想出版一本書，寫他的「延陵乙園」，書的內容是「人與大自然的關係」。現在，這本書已成了「未完成交響曲」，也不可能有任何人能為他續完了。

當年他住在「乙園」時，曾每年自力主辦「乙園文會」，邀請從事各種文藝創作的朋友，自由自在的在他自己經營的山林間展示、表演自己最滿意的作品，讓這些人有個不受任何束縛，把自己最得意的作品與同行、同道「以文藝會友」的機會。在這兒，不必在意指導教授的意見，不必理會票房，不必媚俗，不必屈己，只要淋漓盡致呈現「自我」。在這兒，會來參與的，就沒有等閒的凡俗之輩，都具有高度的創作與鑑賞力，可為益友，可為良朋，彼此素心相見，真誠的切磋琢磨。這由他一手從規劃到執行，率性自由的藝術活動，成為當地一年一度的盛會。

他本身也是不受什麼束縛的，對什麼都有興趣的，願意「嘗試」新鮮事物，所以永遠活得忙碌蓬勃。到了八十歲，與年輕朋友談話，也只讓人覺得他被歲月陶融得更澄澈、清明，言談間涵蘊著返璞歸真的智慧。對年輕人欣賞、寬容、關愛，與人為善的長者風範，與蘊於中，形於外，「小童」式的自然、率真與誠懇，是那麼讓人心折。尤其透過他的涵容轉化，那些令人敬而遠之的大道理，都變成易解易懂，合理近情的故事了，使人不覺得他對那古老中國文化的崇慕，是一種思想上的「落伍」，反而是一種可以融會東、西方的哲學，而落實於生活中的智慧。因此他在所任教的大學裡，永遠是最受愛戴的老師。回到臺灣，也總掀起一陣「鹿橋旋風」，處處受到青年學子的歡迎。

話雖如此，他卻不是沒有原則的。事實上，他比許多人都有其不苟的風骨與為人處世的原則，這方面，他律己甚嚴。比如說，他堅持「君子朋而不黨」，不與政治沾邊。所以他來臺，有人表示要安排總統接見，他堅決謝絕。他的《未央歌》在大陸早有盜版，甚至有研究所的學生以此為論文題目。也有許多大陸出版社許以龐大的印量與版稅，請他同意授權。他對版稅等沒有要求，只堅持一定要「正體字、直行排」。他對簡體字、橫排深惡痛絕。主要的原因是：簡體字斷絕了中國文化傳承的命脈；青年學子都不認得正體字了，怎麼去閱讀那些蘊藏著中國文化精髓的典籍？他希望的是：能藉著

《未央歌》的流傳，引導扭轉大陸青年的閱讀習慣。否則，寧可不出版！

他愛朋友，喜歡單純的友情。認為：友情是人生最美好的一種情誼。而人與人間，任何的一種「情」；親子親情、夫妻之情、師生之情、同儕之情……友情的成份越多，關係就越好，因為，友情是「要求最少，尊重、包容最多」的！

我自己大概是有點精神上的潔癖的人，做我的長輩，其實也是很不容易的。我從小在長輩們疼寵、尊重下長大，不知敬「畏」何物。一個人，不論他具有怎樣的聲望、地位，如果人格上不能令我「尊敬」，我是不願意往來的。對我願意往來的長輩，態度則是「親愛」，而非「敬畏」。

而我對這些我所「親愛」的長輩們，在人品德操的要求上，近於嚴苛。一旦發現他們有我所不能容忍的人格瑕疵，年高而德不劭，使我無法再尊敬的時候，我會立時絕裾而去，絕不會因著他的盛名或地位而妥協！

一九九八年底，姑父、姑姑到臺灣的二十四天中，我陪伴了他們十八天。他們回去後，我才寫信告訴姑父，我在陪伴他們的同時，實際上也在「檢視」他；檢視他是否文如其人？是否表裡如一？他的人品是否如我所期許的敦厚、高潔、率真、可敬？我知道，這世界上許多的人與事，都不能寄望太高。但我無法想像，如果連「鹿橋」都令人失望的話，我還能信任什麼人？最後，我告訴他，謝謝他，沒讓我對「鹿橋」失望！說這句話，我是由衷的。其實，我知道，他對我也是有著高標準的要求與期許的，彼此責善，也彼此惕勵著在人格修養上「更上層樓」。

他得病是一九九六年，經過放射治療後，控制良好。直到二〇〇〇年夏天，又有復發的徵兆，體重開始減輕。當時，他正應子女們的要求，準備搬家；從聖鹿邑搬到波斯頓，與女兒比鄰而居。離開他住了二十三年的舊居，離開他後院手植的竹林；離開他親自一個字、一個字寫在舊壁紙上，成為人人稱羨「雅室」的「讀易齋」；割捨他珍藏寶愛的書籍、資料，乃至留駐在屋裡的種種美好溫馨的回憶，對他這樣一個事事物物皆有情的人來說，精神上的失落感必然更大於體能上的勞累損耗。恐怕病魔也就此趁虛而入，再度的殘害了他的健康。

他對自己的病情，一直非常清楚，也從不瞞我。去年夏天，他的病情逆轉，體重更直線往下掉。曾做化療，受了不少罪。後來，化療也失效了，為他醫療的小組，給他一封短信，明白告訴他，他們已無能為力了。

在他病重之後，除了住在鄰近的女兒，分住東、西岸的三個兒子，也都排班回家陪侍照顧父母。使他與姑姑非常安慰。

到他自覺病危，他要求送他進醫院。所有的家人都趕回來了，圍著他，守著他。最後，他是在他最親愛的家人守護之下，無憾的安然而逝的。為他的人生，畫下了非常完美的句點。這或許可以讓崇慕他、敬愛他的年輕朋友們安心吧？

我見到了「伍寶笙」

樸月

「伍寶笙」，是一個我從少年時代就熟悉的名字；那時，《未央歌》正風靡著大學裡愛好文學的莘莘學子。對女生而言，能被稱許為像「伍寶笙」，是讚美的極致！

那活在鹿橋的書裡，活在昆明山光水色中，活在「西南聯大」簡陋的校舍裡，有著明麗過人的容顏、溫厚誠懇的人品，自然淡雅的風度。為人處世，待人接物，融和了理性與感性、智慧與仁愛，又一片的純摯真誠。不像藺燕梅那樣鑽石般的炫人眼目，卻如美玉般曖曖內含光的「伍寶笙」，成為親切友愛、溫柔敦厚、風清月朗等人間美質的具體象徵。

當時，由於時空的阻隔，作者鹿橋先生又蓄意放《未央歌》在人海中歷練、沈浮，從不露面。因此，對讀者而言，就連作者「鹿橋」本身也是謎樣的人物，更增添了人們對《未央歌》書中人物的好奇。

直到「商務版」在臺灣問世，鹿橋先生親自撰寫了長文向讀者致意，書中的人物才漸漸的明朗落實了。有的人物，是有真實人物為原型的，有的則出於杜撰。而他第一個明確指名道姓的主角就是「祝宗嶺」——伍寶笙的原型。這一人物顯然為當時西南聯大

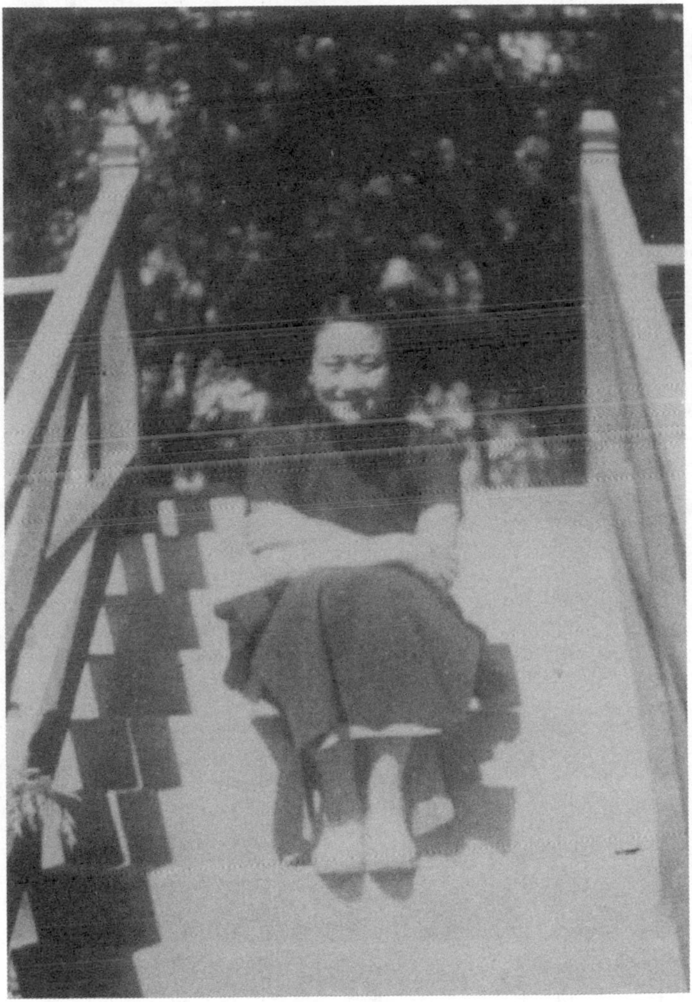

祝宗嶺（伍寶笙）十八歲　於南開大學 1935
（樸月提供）

同學們所共知，而且，「呼之欲出」。鹿橋文中提到，他讀過《未央歌》的聯大同學，一見到他，來不及寒喧的就嚷：

「你那個伍寶笙一看就是祝宗嶺！」

他也自承：

「伍寶笙當然是照了宗嶺寫的！」

這一切，在我少年時代，也不過如一般讀者，是附驪於《未央歌》浮光掠影的印象。無法探究，也無從探究。

人世的因緣，真不是自己所能預料的。二十年前，由於先義父李抱忱先生的關係，一向「遠在天邊」的《未央歌》作者鹿橋先生，在一夕之間成為我必得稱之為「姑父」的親長：他的夫人薛慕蓮女士，是先義父的表妹。甚且，他們是在李家邂逅相遇，終成眷屬的！我奉先義父之命，稱他們二位為姑姑、姑父。而且，「一個字也不許多！」因為，我原先淘氣，聲稱要喊慕蓮姑姑為「乾表姑姑」！

更由於冥冥之間的緣會，這本來也只是稱謂親切的「姑姑」、「姑父」，在不通音問，彼此睽隔達十七年之後，重續前因。就此情誼固結，如今彼此之間，真親如家人了。而且，由於我與姑父「同行」，更有幾分「忘年知己」的投契。

由於這份親近，我對《未央歌》的人物有了更進一步的了解；「小童」根本就是鹿橋姑父自己的化身；大宴是已故的經濟部長李達海先生；藺燕梅容貌、衣著是幾個人的組合體，卻是個虛構人物。書中的情調、精神、友情是他想要表現的重點。故事情節，則是為了表現「人」的成長歷程而設計的，大多出於杜撰。

至於常被別人投以好奇眼光，總想對號入座，臆測她是書中哪一位的慕蓮姑姑，則笑著說：

「我總想對他們搖手，告訴他們：我不是藺燕梅，也不是伍寶笙！」

這一點我是知道的；他們相識在《未央歌》完成之後。但我確然相信，也得到姑父欣然認可的是：

「在姑父心目中，您恐怕是藺燕梅加伍寶笙！」

這位彷彿為他量身打造的「如花美眷」，成為鹿橋姑父今生最大的幸福與滿足。

由姑父的談話中，我知道他今生最崇慕的女性有三位，這三位女性，在他心上、眼中，都是風華絕代，無可比擬的。而且，在感情境界上，也都到了理想完美的極致。代表親情的，是他的二姐吳詠香；代表愛情的，是妻子薛慕蓮；代表友情的，則是「伍寶笙」——祝宗嶺。詠香姑姑早已去世。慕蓮姑姑是與他白頭偕老的「神仙眷屬」，相依相守，須臾不離。只有祝宗嶺，那麼多年來，不但山遙水遠，還加上那麼多難以跨越的有形、無形阻隔，更讓他念念難忘。

姑父說，他們後來又見過；大陸改革開放後，「伍寶笙」的兒子到了美國。當她到美國探望兒子的時候，姑父曾將她接到聖鹿邑家中敘舊。

「那風度，還是當年的伍寶笙！在現代人物中是找不到的了！」

在姑父的讚歎中，我知道，在他心目中，伍寶笙的美好，是永恆的！但，那離我很

祝宗嶺（伍寶笙）老年 2000 1 19
（ 樸月提供 ）

遠；遠得構不著。

人世的緣份怎麼說呢？千禧年剛過，我的《清宮豔》系列小說《玉玲瓏》、《金輪劫》、《胭脂雪》由大陸的湖南岳麓書社出了簡體字版。隨即，北京「中國作協」的朋友，熱誠的為我安排了一場座談會。讓我藉此與北京的學者、作家們見面聯誼。事情發生得太快；元月三日，我才知道新書出版。六日在一通電話中，已把座談會的時間、地點決定了。第二天趕忙著通知出版社寄書，照相、辦臺胞證……幾乎在我自己都還沒回過神來時，人已經到了北京。

在確定了北京之行後，我立即打電話告訴姑姑、姑父這件事。姑父聽說我要到北京開新書發表的座談會，興奮異常。他認為，這對我來說，是太好的機緣；寫了那麼多發生在北京故宮中故事的人，怎麼能不去見識一下真正的北京？

而我，卻想到他曾提過的事：「伍寶笙」在北京！於是，我說：

「姑父，您的『伍寶笙』不是在北京嗎？如果您給我她的電話，我到北京的時候，可以打個電話問候她！」

「我沒有她的電話，給你個地址吧！」

當時，我並不知道，姑父心裡對「小孩兒家」基於好奇的「問候」，並不太以為然。只是他素來知道我率性任真，不忍掃我的興，才帶著點勉強的把地址傳真給我。我立刻請大陸音樂界的朋友康普姐去打聽電話號碼。康普姐原是資深的音樂廣播節目主持人，退休後，常住美國。曾為了大陸音樂界有意填補中國近代音樂史的「斷層」，找先義父李抱忱先生的資料時，透過姑父介紹找到我，解決了這個問題。因此，她不但認識姑父，也讀過《未央歌》。所以對這件事也格外的熱心，不久就有了回音。康普姐告訴我：

「我已經跟祝教授通過電話了。我告訴她：『有一位劉小姐，是鹿橋——吳訥孫教授的侄女，過幾天要從臺灣到北京來。吳教授請她代為問候，所以，她託我打聽您的電話，先向您致意。』」

對康普姐這一番話，我認為是陌生人冒昧聯絡，得體合宜的說辭。姑父卻提出了抗議：

「明儀（他通常是喊我本名的）！是你吵著要去問候她的，我可沒說要請你問候！我與她的友情，已到達人世情緣理想的完美境界，用不著請人問候！」

聽他認真爭辯的話，我又好氣，又好笑；當即就說：

「姑父！您既然這麼說，我不管是跟她通電話，或是見到她，總會幫您把您的問候收回來！」

她住海淀區，與頤和園鄰近，於是我安排在遊賞頤和園之後去探訪她。

由北京的朋友陪著，按址找到一座不同於四週連棟公寓式宿舍的二樓花園住宅，只見門前貼著一張紙條，大意是說：不必敲門了，來客就請直接進門吧！後來我才知道，「伍寶笙」在七〇年代下放陝北時，為卡車上落下的汽油桶壓傷了腳，不良於行。而她的夫婿，著名的生物學者婁成後教授，如今已九十高齡，還在帶研究生，常在二樓給研究生上課，無人應門。因為二老都是甚受敬重的學者，也不會有人無故打擾，所以就「門雖設而常開」，請客人排闥直入了。

走進一樓客廳，只見一位穿著黑色毛衣，灰色外套，頭髮花白的老太太，坐在明窗下的書桌前。聽到有人進來，正朝這邊望著，臉上還帶著笑意。

「您是祝姑姑？我姓劉，從臺灣來。吳訥孫先生是我姑父。」

我趨前自我介紹。她親切地笑著，招呼我先脫下厚重的皮大衣。又指著茶几：

「康普告訴我，你今天下午會來。我剛才熱了『露露』，先喝點，暖和一下吧。」

才踩著雪，從零下的氣溫中來，喝了她細心準備溫熱的「露露」，只覺身心俱暖。走到她的跟前，我取出事先預備了帶給她的禮物和「信物」，禮物有一條臺北故宮製作的「丹楓呦鹿」絲巾，是送她的。一條領帶，是送妻教授的。還有一本我的小書：詩詞名句欣賞的《漫漫古典情》。信物則有三張照片；姑父前年來臺時照的。一張是他單人的，一張他跟姑姑的合照，還有一張是加上我的，以「驗明正身」。另有兩張影印文件，是姑父寫了送我的杜詩，和他的一封信。信的內容很可愛，而且與「伍寶笙」有關。那天正好是七夕，姑父一時興起，就杜撰了一個故事。說織女如何從鵲橋上落下來，落到昆明，《未央歌》的三十一頁上；正是伍寶笙出場的那一頁。

由這些作引子，彼此之間很快的親近起來。我問：

「祝姑姑，您記得當年姑父是什麼樣子嗎？」

「其實記得不很清楚。只記得他是個很規矩、很有教養的男孩子。」

我想所謂的「規矩」，應該是「正派」的意思，因為姑父可不是那種行規步矩的夫子先生。我笑著說：

「這是其來有自的；他出身在一個書香門第的仕宦世家。他的父親就作得非常好的舊詩；他送過我一幅一丈多長的手卷，寫的就是他父親的詩。後來因為老爺子的外文好，又被徵召到外交界工作。所以，可以說，中國的禮教，外國的禮節，在他身上都是自然融合的。」

「難怪！我們一起從長沙經過廣州到昆明。那時候，大家都離家在外，我年紀大些，又愛管閒事，跟那些學弟、學妹們都挺好的。但，我真不記得對他有什麼特別的照顧，像他寫的那樣。他跟我說，我教他讀過英文詩，我也不記得了。努力回想，彷彿有那麼點影子。說起來，都六十年了！」

她笑著，笑得很真誠、很坦率。似乎對姑父的「過譽」有點「愧不敢當」。她的說法，和姑父的說法顯然有著相當的落差；姑父彷彿覺得與她的友情非常深厚，且「受恩深重」，因此念念不忘。她卻覺得只是同學之間的一般情誼，並沒有什麼特別。我想起姑姑曾跟我談及她與祝姑姑見面的情形，當時姑姑說過一段話：

「我感覺她好像很努力的想告訴我，她和姑父之間『沒什麼』；我也沒有認為他們之間『有什麼』呀！」

姑姑當時笑著，恬適的眸光中，是一派沒有心機的坦然。姑姑為人極溫厚寬容，她的器量和對姑父的信任，我是知之甚深的。當時我的想法是：大概祝姑姑不了解姑姑的

樸月初訪祝宗嶺（伍寶笙）於北京農業大學宿舍 2000 1 19

（樸月提供）

樸月再訪祝宗嶺（伍寶笙）於北京農業大學宿舍 2000 10 25

（樸月提供）

婁成後、祝宗嶺伉儷 2000 10 25

（樸月提供）

祝宗嶺與愛孫婁志明 2000

（樸月提供）

為人與心性，怕姑姑多心，所以有這一番解釋。

但聽了祝姑姑對我說的這一番話，卻有了另一種看法；也許祝姑姑並不是為了怕姑姑多心而「撇清」，是她真的認為她與姑父之間交誼並不特殊；甚至認為姑父書中所寫的小童與伍寶笙的深厚情誼，相較於真實的姑父和她，都屬於「文學的誇張」。她的坦誠率真，使她不能不有所「澄清」。

何以致此？這倒真是個有趣的問題。但我很快的領悟了她與姑父二者間認知落差的原因何在：她本身是個熱誠；她自己的說法是「愛管閒事」的人。對這些學弟、學妹，很自然的如大姐姐一般的關懷照顧，卻出於自然天性，渾不自覺。加上長久歲月、關山的阻隔，使她不再記得她也許曾付出，卻因未曾縈心，已然遺忘了的往事。而姑父卻是身受其惠的人，深銘於心，感念不忘。這就像一個好老師之愛護學生，本是一視同仁且出於自然的。而學生則可能感受深切：老師對我真好！感念終身。老師未必能記得每個畢了業的學生。而有心的學生，卻因為心認定了他心目中的「恩師」，歷經數十年再見，還能「如數家珍」的回憶與老師相處的點點滴滴。

由此，倒見出姑父和祝姑姑的心性與人品了；兩位各有立場，也都做到了「施人慎勿念，受施慎勿忘」的古訓。

我們隨興的談著，談姑父與姑姑的近況，談我與姑父、姑姑結緣、續緣的經過，談姑父那迄今不改小孩脾氣的一些趣事，也談她的家庭與生活。四點多，我不能不告辭了；晚上有飯局，而「老北京」警告我，必得早點回程，否則就會塞在半路上，趕不及了。

我帶著照相機，為她照了幾張照片，又與她合照了幾張。答應洗出來，一定寄給她。並留下了我的名片，上面有我在臺灣的電話和地址。

她支撐著站起來，堅持要送我到門口。我攔不住，感動得擁著她，問：

「我可不可以親親您？」

她高興的接受了。帶著依依之情問我：

「你幾時會再到北京來？我希望能再見到你！」

我不能確定我何時能再到北京。但，保證如果來了，一定會來看她。她真扶著助行器，把我送到門口，依依揮別。

隔天上午，我在旅館中接到一通電話。清脆帶笑的女聲，開口就問：

「劉小姐，你猜猜我是誰？」

我反應得很快：在北京，文藝界的朋友喊我「樸月」，音樂界的朋友喊我「明儀」，沒有人喊我「劉小姐」……

「您是祝姑姑！」

「對！」

答案有了，我卻有些疑惑：我沒有留旅館的電話給她！她自動的答覆了我的疑問：

「這個電話號碼，是我打電話向康普問來的。」

她頓了一下，說：

「我看了幾篇《漫漫古典情》。你那些對詩詞體悟和詮釋的小品裡，有好些意思，都是我心裡想過，卻沒法用文字表達出來的。所以看了心裡真高興，就想跟你說。」

「我也高興；高興您喜歡。」

「我打這個電話，還想告訴你……我已經這麼老了，真沒有想到，會有一個從那麼遠的地方來的女孩，走進了我的生活裡，帶給我這麼大的快樂！那天見到你的人，是那麼親切坦誠。又看了你寫的那些精緻小品，就想告訴你：我真喜歡你！」

我聽了感動、喜悅，而又詫異；詫異她說得那麼直接，那麼真誠、又那麼自然。

「那您就別喊我『劉小姐』了。姑父、姑姑都喊我『明儀』，您就把我當侄女，也喊我明儀吧？」

「我心裡是把你當侄女的。那我就喊你明儀了。」

在她歡愉的笑聲中，我卻感覺著一些些的感傷；或許，她的生活，也是相當寂寞的吧？年齡和輪椅，限制了她的活動範圍。她的三個兒子，應該都很優秀。卻也因此，都出了國，不在身邊。已退休的她，雖然有老伴相扶相持，清寂，卻是無可避免的現實狀況。為了沖淡這份感傷，我開玩笑的說：

「姑父總說，他的女朋友們，見到了姑姑，就愛姑姑超過愛他！我能不能告訴他，在我們三個人裡頭，現在他已經落到第三名了？」

她在那一端笑了：

「你就這麼告訴他！他真是第三名！」

可憐的鹿橋姑父！我又告訴她：

「在見過您之後，我已經打電話告訴姑父、姑姑了。還說跟您照了照片，等洗出來，可以寄給他；我也會寄給您。姑父知道我見到了您，高興的不得了。直說：『現在再看不到這樣風度的人了吧？』還要我寫一篇文章，附加照片呢。我告訴他，我題目都想好了，就叫：『我見到了伍寶笙』！」

她笑了，委婉地說：

「我覺得，文章可以寫，照片嘛……我現在這麼老了，完全是個老太太了，恐怕會破壞《未央歌》讀者對『伍寶笙』的美好想像，還是不要吧。」

「我先把照片寄給您看，再由您決定；我一定會尊重您的意思的。」

「那天，你走了之後，我就想，要找兩張我在『伍寶笙』時代的照片出來，複製了送給你。讓你看看當年的『伍寶笙』是什麼樣子。」

呵！這真是「固所願也，不敢請耳」的意外之喜！我連聲道謝：

「太高興了！也太謝謝您了！您可不要忘了喲！」

「我不會忘的。你送給我的書，是你自己寫的。我沒有寫過文學創作的作品；我是學科學的人，寫的東西，都是本行專業的。倒是翻譯的一本達爾文的書，可以送你留個紀念。我已經請人去找了。若找到一本，就送你。若有兩本，再送你姑父、姑姑。」

就著話題，我把姑父「不必問候」的那段話講了一遍。還笑著跟她說：

「那個老小孩！我聽了又好氣、又好笑，答應他，會幫他把問候收回來呢！」

「其實，他說的也沒錯；我們是相交六十年的老同學了，也不需要刻意的問候。這麼著吧，你回去，就幫我問候你姑姑。你姑父嘛，我也不用問候他了！」

她風趣的話，讓我們在電話中又是一陣朗笑，莫逆於心。

我又把這件事打電話告訴了姑父、姑姑。我不知道，姑父對我竟那麼「輕易」的就把他一心欽慕的學姐「騙」來當「忘年父」，是否心中存疑；他直到聽說祝姑姑答應找「伍寶笙時代」的照片送我，才大為詫異：

「這可真不容易！大陸一般人在經過文革之後，還保存著照片的，恐怕都很少了。就有，也絕不會隨便送人。她肯送你，可知她是真心的喜歡你！」

我在北京停留的時間很短，前後只有八天，最後的幾天，我和祝姑姑天天都通電話，彼此都珍惜著這難得的緣會，和難得方便通話的時光。對姑父的《未央歌》，她有著關切。希望能在大陸出版。對書中所描述「伍寶笙」的性情，她認為與她相當貼近。

「但故事可是他編的。」

「我知道；要照他寫的，您不就嫁了『余孟勤』了嗎？」

妻教授所學的是生物，與她同行。年齡也比她大好幾歲，當然不是「余孟勤」。

她笑著說：

「我和『余孟勤』同學是真的，可沒見過。他如今還在北大呢！還有，我從來也沒到過男生宿舍。小說嘛，情節總是虛構的，可不能對號入座。」

回到臺北，迫不及待的和幾位好朋友分享這段「奇緣」，一位也跟姑父、姑姑相熟的朋友鄧潔華問我：

「你覺得，她比你姑姑如何？」

我想起祝姑姑明朗熱誠的笑容，與直抒的話語：「我真喜歡你！」覺得她就像清秋了無雲翳長空中，溫暖和煦的太陽。那光與熱，是讓人直接就能感受到的。

而我相信、也知道同樣「喜歡我」的姑姑，則是不會直接說出「我真喜歡你」這樣的話的。姑姑不是讓人覺得「熱和」的人，她的愛、關心，流露在溫靜的微笑、關切的眼神、和婉卻無多的話語中。當她陪在姑父身邊時，也總只見她帶著了解、乃至縱容的微笑，用欣愛的眸光，默然凝視著神采飛揚、談笑風生的姑父。而那無聲的醞藉與溫柔，卻凝成一種無以言詮的絕美，使我忍不住率直的對姑父說：

「您可真配不上人家姑姑；您看！話都給您一個人說完了，姑姑卻是『不著一字，盡得風流』！」

溫柔、含蓄、內歛的姑姑，就像月亮，在靜夜裡默默地散播著清輝。

而我，何其有幸！同時擁有了兩個姑姑，和她們真摯近於親情的關愛！

在口頭上，我對「伍寶笙」的稱呼是「祝姑姑」。在題贈書，和給她寫信時，卻忍不住寫著「寶笙姑姑」。

對很多人而言，恐怕甚至不確定「伍寶笙」是不是真有其人？不確定她是否還存在於現世？更不確定經歷了六十年的歲月風霜，她澄澈清瀅的本質，是否依然如昔？但，就我——從書裡認識「伍寶笙」三十多年之後，有幸見到她本人，並有幸與她成為「忘年交」的晚輩，要這麼說：

「如果你能超越那花白的頭髮，和畫上了六十年歲月滄桑的面容，用心靈去透視探索，『伍寶笙』風華依舊！」

依然在我心深處

悼「伍寶笙」——祝宗嶺姑姑

樸月

這一篇稿子，寫於二〇〇一年十月。那時，因為鹿橋姑父的病情逆轉，不忍給他看了，也就一直留在電腦中，沒有發表。今年，三月十九日鹿橋姑父去世，在哀傷之餘，我想：或許，對許多喜歡《未央歌》，卻不曾有機會認識「小童」認識「伍寶笙」，願意知道「後來呢？」的讀者，這是一個「完結篇」。可堪告慰的是：他們的人生句點，都畫得極為完美，「伍寶笙」如此，「小童」如此！

走進熟悉的客廳，婁伯伯和明昆大哥、大嫂迎接著我。我喊了一聲：

「婁伯伯。」

九十一高齡的婁伯伯，目光中帶著安慰與遺憾：

「明儀，你來了……」

我來了！一直盼著我來的祝姑姑卻沒有等我；她在今年的七夕去世了。

婁伯伯用目光引導著我，朝向客廳旁邊，設著靈堂的房間。靈堂是就著祝姑姑生前的房間陳設的。床上，鋪著雅潔的藍格子床單，床頭的兩側供著鮮花。床頭櫃正中，安

祝宗嶺（伍寶笙）靈堂遺照
（婁明昆提供）

放著一張放大的黑白照片。照片中的祝姑姑，宛如生前，樸實無華而親切溫藹的面容上，依然帶著安詳的微笑。

我在靈前放下特地帶來「給她看」的歌劇《西施》節目單和劇本，黯然向她行禮。她彷彿凝望著淚眼婆娑的我，諦聽著我無聲的吶喊：

「祝姑姑！您知道我就要來的呀！為什麼不多等幾天？」

我知道她一直盼著我到北京，盼著我來看她的！可是，她還是敵不過病魔的無情摧殘，就在今年的七夕走了，距我來到的日子，不到二十天……

是怎麼的緣份呢？我一直對祝姑姑不陌生：從我少年時代，就從《未央歌》書裡「認識」了她——「伍寶笙」。讀過《未央歌》的人，誰不知道伍寶笙？又誰不欣賞讚嘆著：世上竟有此等人物！

第一次讀《未央歌》，就覺得書中的「藺燕梅」給人一種不真實的感覺。而「伍寶笙」，卻彷彿實有其人，呼之欲出。而從鹿橋自己書中的附文中知道：「伍寶笙」果真實有其人，她的原型，是他的學姐「祝宗嶺」。

許多的讀者認為，鹿橋筆下未免把「伍寶笙」寫得太「好」了，世上有這樣的「完人」嗎？在認識鹿橋姑父之後，我才知道：在姑父心目中的這位學姐，是天使的化身。他甚至覺得，他還沒寫「到位」呢！而藺燕梅，則出於他的杜撰；的確不是真實的「人」。

《未央歌》在校園中流傳甚廣。喜歡鹿橋作品的讀者，人人知道「伍寶笙」。而

婁成後教授陪同樸月至墓園憑弔祝宗嶺 2002 春

（樸月提供）

且，以在校園中擁有這外號，當作最高的讚美與榮耀。但，除了當年西南聯大與鹿橋同學的極少數人，幾乎沒有人「認識」伍寶笙。由於時、空的隔離，伍寶笙更成了一個謎樣的人物。鹿橋說，她是「祝宗嶺」，「祝宗嶺」又是誰呢？是否真像鹿橋筆下的伍寶笙那麼美、那麼好、那麼令人崇慕敬愛？離開校園後的她，又到哪裡去了？經過了時、空的長久睽隔，經過那麼嚴酷的文革考驗，她還是當年那個溫厚、明麗、聰慧、通情達理的「伍寶笙」嗎？誰也不知道！

對伍寶笙好奇的人很多。但鹿橋遠在美國，有機會接觸到他本人的就不多，他自己不提，別人又何由得知？

許多事，事後想來，只能歸於「緣」；我不曾想過，我會與「伍寶笙」有緣。而且似乎因為這「緣」，濃縮在短短的一年半中，因此也格外的深厚，深厚到令鹿橋姑父也為之詫異、欣羨；他怎麼也沒想到，因為我的一時興起，竟讓他「找回」了他心目中的護守天使。而我——他眼中率性任真得讓他都有點招架不住的「小孩」，竟受到伍寶笙的無比鍾愛，而且成為他與「伍寶笙」之間訊息的橋梁。

第一次見到祝姑姑，是二〇〇〇年的元月。我為了大陸版的《清宮豔系列》新書發表，第一次到北京去。在臨行前，偶然想起，跟鹿橋姑父說，到北京時，想跟他的「伍寶笙」聯絡。要他把她的電話或地址告訴我。

後來我才知道，他其實是帶著點勉為其難才給我地址的；他不想讓人去「打擾」他的學姐。只是，對這個「瞎熱和」的「小孩」有點無可奈何。他萬萬沒想到的是：就憑著一個地址，我不但見到了祝姑姑。而且，一見如故，相見恨晚，更被祝姑姑許為「忘年知己」，甚至把他都「擠」到旁邊去了。

拜訪祝姑姑之前，我先請北京的朋友打聽了她的電話，先電話聯絡過。所以她對我的造訪，並不意外。讓我意外的卻是：在姑父心目中，佔著極重份量的她，對姑父的印象，卻並沒有我想像中的那麼深刻。也許因為她是九兄妹的老大，天生具有「大姐姐」的氣質與風範。所以，她在「西南聯大」讀書的時候，是學弟、學妹們共有、也最敬愛的「大姐姐」。姑父也說，她身邊永遠圍著一群的「小弟妹」。因此，雖然對姑父而言，她是他「唯一」最親愛、敬慕的學姐，在祝姑姑心目中，姑父卻不過是她諸多親近的學弟、學妹「之一」。再加上時空的阻絕；自昆明一別就是幾十年。後來雖然又見過兩次，時間也都很短暫，談不上重續舊日情誼。姑父對她當年的關愛照顧，是銘刻在心，念念不忘。她談及姑父時的態度，卻很一般；也高興，但似乎並沒有表現出什麼特殊的親厚。問起當年情事，她常說她「不記得了」。反而對初識的我，有著「一見如故」的親切。

她那風清月朗，自然坦率的風度，讓我暗自欣慕嘆服；她的確是「伍寶笙」；正如我覺得姑父正合於「小童老了」的樣子，進入老年的「伍寶笙」，也正當如是！

真是「一見如故」！由於初識，我和陪我同去的朋友，只在她家停留了一個多鐘頭，照了幾張相，就依依而別。沒想到，她卻主動的找到幫我聯絡的朋友，輾轉打聽到我旅館的電話，特地打電話給我。

接到電話時，我是驚詫的；她笑著說明了「找我」的過程。然後，認真的告訴我，她打電話來，只因為想告訴我一句話：

「我真喜歡你！」

這是多麼令人感動而驚喜莫名的告白！因此，我們很快的就跳過了初識階段的陌生，彼此視為忘年交。在北京的那幾天，我們天天晚上必通電話，談得極為投契。講起《未央歌》和「伍寶笙」時，她答應：為了讓我看看她年輕時的模樣，她會去複製她「伍寶笙」時代的照片寄給我。

當我告訴姑父這段與祝姑姑結交的經過的時候，他似乎對我竟然這麼容易的就把他的學姐「騙」來當「忘年交」，覺得難以置信。直到聽說祝姑姑答應找她「伍寶笙」時代的照片複製了送我，他才承認：

「她肯把那麼珍貴的照片送你，那是真的喜歡你！」

對她說許多事都「不記得了」，姑父有著不滿：

「她怎麼能說不記得了？她當年對我的照顧，我記得清清楚楚；我當時的日記都在，連年、月、日都有！」

我大笑。後來跟祝姑姑說：

「姑父說，他的日記上寫得清清楚楚，連年、月、日都有。這意思就是：您不許賴帳！」

祝姑姑在那電話的那一頭笑，笑聲清朗坦然，全不以為意。

她的照片寄來了。除了給我的兩張放大的，還寄了同樣的兩寸小照片。姑父一聽說她的照片寄來了，就「理所當然」的說：

「那你就趕快給我寄過來吧！」

我為之失笑；他根本沒想：人家照片可是送我的！我也才發現，祝姑姑還真了解他，而且有先見之明；她就知道姑父一定會「搶」；另寄的那兩張小的，其實就為了給他。可偏又讓他明白：她主要是給我的！

我也在那時才知道在姑父心目中祝姑姑是多麼的美好。他收到了那兩張風采照人，看過的人都稱羨不已的照片之後，還嘀咕：

「沒有把她當年的風度照出來！」

祝姑姑聽說這話，笑了，淡淡地說：

「你姑父是個文學家，不免會加些他的想像；他太美化我了！」

但，在我與祝姑姑相交日深，對她待人的真誠、處世的週到有所了解之後，卻感覺：就今日我所認識的祝姑姑來「遙想當年」，她的確是無愧於姑父在《未央歌》中所稱美的。在姑父還是個純情少年的時代，以祝姑姑當年的人品、才貌、風華，和為人處世的種種風範，恐怕他也很難不為之心儀，而且終生念念不忘。

除了照片，祝姑姑還送了我一本她翻譯的達爾文寫的有關遺傳的書，這是她「生物」學的本行。她知道我不懂，但，她願意送我當個紀念，作為我送她書的回報。她本來說，如果再找到一本，就送姑父。但書已絕版，這樣「冷門」的書，通常印量很少，而且一版到底，不大會再版。所以連她自己也找不到了；真成了「海內孤本」。姑父知道她送了這本書給我，一講起就跟我嘀咕：

「我喜歡……我真想看看……」

鬧他不過，想想，反正我「隔行如隔山」，也看不懂。他家倒有幾個內行人；除了他自己曾學過一陣生物，慕蓮姑姑和他們的女兒昭婷都學生物，不如給他算了。他收到，那真是如獲至寶，細細看完之後，鄭重交給他在「哈佛」作生物研究的女兒珍藏。後來提起來，還說，真謝謝祝姑姑把那麼寶貴的書「賞」給了昭婷。我心裡直好笑；那可不是祝姑姑「賞」她的；要不是我肯「割愛」，她哪能擁有！

凡此種種，都帶給他的年輕朋友不少「美麗的幻想」，當我們以「傾慕」二字形容他對祝姑姑的「情結」，來試探他的反應時，他並不否認「傾慕」之說：

「當年西南聯大的男同學，誰不傾慕祝宗嶺？」

但又加上一句：

「那是很純真的，不是現代這種男女之情！」

這我相信。而且，他這種「純真」的「傾慕」，也沒瞞著慕蓮姑姑。有一回，姑姑在對姑父的小孩脾氣無可奈何的時候，笑著搖頭說：

「我有時候想，要是換了祝宗嶺跟他配對兒，不知道受不受得了他！」

我說：

「我想，他要真是跟祝姑姑配對兒，他也乖了；他在西南聯大的時候，不是一向聽祝姑姑的話都聽慣了?」

姑姑也深以為然;事實上,我們雖然喜歡用「傾慕」之類的話來笑謔,卻也知道,那不過是「少年十五二十時」的男孩子,對諸美俱備的「姐姐」視如「偶像」的少年情懷。祝姑姑對他,更完全只是對小弟弟。而他最幸運的卻是:慕蓮姑姑有著世間女子絕無僅有的豁然大度,於此不但全然無疑,而且,欣然與他分享著他對祝姑姑的「傾慕」之情;這其中當然也因為姑姑對自己的自信,與對他的信任。

他與姑姑以「神仙眷屬」為人稱羨。他對姑姑的深情依慕,也是任誰都「一目了然」的。我跟他的「小朋友」鄧潔華背後議論:不是姑姑離不開他,是他離不開姑姑。事後當面求證,他笑著承認:

「全對!別看姑姑這樣(嬌小柔弱),其實,她是很理智、很獨立的。是我離不開她!」

話雖如此,又有哪個世間女子受得了自己的另一半,心裡有那麼個歷時數十年還念念不忘的「傾慕」對象?或者,也因為姑姑這份豁然大度,和她那「不著一字,盡得風流」的絕代風華,讓所有姑父當日那些當然也非凡俗之輩的「女朋友」們心折吧?姑父總「辭若有憾,心實喜焉」的說:

「我的『女』朋友們,見到了你慕蓮姑姑,就愛她超過愛我!」

至少,祝姑姑就是這樣的。祝姑姑跟姑姑只見過一次,她們所學相同,學的都是生物。心性的温厚、善良也一樣,但在性格上,卻是很各別的;姑姑温柔婉約,內歛沈默，總見她帶著微笑，陪在姑父身邊，用欣愛乃至縱容的目光，看著他侃侃而談，把一切的光彩讓給他。永遠只做他背後的那個影子，默默支持、照顧著他。日常生活瑣事上，她也無可無不可的，一切由著他作主；她絕不是沒有主意的；有時也用說笑的語氣，跟我談及姑父在她眼中種種讓人又好氣、又好笑的小孩脾氣與「難纏」。最後，總以「這個人哪，沒法兒。」作結。她非常了解姑父的小孩脾氣與急性子，總是「讓」著他，避免在他使性子、鬧意氣的時候跟他言辭衝突。常常在我忍不住「嘀咕」姑父的時候，她背後悄悄地對我說：

「你說得全有理，我全贊成。但是，我要說他，他就發急、生氣，所以我就不說了。」

我則一向不理他那一套，非得「君子愛人以德」的把話說清楚不可！他好像也習慣了，或者也是修養與包容吧？倒也不計較。我就跟姑姑笑：

「我離得那麼遠！他生氣怎麼著？又打不著我！」

姑姑言不輕發，只有在「非常」的情況下，才輕言緩語的勸他。而在這樣的時候，姑父倒也肯聽。祝姑姑卻是率直而健談的，言笑晏晏，把待人的熱誠形之於外。講到姑姑的處處容讓時，她笑著說：

「那是你姑父的福氣。我可不像你姑姑那麼溫柔、有修養；我遇到『理』，一定得講明白！我現在老了，有時候懶得跟我那老爺子計較了。以前，可不是這樣，什麼事都非講明白不可！」

所以，我就笑姑父：

「您真該知福惜福！要知道，您那『神仙似的姐姐』也是會『打人』的！」姑姑與祝姑姑雖沒有深交的機會，講起來，卻相互欣賞，彼此讚揚。姑父說人家見到姑姑就「愛她超過愛我」，原是其來有自。

所以，當祝姑姑對我說「我真喜歡你」時，我就把姑父這段話說給她聽，並取笑姑父：他雖然是與祝姑姑相交最久，而且自許為摯友的。如今，在祝姑姑心目中，他、慕蓮姑姑和我三個人，他卻已落到「第三名」了。還故意把這話轉述給姑父聽。只聽他哈哈大笑，不知心中滋味如何？

我與祝姑姑之間的情誼，沒有因為我回到臺灣的時空距離而結束。相反的，因為現代 e-mail 通訊快速便捷，我們通信的頻繁，使彼此的情誼更加的深厚、親密了。

為了與我通信，真難為了祝姑姑！她曾在文革下放陝北時，為卡車上跌落的汽油桶壓傷了雙腳，因而不良於行。晚年又因不知緣故的病變，雙手也不甚靈便，感嘆「教了一輩子的書，寫了一輩子字的人，如今提筆寫字都有困難。」親友也曾建議她去學電腦打字，但，也許沒什麼推動力，學了一陣，就不了了之。

在我們認識之後，看到我給她的信都是用電腦打的，名片上還有 e-mail 的地址。她認真的告訴我，雖然她已是八十二歲的老太太了，為了跟我通信方便，會努力去學電腦。

她真的做到了！一開始，她的信還很簡短，借用她口中的「老爺子」——婁成後伯伯的電子郵箱跟我通信。到後來，愈來愈得心應手，信也愈寫愈長；竟能寫滿整張 A4 紙。她鄭重的跟我說：她是為我才學電腦的，也只給我一個人寫信。她還告訴我，每當明昆大哥或大嫂在電腦上看到我的信，就喊：

「媽！您的『小朋友』來信了！」

她就歡天喜地的要他們趕快把信印出來給她看。所以，雖然，他們都沒見過我，但，「小朋友」卻成為他們口中我的專屬「代名詞」。我也因而成為婁家人人熟悉的人物。

除了收到信歡天喜地，她給我寫信也總是興高彩烈的。明昆大哥見媽媽這麼高興起勁，還特地買了個新電腦，送給媽媽當「玩具」。而且為她申請了屬於她自己的電子郵箱，省得跟婁伯伯共用電腦，連寫信都得等婁伯伯不用電腦的時候。她開玩笑說：「公開分享，沒有『隱私』。」

說「隱私」當然只是個笑話；她和我都有著相似的坦蕩性情，彼此之間，沒什麼不能說的，也沒什麼不可為人知的。在她那邊，固然常是婁伯伯或大哥代她收發信件，並幫她把信列印出來。我這邊，她來的每一封信，我也都用傳真轉給姑父、姑姑看；我知道，姑父是非常喜歡知道她的音信的，可偏又難得寫信；因此，老被我用吳梅村的詩嘲謔：

「不好詣人貪客過，慣遲作答愛書來！」

我在給祝姑姑的信中，也常把姑父、姑姑的消息傳遞給她。這其中，最高興的人當然就是姑父了。我常開玩笑說，我應該改筆名了，叫「鹿橋橋」，才「名」副其「實」。

尤其令姑父高興的，是去年夏天，我到聖鹿邑他家渡假的時候，他、姑姑和我，利用免持話筒的擴音電話，跟隔著太平洋的祝姑姑四人對話。

我跟姑姑都知道姑父的心情，各說了幾句後，就把時間讓給他們對談。他們談及許多的往事與故人的消息，兩個人都非常高興。事後，姑父表示了對我的感謝。才坦承：

「這一回通話，我才覺得把當年的祝宗嶺找回來了。」

他說，在一九七七年，他應邀參加了美國文化界的大陸參訪團。在離鄉四十年後，第一次回到出生地北京時，曾在北京見到當時在農業大學擔任生物教授的祝姑姑。他一腔熱血，恨不得掏心摟肺的與他心目中情同手足的大姐姐暢叙離情。祝姑姑卻表現得相當冷淡，語多保留，疏遠而客氣。

這態度大大的刺傷了他的心；他總覺得，以他們過去的「知己」之情，她「怎麼可以」用這樣冷淡的態度回應他的熱情？這件事，讓他於心耿耿了二十多年，直到這一通電話，才感覺這個「結」解開了。我聽了直搖頭：

「那時候，文革剛剛結束，所有的人都還是驚弓之鳥，您希望她跟您說什麼？」

他笑，卻還有那麼一點的「吃味兒」：

「對才第一次見面的你，也沒那樣呀！」

我也說不上來理由何在；的確，祝姑姑對我，彷彿真是前世有緣，就是無端的感覺著親切。我們常通信，在信中，幾乎無所不談。她對我的一切，從生活、寫作，到獨身未婚，都關切備至，而且極為坦然。

我與姑父相識，是因為義父李抱忱先生的關係；他是義父的表妹夫。在義父去世時，我曾受過他和姑姑的照顧和庇護。相隔十七年不見，又與姑父、姑姑聯絡上時，姑父隔了好久，才終於「憋不住」的在電話裡問我：「為什麼不結婚？」問出口，彷彿舒了一口大氣，似乎還帶著幾分怕我介意的擔心。而相識不久的祝姑姑，也問了同樣的問題，卻是一派風清月朗的率真坦然。使這樣「敏感」的問話，因著出自她真誠坦然的態度，一點也沒有「交淺言深」的突兀。這對我來說，本是極為坦然的事，也沒有什麼不能言說的內情，所以也自自然然的詳細陳說，一點也沒有介意或保留。

她並沒有像一些「婆婆媽媽」們，嘀咕、擔憂我獨身的種種不妥，反而覺得我單純快樂的讀寫生涯「挺好」。甚至開玩笑，如果她生在現在，也不要結婚！

我就在電話中笑她：說這樣的話，也不怕婁伯伯傷心！因為，她有著非常美滿的婚姻與家庭，婁伯伯實際上是曾任教於「西南聯大」，他們也是在昆明結婚、生子的；所以大哥的名字叫「明昆」。但婁伯伯並不是書中那個學哲學的余孟勤。與她同行，學的都是生物。而且是目前大陸上院士級的生物學元老，桃李滿天下；大陸的生物學者，許多都出於這位「大師」門下，或與他有淵源。

二〇〇〇年夏天，我在美國渡假。一天，偶然興起給祝姑姑打越洋電話。她非常高興，笑著說：

「你的電話來得巧！要不是你正巧來電話，這事我就不告訴你了：今天是我結婚六十週年紀念日！」

結婚六十年！姑父聽說，也大為興奮。原先還嚷著要寫信道賀，後來我問他信寫了沒有？他又「吃味兒」了，說：「都第三名了，還要寫信？你寫！」賴掉了。這事成為我和姑姑、祝姑姑的笑柄，逗了好一陣的樂子。

不僅婚姻美滿，他們的三個兒子，也都優秀且孝順，兒孫都旅居國外，卻經常聽她說兒孫輩回家探望他們。一家子真是伉儷情深，父慈子孝，兄友弟恭。因此我才笑她，像這樣的婚姻、家庭，不結婚豈不太可惜！

我在大陸出版的書，她當然都有。對我的寫作，也非常關心。她看過我寫珍妃的書《胭脂雪》。一次，在報紙上看到《風俗趣聞》的廣告，目錄中有一篇〈我的兩位姑母——珍妃、瑾妃〉，就特地叫大哥去買了，給我寄來。她說：

「也許這些事是你都知道的。但，我看見了，就想給你買了寄去。」

我知道，這就是她待人的「風格」，真心實意，而且具體的表達出來。這一份真誠，也是她一生為人處世的風範。姑父對她一生思慕不忘；她病中、逝後，親友對她的依依眷念，也都由此而來。

她一直表示，她真希望能再見到我。於是「你什麼時候再來北京？」成為她最關注也最常問的一句話。去年深秋，我陪著父親到北京去旅遊，因為是跟旅行團，一切都由團方安排，行程緊湊，所以沒有驚動任何北京的文友。但還是特地抽了個空，脫團帶著父親到她家去看她。

頭一次去她家，我沒見到婁伯伯和明昆大哥。這一回都見到了。爸爸與婁伯伯都是民前一年生的。兩位同齡的老人，也一見如故。婁伯伯聽說爸爸是七月生人，還開玩笑：

「哦！那您還是清朝人！我的生日已過了雙十了，所以已經是民國人了。」

祝姑姑跟我「久別重逢」，更是開心。坐著輪椅，由明昆大哥推著，請我們到附近的餐館吃飯。聽我說爸爸喜歡吃豆腐類的食品，明昆大哥點的一桌菜，幾乎是「豆腐宴」。爸爸直說，這是他多日來吃過最好的一餐。在她家和餐廳，我們都照了相。照片中，個個笑容可掬，和樂如同家人。

這些事我都在電話中告訴了姑父，也寄了合照的照片給他看。令他又欣又羨。到後來，連他跟我講起祝姑姑的時候，都不再是「宗嶺」了，而是跟著我「祝姑姑長」、「祝姑姑短」的。有時說著，想起來，自己又笑又感嘆：

「看！現在已經是『你的』祝姑姑，不是『我的』學姐了！」

事到如今，連「味兒」都不吃了；他也知道，他這「第三名」排定了，吃味兒也是沒有用的！

知道祝姑姑得病，是今年五月的事。原先，她只以為是痔瘡，決定去開刀，以求「一勞永逸」。因為她已逾八十高齡，在醫院裡調養了一陣，才動手術。六月，她開完刀，回到家裡，我們通電話時，她問：

「明儀，你知道我得的什麼病？」

我心中猛然一緊，口中卻輕鬆的說：

「您不是說是痔瘡嗎？」

她的語氣仍然淡定：

「不是，是直腸癌，而且，已經擴散開了。」

我沈默地聽她平靜地往下說：

「醫生說，要做化療。但，我得想想；我已經這麼老了，值不值得受那個罪？體力又能不能支持？我會請學醫的朋友評估一下再決定。」

她說得非常冷靜而理性，真像「伍寶笙」應有的那樣沈著淡定。卻讓我心中沈沈的蒙上了陰影。在考慮之後，我還是把這消息告訴了姑父；我必得給他心理準備的時間；不然，萬一……到時候他怎麼承受？

祝姑姑沒有做化療。因開刀元氣大傷的她，很快的體力銳減，又被送進了醫院，用營養針來維持體力。

她住院期間，我正忙於我寫劇本的歌劇《西施》世界首演；這是她一直非常高興而且關注的。所以，雖然她住了院，我還是隔些時日就寫封信給她，請婁伯伯印出來帶給她看。我確知，她一定會高興；凡是與我有關的事，尤其又是這樣一件難得的盛事，她焉能不分享我的喜悅？另一件，我也相信她也會高興的事是：我將趁九月到西安開學術研討會之便，專程轉赴北京去看她。雖然，我的心情是沈重的；她的病情實在讓人無法樂觀。但我確信，她看到我去，一定會很高興；我知道，她「真喜歡」我！

《西施》的演出有八場，巡迴全島。期間從八月十一日到九月一日。那是一段忙碌、興奮而混亂的日子。但，時常不期然就會想到病中的她，想到她的時候，心情總是沈重。所以，我在諸事稍定，並且拿到機票，確知行期後，立時打電話給妻伯伯，告訴他我在研討會結束後，九月十一日就到北京，妻伯伯在電話中的聲音低沈而悲淒，他說：

「明儀……宗嶺已經昏迷了。我……很遺憾……」

從他的話語中，我聽出來，他不認為我趕得上見最後一面了。不覺一下噤了聲，久久，我才說出話來：

「那……有什麼事的時候，請您告訴我……。妻伯伯，您自己也要多保重……」

在八月二十六日上午接到妻伯伯的e-mail，只有短短幾個字：

「宗嶺於二十五日去世，承關注，特此告知，希轉告鹿橋等她的生前友好。成後。」

我茫然良久，忽然發現：她走的那天，正當「七夕」。

「七夕」！面對著妻伯伯和大哥、大嫂，我告訴他們一個令人不解的巧合：

在前年的七夕，鹿橋姑父一時興起，曾給我寫了封信，在信中，他杜撰了一個織女的故事：故事中，牛郎帶著他的牛失踪了。織女在鵲橋上苦等，等到天色微明，烏鵲飛散，織女從鵲橋上落到了人間。他寫著「落到了昆明，未央歌的三十一頁上。」那正是伍寶笙出場的那一頁。

他寫這故事的時候，我還不認識祝姑姑。又豈料到，事隔兩年，他的「伍寶笙」竟然就選在七夕的這一天去世了。

我當時就打電話告訴姑父這件事；這是不能瞞他的。然後，又給他傳真了一封信，信上，我提到他寫的故事，對他說：

「您的『織女』歸位了！」

這一段故事，令妻伯伯和大哥、大嫂在驚詫中帶著安慰；事到如今，我們真「寧信其有」；祝姑姑這一生，說起來，也真夠圓滿的了；才貌如此，人品如此，為人行事如此。她七十五歲才被允許退休，事業成功可見一班；而婚姻美滿，一家和樂，也是當世少見。她住院之後，病房中探病的親友、學生川流不息；她在最後的時日，也一直很平靜，沒有痛，最後在昏迷中安詳的離去。妻伯伯還特別告訴我：

「你寫來的信，她都知道的；我都帶到醫院唸給她聽了。」

大嫂告訴我，她去世後，喪禮溫馨而哀戚；照片中的她，安詳的躺在靈床上，身上覆著一床用淺黃色與白色的玫瑰花編的花被，據說，出於親友對她的依慕、親愛。在床邊，圍著三個大的、七個小的花圈；上面寫的是她三對佳兒、佳婦，和七個孫兒孫女的名字。在花朵的芬芳中，她伴著美麗與哀傷的遠行。

在我們談話時，一位看著極面善的老人家也在座聽著。後來，大哥告訴我，那是他們的大舅。我猛然驚覺；怪不得面善，他跟祝姑姑長得非常相像。大舅告訴我：

「她是老大，我是老二。」

大嫂說，當年抗日戰爭時，祝姑姑到西南聯大去唸書了，大舅就在北京做地下工作，還暗殺了一個漢奸，因而被抓到日本憲兵隊去受酷刑。到了中共主政，又因為他曾是國民黨的情報人員，再度被抓去坐牢。那段時日，他的妻小都是祝姑姑照顧的。因此，姐弟感情極好。祝姑姑一病，他就從上海趕到北京來了。祝姑姑不良於行，平日家中雖有「阿姨」協助家務，但還是靠她「當家」，安排分派。想來，婁伯伯是位科學家，大約也不大管家裡的事吧？所以，大舅舅到北京來，除了照應病中的祝姑姑，還幫著照料這個家。祝姑姑去世後，又幫著辦喪事，直到我到達的當晚，才準備坐夜車回上海去。

婁伯伯、宗梁舅舅、大哥、大嫂，帶著我一塊兒出去吃晚飯。大哥開車，我跟大嫂並肩坐在後座。在彼此娓娓的訴說與對祝姑姑共同的懷念中，與第二次見的婁伯伯和大哥，第一次見的大舅舅和大嫂之間，感覺著無比的溫暖親切。大哥告訴我，他和大嫂已決定從溫哥華搬回北京，在北京買新房子，把「老爺子」接了一處住。這原是我最牽掛的事；祝姑姑走了，婁伯伯怎麼辦？而，不能不歸於他們家庭教育的成功吧？在許多的大陸人都嚮往著出國的今日，他們為了陪侍老父，決定回國。

「那太好了！」

我由衷的為婁伯伯歡喜。大嫂在一邊微笑著說：

「等我們買了房子，你下回來的時候，也不一定要住賓館了，就到我們家來住吧！」

她說得親切而自然。大哥說：

「是呀！我們都很感謝你，感謝你在媽媽的晚年，帶給她那麼多快樂！」

我眼眶不覺發熱。轉頭望向窗外北京初秋的夜空。

我來遲了。我沒有見到祝姑姑最後一面。但，她一定在九天之上，高興的俯視著吧？俯視著這一車她所摯愛的人。

未央歌書評

未發表書稿

引言

評論或評介過《未央歌》的學者、作家、讀者，車載斗量。選擇張教授（素貞姐）這篇大作的原因，一則是她真正是研究小作創作的學者，一般泛泛的「讀後感」，絕難比擬。二則，還牽涉到版權的授權問題；許多評論雖亦言之有物，但作者根本無從聯絡起。而素貞姐是我認識，且樂意授權的。這一篇文章，已收入她《續讀現代小說》一書中。因此，更要感謝「東大圖書公司」慨然授權成全的美意！

素貞姐本身的學養、見解，與學者治學的理性客觀、縝密入微，使得這篇文章非常適合當作《未央歌》的導讀，也許能帶給讀者更多的啟發，也更能體會鹿橋寫這本《未央歌》的深心摯意。

配置照片中，除了素貞姐之外，特別要介紹陸國民先生夫婦。《未央歌》的讀者應該對他都不會陌生；附於書後「散民舞曲」的曲譜，就是陸先生的作品！

鹿橋夫婦 樸月 張素貞（左一） 陸國民夫婦（右一、左二）於《市塵居》新書發表會 1998 12 10（樸月提供）

從浪漫到寫實

——談《未央歌》的創作模式

張素貞

理想與現實

鹿橋（一九一九——二〇〇二）的《未央歌》，寫於民國卅四年，十四年後結集出版，直到現在仍是暢銷長銷。小說以抗戰為時代背景，著墨的重點並不在於慷慨激昂的抗戰情緒之傳揚，抗戰艱苦之寫實，而是有心從自己在西南聯大的經歷中，篩揀美麗的、理想的、永恆的加以呈現。鹿橋說：

正因為抗戰時期生活很苦，大家吃的是沙粒摻雜的八寶飯，吃飯時連椅子也沒得坐，有時人還沒怎麼來齊，飯就已經沒有了。當時許多人都在文章裏表現苦難的這一面，那一時期的作品都是如此。我想人人都知道那種苦，又何必再作強調呢？所以我才想著寫本書描寫青年人的理想和熱誠。我不要求每個人都愛看未央歌，我只是想對那種在心裏想著「即使全世界都不好，我還是要盡著自己做個好人」的人給予一點鼓勵。

滿懷熱誠，克服艱難，盡其在我，以做完美人物為理想，是達觀進取的人生觀。《未央歌》中的人物，大抵都善良而奮進，不僅積極樂觀，還互相扶助。鹿橋的看法是：

我以為中國人最高的人生哲學，在最艱難的環境裏，也絕不輕易承認失敗，還要露出笑臉來表示：我們樂觀得忘了愁苦，健康得忘了創傷。經人提起時再回頭查看，愁苦的經驗早已無影無蹤，創傷早已平復了。於是又高高興興地去忙，去向更高的理想奔走。

作者自認為沒有抗戰軍事的實際經驗，「沒有資格正面描寫」，但畢竟小說人物的時代是抗戰時期，儘管作者著書，理想成分佔了絕大的比例，即使再浪漫，小說中仍然映現了許多積極超越愁苦的時代特色。大宴與小童初次對話，大宴任由小童摘取兩朵心愛的花兒，原來他忙著補襪子，嘴裏卻有一大堆勸服小童如何做人的理論；小童領到抄書費，苦於口袋破了，不能安放；小童沒有錶，有約卻是早早守候，絕不誤時。朱石樵窮困，好友們捐助蠟燭，讓他用功，寫文章。書中也提及學校特殊的戰地作息時間。珍珠港事變之後，學生們分批忙著戰地服務：救護傷患、安頓歸僑與難民、編劇本、演話劇，以便募捐抗戰基金。有的保留學籍，隨軍入緬，外文系的男生大多上了滇緬路，做軍中翻譯官；小童差點放棄學業，跟著同鄉，潛回東北做地下工作。凌希慧做了戰地女記者，范寬湖報考了空軍飛行官。而年紀稍小的，便在戰鼓聲中，加緊苦修，希望能

「最快把自己造成有能力的人。」（頁二三三）

小說中的幾個重要角色，都在學問上苦下工夫，成績卓越。西南聯大的大學生活，也見於師生同樂的夏令營活動。一些老會員都有固定的讀書計畫，值得注意的是顧一樵教授的演說，寓教育於育樂；大余與藺燕梅奉派夜訪散民村莊「采詩」，再現其歌舞精華，顯見不僅學生物的善用自然做特殊生物研究，學地質學的研究雲南地質，學社會學的研究雲南風土，在特殊場合，師長們還要善用機緣，遴選優異才賦的學生，盡量收集風謠。顯然鹿橋是重視這個活動的，所以《未央歌》，范寬湖與藺燕梅的歌聲迴盪不已，不僅是已經學過的，甚至路旁聽來的農民歌謠，都可以略加潤飾，唱得很美。正因為這也是「詩篇」的藝術表現重點，鹿橋在書中除了細描歌舞場面，還附錄了散民舞曲的曲詞歌譜。他巴不得愛好《未央歌》的讀者也跟著唱唱跳跳，這種快樂包含了生命中手之舞之、足之蹈之的活潑心靈的啟發。這種曲譜附錄，不同於王禎和〈素蘭要出嫁〉與〈人生歌王〉中的曲譜，只是為具備真實感；姑不論小說中是否真有此需要，作者的命意，則是在藉此倡導智、德、體、群、美各育並重的大學教育。

人物的塑造

《未央歌》的人物不少，著筆細膩，配角大致都還寫實傳神，四個主要人物；大余、小童、伍寶笙、藺燕梅，則是兩組離析而又疊合的虛構人物。大余與伍寶笙是成熟穩重、擔負大任的典型；小童與藺燕梅則代表成長中的男女優秀青年，孩氣的、不安定的個性，需經過嚴格的歷練，才塑造出真善美的完整人格。「伍」音同「吾」，「余」、「伍」（吾）都是「我」，「小童」是「我」未成年的純真性格反映，「蘭」諧音「另」，是另一個「我」。換言之，由小童到大余，由蘭燕梅到伍寶笙，是艱辛的成長過程，是完美人格的塑造過程。小童之為「童」，不單是姓氏，不單是身軀矮小，作者明言孩氣，大余戲稱他好孩子，伍寶笙直把他當稚弱的小弟看待。另一穩重人物大宴還代他管錢，伍、宴兩人替他安排如何用錢。這孩氣絕非童騃，一則指接納智慧的謙和多容，一則指固執於自然的習性，諸如揚棄文明，美之為接近上帝的行徑。像不穿襪、不洗臉。小童的可塑性與包容性是無與倫比的。他用功實驗，把「實驗室放在校外山野」（頁一一），他的「脖梗（頸）子常常很自在」（頁四一八），肯聽意見，多方學習；可是他欠缺入世的好習慣，他把花房鑰匙擱在地上，把荷蘭鼠擱在口袋裡，大宴要他「用點心思作人」（頁六五），本來人間禮法並不一定與自然對立。作者也藉小童提示許多自然可愛的本質，值得大余等人學習。他的好學深思，與大余、大宴、朱石樵、馮新衡是一路的。而他興趣多方，善與人同，起初是聽辯，後來也發論，自有一套以天然為基點的人生哲理。作者安排他和伍寶笙同樣學生物，愛單純之美、自然之美，所以他反對蘭燕梅一味遷就大余。他勉為其難幫助貞官兒一家人處理母雞，讓他不生蛋，卻因違反自然，聲明下不為例。他在情感上，正處於糊塗的年紀，根本沒想到戀愛。他愛憐蘭燕梅，安慰、開導她，自始至終，不夾雜一分佔有的私慾。然而最後蘭燕梅成熟後的感情歸屬，不是大余，而是小童。小童畢業成績全系最優，伍寶笙保薦他深入雲南南部去做實驗，意外發現，他竟然守住了一個秘密，那是大余勞軍歸來，帶給他的實驗課題。他真的長大了，不僅是身體長高大，心理上也熟穩的可以擔負大責重任了。他這一次行程，遠比任何一次生物實驗行程都遠，堪稱任重道遠。藺燕梅潛隱翻譯字典的工作地點則近在咫尺，藺等候成熟的小童前去。一舉三得，不求得而得，小童是有福人，天地間有更完美的嗎？然而完美必經多重的磨練而後可得。

大余，在《未央歌》裏，是起步極高，讓師長以平輩論交的苦行僧。「孟勤」之名，正道出他的功力，小童戲稱他「被一個屋頂扣著」，行踪不出課室、圖書館、系辦公室、宿舍、廁所（頁一八五），他「直愁人生有限，用功來不及。」（頁一八六）他長得方正，「全是直角」（頁一一九），也兼賅外型與人品；高大的身軀，與小童成對比，也象徵心智的成熟，一雙銳利的眼神，流露深沈的智慧與敏銳的批判。但大余攻讀哲學，心智與情意兩頭並不均衡，在情感方面，除了與幾位男同學泡泡茶館、互相砥礪之外，他放棄戀愛，抱持獨身主義。他待藺燕梅，有如嚴師逼導學生，純粹主觀地要求她在學問上更上一層樓。他認為藺燕梅還是幼女心理，美麗非凡，難得資稟又高，該照顧她在學業上下功夫，維繫她不受干擾。余、藺情意之滋生，是在受命為文化密使之後，二人喬裝夫婦，夜訪散民部落觀賞拜火會，即興表演，並合作複現樂舞。但余之於藺，猶如一支繃緊的弓。大余的嚴霜氣，金先生曾認為太偏激，余、藺的不協，伍寶笙、大宴、小童都操過心，但也許虛幻的夢必須經歷嚴霜才能結為成就的果實？大余是理智的化身，他辦事能力強，負責任，能吃苦，求完美，戰地服務他的小組成效最好。

當藺燕梅權代司機，意外出事，便被他無情地斥責，毫不寬假；後來藺逃避大余，他沮喪，卻仍不曾懈怠用功；最後代表學校去勞軍，可勸不回藺燕梅。作者不忍心輿論否定大余的知性成就，在他最纖弱的時候，讓伍寶笙肯定他的勤奮，而情感的虛空也得以填實，他成了完全的聖人。

藺燕梅，美麗、敏感、多情、愛嬌。外型使她得寵，體貼讓她討喜，但她偏又膽小，自律太高，易動感情，容易走極端，她代表少女本質憂鬱、不安定的成長過程，路途極度艱苦。她為幻覺所迷，為蜚短流長所苦。她與小童同樣孩氣未除，同樣是光明的角色，卻缺乏小童的豁達自信。她自覺犯錯，會覺得死都來不及；大夢初覺，發現自己的完美已然因錯誤的一吻而破碎，貞定的癡念使她昏死過去。但經過這個變故，伍寶笙打算改造她的性情，小童教他自己拿主意，終究藺摸清以往自以為是的感情，並不是成熟的戀愛。經由伍寶笙捨命阻攔，她放棄當修女的念頭，也了解面對現實的必要。每當她困阨絕望的時候都是小童撫慰她的創傷，她期待「成長」了的小童、懂得戀愛的小童到深山去找她。

伍寶笙在《未央歌》裡，是人人稱羨的完美人物。溫婉、穩重、風趣、體貼、多情而且理智、聰明，還美麗、健康。集小童與大余之長，她是藺燕梅成長的典範。她不僅功課好，人緣佳，而且姿容秀麗，舉止從容嫻雅，更難得的，她平靜，不受情感的滋擾，她「透徹了所有聰明人的糊塗處，自己卻不談戀愛。」（頁三二八）她說服凌希慧的叔叔，不追究凌逃婚去當女記者的事；她替金先生決斷及早向沈蒹提親；她照顧小童，「改造」藺燕梅，安慰大余。最後，她以「出衆的仁慈，與絕大的勇氣」「拯救」了大余（頁五九七），她自己也有美滿的歸宿。如果大余因為藺的意氣出世而被否定，聖人的長處全成了缺點，那會是怎樣的遺憾？伍寶笙幾乎是煉石補天的女媧。

嚴格說來，大余是鹿橋理智離析情愛的一個典型，小童是未成年的純真可塑性極大的少年，藺燕梅是嬌貴尚待歷練的少女，這三個人物都不完整。小童之可愛，在他順任自然，而有些言語動作不免過份孩氣，實在太過浪漫誇張；至於伍寶笙又過於完美。也許，藉這四個人物，探索完美人格的塑造過程，並藉此提示某些道理，才是鹿橋創作的深心。伍寶笙完美的女性形象得自祝宗嶺，在《懺情書》中叫殊青，在《黑皮書》裏叫嶺子、宗嶺。但殊青有些固執，嶺子懂得愛情。藺燕梅的造型，融合了《懺情書》中雋與友麋的形象，其實也包含了李漪的個性，如作嬌、愛哭等。友麋的綠色綢雨斗蓬，在《未央歌》裏成了藺的重要服飾。小童對愛情自然免疫，大余則刻意拒絕，《懺情書》中的「鹿樵」卻是多情種子，常為情所苦。大余、小童可說是作者理智安排，用以探析人生戀愛態度的理想人物，這當然是浪漫，不是寫實。

至於《未央歌》的配角，比主角要接近真實人物，為的是喜、怒、嗔、癡，更近人間煙火。凌希慧的敏慧堅毅，史宣文的體貼老到，刻畫都相當成功。尤其范寬怡好勝逞能、聰敏好事，卻也稚弱善良、琴藝頗高，有了她，許多情節才能順利推展：乃兄范寬湖多才多藝，德智體兼備，氣度恢弘，矜貝自持，這樣偉岸的美男子，宜做第一男主角，但鹿橋創作的心思不同，卻仍不失為高華人物。

哲理的闡發

書中命名，有些是取意深遠，如送風水先生回沙朗的叫薛發，為的是挑了一箱書。「薛」諧音「學」，好讓「楔子」預示後來西南聯大辦「學」的事。凌希慧之名，也包含她偶現的尖刻；小童名為童孝賢，「童」取意已見於前，「孝」同「肖」，他一直在努力學習之中。「為了地理象徵的關係」，作者還刻意移動了方位，天文、玄理、智理、交通之事都安排在北方玄武方向，蟄伏以至飛昇的都安排在南方朱雀方向。作者用心於此，讀者怎能以寫實小說的眼光去覆按昆明的地理環境呢！

《未央歌》總共五六十萬字，雖不像《人子》那樣通篇寓託深刻，還是有相當程度的思想性。譬如當代青年男女貞定的戀愛觀，必須深入瞭解其執著於完美，才能領會藺燕梅為了一吻，夢裏夢外，竟有那麼嚴重的挫傷。小說人物的對白，常在辯論中進行，作者藉此提示的人生哲理，更是值得細細品味。其一，崇尚自然：伍寶笙與小童都學生物，妙觀造化，愛心無私，主張順任自然，自然是最好的教室，知識追求與感情歸屬兩者都可以在自然中求得完滿的答案。小童在農家領略到「接近土地的人是多麼善視死亡和世代啊！」（頁一二）伍寶笙出場的一段，寫得童話一般，美麗健康的她，愛美麗健康接近自然的東西，她懷抱過的小羊，又去找小童，逗弄他的鴿子和「弟弟」小兔，這正是《懺情書》「友麋」命名的深義，鹿橋把這種特質交付給完美的伍寶笙。「自然」的定義，也包含人生的感情安頓；金先生擔憂大余把死知識當作人生唯一的追求，他惋惜伍寶笙抱著白兔走向實驗室，如是要兒讓她發揮母性必定更為完美。

藺燕梅與范寬怡同年以同等學力考入西南聯大，藺自然無滯，范用心太過。小范主動操縱愛情，大宴認為周體予簡直是被人豢養的獅子，不過只要當事人願意，就是幸福。大宴與桑蔭宅檢討大余的「鞭策自己運動」，使學校變成「趕工的機器廠」。同學們「臉上一點血色兒都沒有」，還是小童「自主」辦法靠得住（頁三二〇、三二一）。藺燕梅和大余不協調，大宴說：「他們彼此拘束著也好像分開了才有快樂似的。」（頁三五六）小童之好，在於活潑自然，善解人意，與他相處，自然自在。

自然的定義，並非消極退隱，人生天地間，貴在具創造潛力，應該順應社會，發揮才智，締造不朽績業。《未央歌》便倡導積極樂觀的精神，在抗戰艱苦的環境中，積極樂觀多麼不易，作者的深心更令人感動。大宴告訴小童：「順從自然，就是要你乖乖地做人。」（頁二一）為的是文明推拒不掉，小童既是合群人物，那就調和自然與文明吧，調和之後，小童人格塑造才算完成。《未央歌》中的人物都積極樂觀，解塵與幻蓮兩個和尚也不例外。解塵在空襲後，領導僧眾施粥救災，顧不得攖了佛家淨地。幻蓮常託學生借閱西洋哲學書籍，他的警語是：「莫忘自家腳跟下大事。」（頁三二三）當了推事的傅信禪向小童借錢時候唉聲嘆氣，使被小童半調侃半誠斥地數說一頓，終於面對問題，改正缺失。藺燕梅多次逃避現實，想遁跡修道院，經由阿姨、伍寶笙開導，總算平正地斷了改裝的念頭；畢竟藺不過一時迷惑，並非出於堅決的道心。

積極樂觀，堅毅追求理想的精神，全靠「盡其在我」的儒道薰染。大宴愛花，「花在地上長著時他盡力愛護」，「一旦摘下了，他便把這些想法都收拾起來，只去照顧他那些仍生長在土上的。他是過去的事決不追究，人事已盡的憾事決不傷感。」（頁二〇）這是多麼安然自在，既積極，又不急功近利，真是中正平和。解塵說道：「做事只要求盡才盡力，若談到成就，則常誤人道心，不可不慎。」（頁六）這是說只問耕耘，自有樂趣，不要念念在收穫了。大余鼓勵棄學從商的宋捷軍，給「瘋狂了的發國難財的商人做個榜樣。」針對宋的抱怨，他說：「沒有一件值得一作的事是一點困難也沒有的，各人盡力罷了。」（頁一〇五）作者運用人物對白巧妙地傳達深刻的哲理，自然而又耐玩。

同學們由推愛的觀點談論到抗戰，若說「何處不是宇宙」，便似是而非，作者藉伍寶笙之口說：「有了戰事，就該盡力的打，……努力競爭，才是愛人類。」（頁一二六）温婉的伍寶笙倡言抗戰要拚命，猶如《京華煙雲》裡柔媚的曼娘主張抗戰一樣有力。個人才分不同，適應能力也不一樣，「看準了自己這一段的目標，努力跑就是了。」（頁一二六）幻蓮師父批判學生的各樣發展，認為外物的引誘未必非常時期才有，要「各盡本分，不要因外物而動，能夠不誤了自己腳跟下的大事就很好很好了，也不必要求太過份。」（頁三二三）

《未央歌》中友誼的珍貴，往往包括彼此的論辯協調。小童相信挨罵才會長大，那是他的謙和，也表示成長過程的思辯、破執之重要，進而能以清明的思慮，產生自主的定見；相對的，盲目接受某種論調，「不用諮議懷疑的態度」（頁三六八），便不能冷靜批判，容易產生差誤，藺燕梅之於大余便是如此（頁三六八）。為了拔除藺愛鑽牛犄角尖的毛病，小童特別強調要接納友誼，益友廣交足以開放心胸，有助於破執；而培養自主判斷也是極待努力，小童甚至說：「寧願看你變成一個暴君，也不願看你被養成一個奴隸。」（頁三八四）大余伐木一景，不理會藺燕梅把松香直覺著像血的文學心靈，說「樹是要砍下來才有用的。無論是什麼人，脫離了他生長的環境都有一點痛苦，然而也只有脫離了撫養才能有作為。」（頁二八三）成長、獨立、自主，本是痛苦歷練過程，但非如此不能算完美。

大余與藺燕梅都是完美主義者，所謂浪子回頭終究不及白璧無瑕之可愛，伍寶笙也承認（頁三三一）。但世事無常，人生如幻，一旦失去常軌，如藺燕梅夢中錯吻范寬湖一事，幾個關係人的心態就都是寬諒的。輿論盲目擯斥范家兄妹，藺燕梅直覺不忍。大余覺得「這苦惱未脫離她之先，我決不能卸責。」（頁四九四）他主持會議，公開讚揚范寬湖的戰地服務，范則是一貫自持的莊重。對於說閒話的人，小童認為：「用心的很少……當初用意並不那麼壞。」（頁五五〇）這些不經心的人實在值得憐憫，有如此寬和的心境，自然平撫了藺燕梅的創傷。

友愛的真摯，是作者致力的重點之一。馮新銜寫書，可以看做《未央歌》的雛形，馮在書中想寫些「學校生活的情調」（頁二一七），可惜書雖賣得好，「那種悲惘過失、奮勉向上的言論卻似乎不大見效。」（頁五二〇）馮下鄉去當家教，借型於《儀情書》中的鹿樵，說明了此中確有相關之處，那麼書中的大學生讀者單瞧熱鬧，「不清楚這小說的主要動機」（頁五三五），是否可以看做是一種提示？在表面的故事之外，它有多少隱喻暗示？

體裁與修辭

《未央歌》的寫作，上承《懺情書》的濃艷而稍轉清麗，主要人物性格象徵化、理想化。書中師生綴句說故事的未開化民族「穿顏庫絲雅」的名目，則沿襲到《人子》中，做印度河北邊一個特別文明、特別有禮教的王國名稱。作者保留中國傳統小說的格局，有緣起，有楔子，其實未必具有如何重要的啟引作用，很可以簡省與後文併合。作者浪漫的筆調呈顯性善的唯美理想。他的人物幾乎都善良、天真、可愛，即使凌希慧的尖刻、小范的刁鑽、宋捷軍的市儈氣，也有他們溫婉、體貼、厚重之處。書中多處使用泛筆，廣泛地以多數群體為鋪描對象。這種普遍共相的描繪，與楔子一樣，留有舊式小說的痕跡。在佈局上別具匠心。第十三章至十七章（尾聲）都有卷頭語，選錄歷代文人蘇軾、黃仲則、秦少游、錢起的詩詞，末章題詞人呂黛，則是鹿橋本人女性化的筆名，該是作者寄寓深意的技巧之一。十三至十五章卷頭語反映藺燕梅的思緒，十六章是伍寶笙的視點，十七章是小童的視點。作者著墨，也頗隨情節的緊湊及情思的高昂而有所轉移，大抵更趨文言化。如十三章藺燕梅的夢境，便採取散文詩般的筆調。修辭方面，作者也顯現了相當的才華。馮新銜曾因小童一語誤中兩道消息，體悟小說對話上要精省文墨。《未央歌》有些場景極具美感，對白也多精潔，舍監趙先生被女生們齊聲喊叫引上樓來，卻只說：「別再這麼直著嗓子喊了！女孩兒家的。」（頁一七〇）多溫和的指責！學生們和她親暱，溫和地叙說，她推著她們：「學斯文點兒，這群小蜜蜂！不許擠我的臉！」（頁一七一）精潔的筆法刻畫出慈藹的形象，和《未央歌》的情調協調，「先生」的稱呼也留存著當代的習慣。

《未央歌》的修辭還善用雙關語。小范爭強好勝，和陸先生爭分數，陸先生不肯曲法。她搖晃著頭，把辮子的綢結鬆脫了，正好被大宴撞到；大宴遇到她刁鑽的時候，只要喊著「辮子，辮子！」她就老實得多。除去實指意義，辮子還賅涵「把柄」落人手中之意。第十三章藺燕梅的內在獨白，「這草籽既抖它不掉，由它沾在身上算了。」草籽正象徵人生排遣不去的情愁吧？「不能夠飛，走過去也算了。」一切順其自然，何必拘拘謹謹，在意許多細節？這是藺燕梅潛意識裡要開放自我的吶喊！山上頑皮的影子，暗喻日後小童獨得青睞，而大余需要處女的雙臂繞頸成一道潔光，聖者才算完全，也暗合書中知（智）情兩面兼顧的論調。作者的巧妙是在十四章轉回現實，才知道春夢一場，並引入女主角內心強度的挫辱傷痛，這種浪漫的筆調，很可以媲美湯顯祖的〈遊園驚夢〉。大余與藺燕梅由散民部落回夏令營，藺累乏想倚著松樹休息，大余告訴他樹上盡是松香靠不得，「松樹是好樹。用它蓋房子才經久呢！」（頁二六七）大余正是松樹，堪當大任的棟樑之材，但他就是不懂得扶持藺燕梅，除了在夢中，他也不曾讓她靠過身！

在叙述上，鹿橋也偶用穿插補叙手法，宜良車上，飄逸秀麗的修女向村婦述說外甥女的童年事蹟，補足了藺燕梅幼稚歡愛、善解人意及輕愁敏感的形影。藉著這個修女阿姨，才能安排藺疲於歷練時，要逃避到修道院的情節。書中兩次藺出事，緊急找伍寶笙，都是幾經波折，伍「搶救」藺接受白色的面幕，更處理成千鈞一髮，拼死救活，刻意製造懸疑效果。

結論

綜括來說，《未央歌》既是要表現理想，渲染情調，又要藉小童與藺燕梅求證青年磨練製造完美人格的歷程，書中一些思想性的哲理闡發便成了作者著書的精義微言。因此，雖然小說不脫抗戰的真實時代背景，部分人物頗有寫實的意味，但是，連書中的地理環境都帶有象徵性質，狀描景物，刻畫角色，著墨細膩而繁於文采，說《未央歌》是唯美的、浪漫的，並非虛語。其中關涉的人生理想層面，就真善美的追求而言，是永恆的標準。《未央歌》，歌未央，後浪推前浪，一代傳一代，把美的都給了下一代，正是鹿橋的泛愛。《未央歌》採納了部分舊小說的格局，鹿橋依自己特殊的偏愛，選用自出機杼的模式，創作天地原本就廣大，就內容技巧言，別具一格的《未央歌》自有它受人喜愛的理由。

——民國七十六年七月五日「抗戰文學研討會」論文。《臺灣新聞報》節錄，收入「東大・滄海叢刊」《續讀現代小說》

來鴻去雁

引言

這一部份是比較「私密」的。包括了鹿橋姑父、慕蓮姑姑、祝宗嶺姑姑、婁成後伯伯（祝姑姑的夫婿）與我之間的往來信件。

信件的選擇原則，一是見性情，二是見交誼，三是與《未央歌》相關，四是彼此之間對文學及人生觀念、人生態度的探討。鹿橋姑父頗以他的電腦中文輸入「不行」為憾。我則非常慶幸；因此留下了一百多封他的親筆信。在此，選擇與讀者分享的，都以原函呈現。

祝姑姑與婁伯伯則都是電腦信；祝姑姑還告訴我，她是為了跟我通信才學電腦的；那年，她已八三高齡。到後來，竟能寫整張的A4紙，真是成績斐然！讓鹿橋姑父非常崇拜又羨慕；在他的記憶裡，祝姑姑寫信一向是「言簡意賅」，可以寫三行就結束，以下「留白」的！

更難得的是，他們兩位曾給我傳過兩篇文章，其中都談到當年「西南聯大」的生活。也可以作為《未央歌》的註腳。在我徵求婁伯伯同意讓我將他們的信和文章中相關的部份放在書裡時，婁伯伯非常爽快的就同意了，還開玩笑說：「這裡面又沒有什麼

『不能見人』的事情！」

至於我給姑父、姑姑的信，則以「節錄」的方式，窺其一斑。以見其人，亦以見他與我之間那「沒大沒小」的忘年交誼。

當年，姑父曾笑說，我與他的書信往來，或都將成為「文獻」。事實上，除了書信中呈現的話題外，將「兩造」的書信依序排列，幾乎可以還原他最後幾年的生活概況。

回想那一段「幸福快樂」的日子，更令人思鹿橋姑父、慕蓮姑姑、「寶笙」姑姑不置！

鹿橋、慕蓮↔樸月（明儀）

明儀：姑父和我都覺得你實在是個有耐心而又大量的人，信寫得那麼好，說切澈我們想起在台北談話時的情景，但反過來想我們非常顧慮，這都怪我，收到你第一封信時姑父很忙，我說很痛快的答應我給你寫回信，也是不知怎的一耽擱再耽擱，就是好幾個月，收到你第二封來信時正是聖誕和新年的假期，四個孩子前後回來又陸續離去，兩個半星期家中熱鬧成一團，人人都很高興，但該作的事就更積得多了，現已又過了一個月，我再讀你給我們的信，覺得你真太乖，難怪你寶爸疼你，想你寶爸在台灣的最後幾年，生活充實豐滿快樂，都是你們這一輩熱情青年的功勞，人人都可以看得出你們是怎樣的愛護和照顧他，他確是很有福氣，想一般能有幾人得到如許的愛戴，那隆重的表禮也是朋友對他推重的和愛戴的表示，表演音樂會等大家不怕艱難熱心籌辦，成績一定很好，若有節報，下次信中得便請寄一二，附寄支票一紙，實在太晚，請代安排，至謝至感。

我們兩人一切都好，請勿念，姑父在外在家都忙，我只在家一天摸索作些家務小事，風濕性病不好，只作事太慢而又不能着急，前兩星期去瞥大夫，檢查一切都好，較前略有進步，可算是一值得報告的好消息。

你乾媽蕊聖誕前曾通電話，她搬到俄亥俄州以後較一般人在愛俄華州時好的多，因以前常年作事現閒散在家稍嫌不習慣，但有女兒，女婿，兒子，兒媳，和外孫孫兒等膝下承歡，該也算福氣了。

小金想是又回到台北上學，仍住在你家嗎，希望她一切如意，畢業後能按志願入護校，請代我們問候

姑父和我敬候

令父親安好 祝新年節亦近 想台灣家家都有一番熱鬧 即頌

闔府新年迪吉

慕蓮

九〇年二月七

1980 2 10 慕蓮

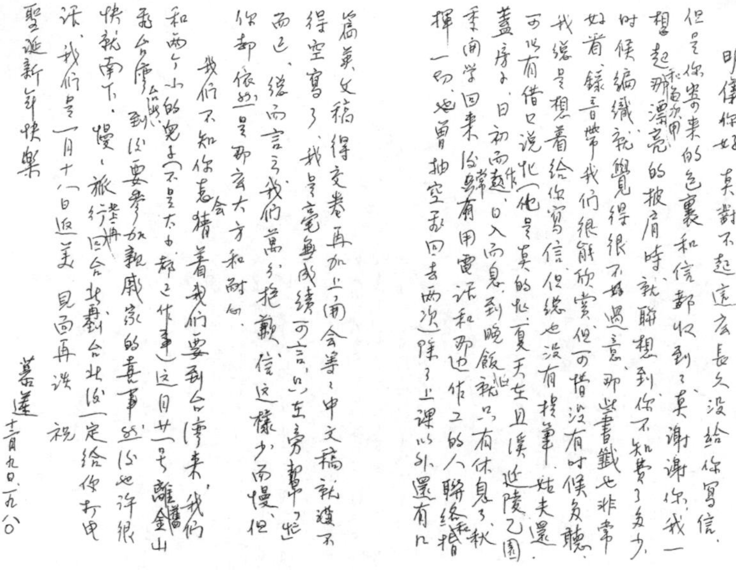
明儀你好，真對不起這麼長久沒給你寫信，
但是你寄來的包裹和信都收到了，真謝謝你，我一
想起那漂亮的披肩（和白外甲）時，就聯想到你不知費了多少
時候編織，就覺得很不好過意，那些書籤也非常
好看，錄音帶我們很能欣賞，但可惜沒有時候多聽，
我總是想着給你寫信，但總也沒有提筆，姑夫還
可以有借口說忙（他是真的忙，夏天在且溪近陵乙園
蓋房子，日初而作，日入而息，到晚飯就只有休息了，秋
季開學回來以後還有用電話和那邊作工的人聯絡和指
揮一切，也曾抽空飛回去兩次）除了上課以外還有幾
篇英文稿得交卷再加上開會等等，中文稿就不
得空寫了，我是毫無成績可言，只在旁幫幫忙
而已，總而言之我們萬分抱歉，信這樣少而慢，但
你都依然是那麼大方和耐心。
我們不知你是否惦着我們要到台灣來，我們
和兩個小的兒子（不是太小，都已作事）這月廿一號離舊金山
飛台灣（台北），到後要參加親戚家的喜事，然後也許很
快就南下，慢慢旅行（環島）回台北，再到台北後一定給你打電
話，我們是一月十八日返美，見面再談　祝
聖誕新年快樂
慕蓮
十二月九日，一九八〇

1980 12 9 慕蓮

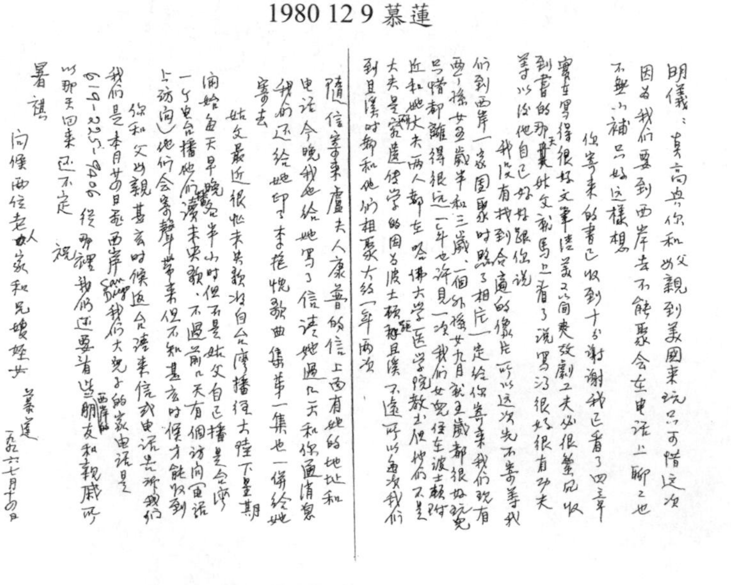
明儀：真高興你和你父母親到美國來玩，只可惜這次
因為我們要到西岸去不能聚會，在電話上聊聊也
不無小補，只好這樣想。
你寄來的書已收到，十分謝謝，我已看了四五章，
實在寫得很好，文筆清美，又以兩爽致劇工夫必很費心，收
到書的那天姑丈就馬上看了，說寫得很好很有功夫，
等以後他自己好好跟你說。
我沒有找到合適的像片，所以這次先不寄，等我
們到西岸一家團聚時照了相片一定給你寄來，我們現有
兩個孫女五歲半和三歲，一個外孫女九月就五歲，都很好玩兒，
只惜都離得很遠，一年也許見一次，我們女兒住在波士頓附
近和她丈夫兩人都在哈佛大學醫學院教書，但她們不是
大夫，是研究遺傳學的，因為波士頓距且溪不遠，所以每次我們
到且溪時都和他們相聚，大約一年兩次。
隨信寄來盧夫人康普的信，上面有她的地址和
電話，今晚我也給她寫了信，請她過幾天和你通消息，
我們還給她印了李抱忱歌曲集第一集也一併給她
寄去。
姑丈最近很忙，未央歌將自台灣播往大陸，下星期
開始每天早晚播各半小時，但不是姑丈自己播，是台灣
一個電台播他們讀未央歌，不過前幾天有個訪問（電話
上訪問）他們會寄錄音帶來，但不知甚麼時候才能收到。
你和父母親甚麼時候返台，請來信或電話告訴我們，
我們是本月廿四日飛西岸（San Diego）我們大兒子的家，電話是
619-225-9406，從那裡我們還要看些（西岸的）朋友和親戚，所
以那天回來還不定　祝
暑祺
向候兩位老人家和兄嫂姪女
慕蓮
一九九六七月十四日

1996 7 14 慕蓮

Washington
WASHINGTON·UNIVERSITY·IN·ST·LOUIS

Nelson I. Wu
Edward Mallinckrodt Distinguished
University Professor Emeritus of the
History of Art and Chinese Culture

明儀：來不及寫信，先把這兩張圖寄去，比較看看就不難找到延陵乙園。覓路容易，覓鹿則若在千里之外。

我已寫信給房客 Michael Parrell 說可以開門去看風雨樓，好知道難民營之景況及情趣，這是中國文化要推介給美國的。可惜成效不大，而東亞的國家都很快學會美國的自奉甚豐又浪費資源了。

去乙園時要着便衣、及走山路的鞋才能去看瀑布、石壁、及中國劇場的廢墟。

祝
好

鹿橋 九九六 七廿六

又：文後附圖的一九六五年文會請帖房舍是以前情形。圖是學生 Ken Daley（我給他取名戴雷）所製。他現任教於維吉尼亞州為美術教授

6306 Waterman Avenue
St. Louis, Missouri 63130
(314) 725-7227

1996 7 26 鹿橋 1

Washington
WASHINGTON·UNIVERSITY·IN·ST·LOUIS

Nelson I. Wu
Edward Mallinckrodt Distinguished
University Professor Emeritus of the
History of Art and Chinese Culture

明儀：接到你的隸書直行信，一回家馬上寫來，令我十分感動。十粒雞蛋的經驗是你一生的重要里程碑、非常珍貴，寫得也真。將來再談，不可輕輕應酬帶過。因為要跟你細談，反而不宜草率夾在事務信內，先就此轉到中文電腦及乙園刻石的事：

你寄來的相片，用以證明（或月）到了乙園的。你的想像力超越了觀察的功夫。你站在的地方就在那大石的右前方不到十公尺，或六公尺。我還有別的石頭將來介紹給你認識。我們飯桌上就有一塊鵝（至少是天鵝的那麼大）卵石，它的名字是「以卵擊」是剝煮雞蛋用的。

與蝦米磁片試了，未能開啟，因為尚缺某種程式。便中可問問對蘋果系統有經驗的人。我的蘋果是Performa 6300CD，7.5。祝

好 並謝謝為我中文電腦這麼熱心幫忙

鹿橋 一九九六 九月廿一

6306 Waterman Avenue
St. Louis, Missouri 63130
(314) 725-7227

1996 9 21 鹿橋 2

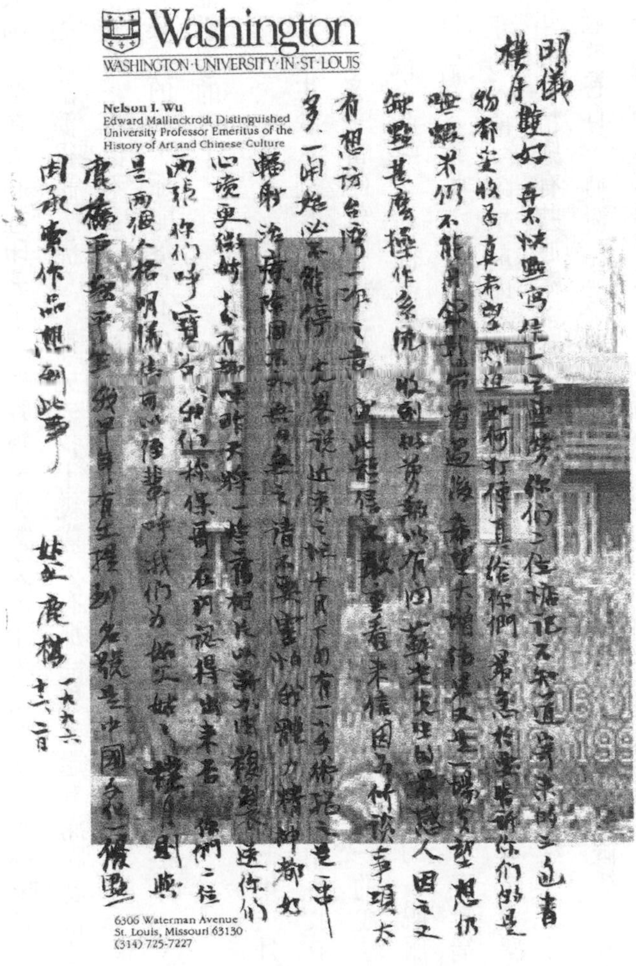

Washington
WASHINGTON·UNIVERSITY·IN·ST·LOUIS

Nelson I. Wu
Edward Mallinckrodt Distinguished
University Professor Emeritus of the
History of Art and Chinese Culture

明儀
樸月雙好 再不快點寫信一定要勞你們二位掛記不知道寄來的三通書
物都要收否 真希望知道如何打傳真給你們 最急於要告訴你們的是
蝦米們不能用錄影帶看過 希望大姑請朋友出一場來型想仍
鄉點甚麼操作系統 收到的錄影帶以後因蘇老先生的過世感人因之又
有想訪台灣一次之意 因此愈信不敢重看來信因為竹談事項太
多、一開始必不能停 大略說近來之忙 十月下旬有一小手術總之是一年
輻射治療 除周末外無日無之 請不要害怕 我體力精神都好
心境更激昂 去有那晚那天特一撰稿相見以新的作品複製本送你們
兩張 你們呼寶寶 我們稱保哥 在我們記得出來看 你們二位
是兩個人格 明儀也可以稱樸葉 呼我們為姊丈姊、樸月則與
鹿橋平輩 姊丈早年有生理動名號是中國文化一稱點
周承索作品想到此事

姊丈 鹿橋 一九九六 十二、二日

6306 Waterman Avenue
St. Louis, Missouri 63130
(314) 725-7227

1996 12 2 鹿橋 4 （明儀 樸月雙好）

姑父、姑姑：

講到小童，您那《未央歌》只怕真是不容易演出，連播出都難讓人滿意；怎麼能滿意？那些個人物，全在人心裡印著了。那容貌、那顰笑，那語氣聲口、那「味兒」！就像《紅樓夢》絕沒法演得讓人滿意；那兒去找十幾歲，有那品貌，還有滿腹詩書薰染出的氣質的人？就有，也像不了各人「心裡」給設定的樣兒；說「樣兒」也不對。根本就是影子，不是具體的人，那能落實！我都懷疑，就算讓真伍寶笙、真小童來演，還是有人覺得不像他們想的呢！

明儀一九九七年一月八日

您提的高陽先生談〈錦瑟〉的那篇文章，收在他的《高陽說詩》集子中，我有這本書，一索即得。這文章當年就讀過，那時也許太年輕，對許多「言之成理」的說法，總難思辨，常「一禮全收」。何況高陽先生的才學宏富，說理也頭頭是道的，說服力很強。如今，我自己對〈錦瑟〉詩的看法，卻沒那麼刻意深文了；當我也到了「無端五十絃」的年歲，正巧，前一陣又重理附在《月華清》後那些舊作；雖然論詩是望塵莫及的。但人到中年的心情應有共通處；看法卻淺了：

〈錦瑟〉冠於卷首，猶如一篇序，前兩句說「回顧」，中間那四句，概括了人生旅程中的喜怒哀樂、離合悲歡種種境遇。到晚年回首，種種可喜、可愕、可悲、可嘆，都成了回憶中的可珍。回想當時，人在局中，那得清明！回首之際，一方面失笑昔日惘然如夢，一方面卻又如有所得，如有所失……。若把〈錦瑟〉只從「令狐情結」上解，未免把李義山想得太卑微可憐了。人到中年，且又衰病，所謂「他生未卜此生休」，還看不破？李義山並不是沒有風骨的人！人皆愛他的無題詩，反而掩了他真正「杜後一人」的評價所在；他也有許多借古諷今的詠史詩、傷國憂民的社會詩、風骨嶙峋的時事詩，這些，都是會觸時忌的。若他真是個沒骨頭，一心只有「功名利祿」四個字的人，必不作，也作不出來！事實上，他也並不是一天到晚在談情說愛、求名干祿！學優則仕，本是中國讀書人的傳統；希望有人援引入仕是當時風氣。但那是過程，不是目的；目的到底還是一展經國濟世的抱負，本末不能倒置。坎坷失志，懷才不遇，不能無怨。但也未必臨入老境了，還腆顏求告乞憐於令狐父子；何況令狐父子在當時政治上來說，並無可稱。說他一生不遇，到底幸與不幸？就個人遭際來說，誠然不幸，就文學成就來說，他若富貴顯達，未必有今日李義山的詩名。真是「文章憎命達」、「文窮而後工」？（這倒有了詩寫不好的藉口：半生平順，沒受過苦難，歷過艱辛嘍！）

就總的來說，許多人喜歡李義山，喜歡的都是那些迷離晦澀，唯美精緻，對偶工巧的「西崑體」；那些雖各家各說，難以指實，倒可能真是有所關礙的感情事件，只好用曲筆來以煙雲模糊真象。他今日的盛名，多半還因此而來。那的確是美，如美玉加上良工精雕細鏤。但物太纖巧，反易失天然渾厚的生命力。有些為他抱屈，他不僅有那些！僅以此來看李義山是不公平的，格局也太小了。

寫李義山是難的！「官司」打不完！若就以蘇阿姨的說法來寫，恐怕也只好當「傳奇」看，當不得「歷史」小說。我怕寫，這也是理由之一；基本上，同意寫，就是出於蘇阿姨期許下的「感情用事」！倒也乖乖的買了一架子書誠心誠意預備做這件事。卻越讀書越寫不下去；若照蘇阿姨的「故事」寫，倒容易了，左不過是個「哀感頑豔愛情大悲劇」；就這一方面，對我倒不見得難。前此，李義山並不是我頂喜歡的詩人；我的個性，不喜歡過於雕繪隱澀，所以喜歡《詩經》甚於《楚辭》。讀唐詩，誤於各家所選的李義山詩，多跳脫不出「無題」的範疇，就覺得唯美浪漫而已，沒多大的意味。但，為了寫他，真用心多讀了他一些詩之後，卻覺得以前認識的他太皮相了。相較於無題詩，我更喜歡的卻是像〈哭劉蕡〉、〈籌筆驛〉、〈淚〉、〈風雨〉、〈賈生〉、〈隋宮〉那些並不晦澀，且都有明白的寓意、悲慨，著眼點跳脫出一己情愁，寄託了更大的關懷層面的作品。這一來，就更不敢率爾動筆了，怕糟蹋了李義山！想想真有點眼高手低加志大才疏！

一九九七年二月七日

如今自己寫小說，才覺得真該為以前對姑父說：「藺燕梅好得不像真人」之類的話抱歉；自己寫的「好男好女」們，亦未能免此！姑父真是忠厚，一個字也不說（可不知道偷笑了沒有）。心裡興起一個淘氣的念頭：後世的人若要寫姑父，不知會怎麼寫法？把您寫成什麼樣兒？也說不定有多少男孩、女孩「恨不與鹿橋同時」，好交您這朋友，或給您做紅顏知己呢！怪不得許多人要寫自傳，自己不把一生情事交待明白，就只能由著後人去「自由心證」了！

一九九七年二月二十四日

樓月寫傳第二頁被傳真機嚼爛了才吐出
來掙了半天如霧裏看花隔壁猜枚
已覺出你對義山是知音也該感激此
刻只想請把第二頁再傳一
次此書要小心寫有十分理祇
許說八分話我預知必可待
世世教化傳教育知道了統考
制度漏了多少真人才

橋 丙子丁丑之交

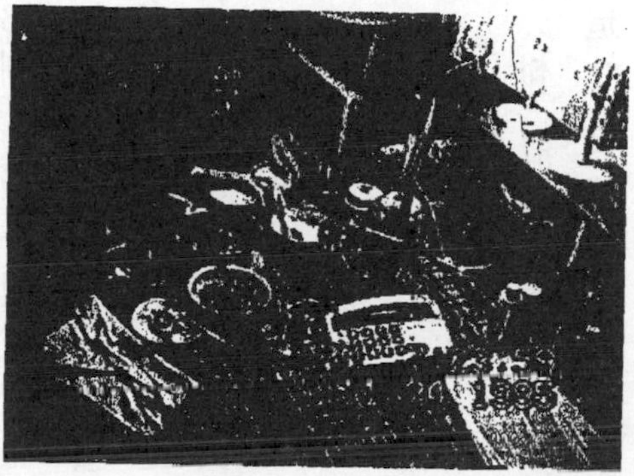

娃娃在花園中找用飯我照的

1997 2 7 鹿橋 13 丙子丁丑之交

讀到您寄來的那篇〈慕蓮是鹿橋的影子〉中，姑姑說您是：「非常容易快樂，也非常容易不快樂的人」，覺得好感動。我想，大概有半數以上以「士」自許的文化人，都會有「說到了心裡」的感激。而您真是特別的幸運，得以有這麼一位「知己」（徐志摩所謂心靈伴侶）為佳偶。又教養出這麼些優秀的好孩子，組成這樣可羨的家庭。您文章中說，您的女婿要跟您姓，我想，其中除了對昭婷的愛，一定還有對您們二老的孺慕，和對這家庭的欣羨吧。（真想知道您和慕蓮姑姑的八字，排個紫微，看看其中玄機。）這篇稿子該就是您們一九七九年來臺時刊出的吧？圖片中的姑姑、姑父，正是我見到的您們的樣子。文中說結婚二十八年，算時間也是那時。十八年前呢！時間真快得驚人。

一九九七年二月二十八

那天和黃淑英通電話時，她說：「聽說鹿橋的太太很漂亮。」沒法在電話裡和初識的人談這些，只隨口漫應。但，我是不會用「漂亮」形容姑姑的；姑姑不是外表炫人，一覽無餘的「漂亮」，是含蓄蘊藉，難以言詮的「美」！漂亮常像五彩玻璃，乍看燦爛奪目，日久就褪色了。美卻如玉石，乍看未必耀眼，經過時間的涵容，卻更美、更耐看、更溫潤光澤；我平日不戴首飾，年過五十，長輩勸我戴玉，也就只戴了一只玉鐲子，或一個結著中國結飾的玉璧，沒花樣的。玉飾，我喜歡簡單，不加雕琢鏤刻的，那才看出玉本身的質地之美。我心目中的姑姑就是這樣的美！

您幾回信中介紹了乙園的「明湖」、「屏石」，楚戈先生的文章中，見過您和姑姑的「夫妻石」。「婷」、「楹」的名物又是什麼？婷亭、楹柱？生活於此擾擾塵囂間，怎不令人嚮慕您們「延陵乙園」中的清風明月！下回赴美前，一定先打聽好您們什麼時候在乙園，好去「打地鋪」，也許也去訂個窗帘（一笑）！

一九九七年四月二日

有時想想，算命先生說我童子星坐命，又生在丁年，本命「巨門化忌」，合起來就是「童言無忌」，大約也有幾分真。我的朋友黃聲儀在一邊，聽我說您「光說不練」，直瞪我。放下電話，她說：「喂！你就是這樣跟你姑父說話的呀？」（人家還是她崇拜的鹿橋！）那意思當然是「沒規矩」！唉！我只是覺得，您常有好多好想法、好題材，說以後另寫、再談的也真不少。往往說著說著，更新鮮的想法，又掩了過來，「前議」就沒下文了；您寫了沒有不知道，至少沒見到您拿出來。您不自己也說，一日之事，不但一日絕做不完，而且還捨不得做完。口積月累的，不就把您想寫的、要寫的，全壓在「箱」底了？當然，您太忙，而且寫作態度嚴謹，不肯輕率動筆，也是個大原因。只是，一般人嘛，辛苦了一輩子，退休之後，本當頤養天年，日子過得開心就好。可是，您是「鹿橋」呀！跳開是您的「侄女」，就讀者的身份來說，還真覺得您對不起我們呢；淨聽您許願，賴著不兑現！

一九九七年五月九日

知道您們喜歡看我的傳真，也很高興。只不免要笑姑父真和吳梅村似的「不好詒人貪客過，慣遲作答愛書來」（您上封傳真還是三月的呢）！遇到小氣的，就不跟您玩啦！（您們說，是不是真該嘉獎？）

聽姑父形容乙園春景，神往之至，今年就請您們替我多看幾眼繁花，多聽幾聲鳥鳴，多吸幾口新鮮空氣吧！希望明年與您們共享乙園的春天！

一九九七年五月二十日

說起《懺情書》，忍不住偷笑；當年，我看《懺情書》的「感想」是：「鹿橋真是個賈寶玉」！兩年間就能有「十八段子」的情史；戴個戒子戒吻，還半年要破一次戒！卻也欣賞您的誠實，和寧可自己受苦，不傷害別人的用情態度。後來看胡蘭成先生寫的〈評人子〉中講您：「處處風光映照，而惟愛他的太太，對世間女子不談戀愛」，忍不住想：他一定沒看過《懺情書》！如今，離「當年」快一甲子了，再過幾年，您和姑姑都金婚了。顯然，那十八段子，都是「弱水三千」，姑姑才是那「一瓢飲」！賈寶玉是最真誠而具摯情的情聖，您也是。但您比他幸福；他只有出家，以報林妹妹。您卻有幸遇見值得您潑出那盆水的好姑姑。我想，那些愛過您，也被您愛過的女子們，見到姑姑，也會為您欣幸吧？能「愛其所愛」，才是「情」的大「圓滿」。要寫成小說，大概又有人會認為太唯美，太浪漫主義了。我也認為男女間可以有很好的友誼，我自己就有許多這樣的「哥們」，彼此坦然，也都真誠相待，且與他們的家人都親睦；我的朋友單位，常不論「個」，而論「家」。記得您說過，友情是所有「情」中最美好的一種，要求最少，包容與尊重最多，我就深受其惠。朋友多且好，是我這一生最幸運的事。

一九九七年六月五日

在電話裡不能跟您抬槓，可還是要說：對您明明可以更正有關您自己的錯誤資料，而不肯費這點工夫，我是不以為然的！別人的感覺也許沒我深，我是寫歷史小說的人，可希望夠格入「史」的人，為以後作研究的、寫史傳的人想想，多留下些真確無誤的資料，別讓後人為難。您怪人家資料都沒弄對，做得讓您不滿意。我卻認為：您若不自己提供正確資料，我就想不出有誰足當「鹿橋權威人士」，能把您這大半輩子的家世、經歷、哲思、襟抱、家庭生活、感情世界、右手學術左手詩的弄清楚。便不說寫「回憶錄」、排「年表」，您若連個基本「自傳」都不曾提供的話，又怎能怪人家弄錯？認識您的人自然是多的，見幾面，通幾封信，要真問您的生平，又知道多少？便知道些個，就像拼圖似的，人人手中都有幾片，卻誰也湊合不出一個完整的作家「鹿橋」來，何況您還有學者「吳訥孫教授」那另外半邊天呢！便有知道的，不在這一行，也未必能為您留下翔實記錄。以我來說，經過這一年多，跟您和姑姑還能說不熟、不親嗎？熟歸熟，親歸親，不知道的還是不知道。您當然可以說：「不知道也不是什麼要緊的事。」倒想反問您一句：您研究「董其昌」的時候，不希望他留下的第一手資料越多越好？像您這樣的身份地位，將來也是夠格「被研究」的，有朝一日，人家寫出您自個兒都「不認識」的「鹿橋」時，怪得誰來？又該誰負責？您那天說了：「以後人家愛怎麼寫，我還能從棺材裡跳出來抗議嗎？」這話倒也豁達。只是，先把自家交代清楚，減少點本可不產生的身後是非，有什麼不好？您請姑姑評評這理看！這原不干我的事，可干「歷史文化」的事呀！您又要嚷著您太忙、太累，哪有工夫了。可是，沒空是一回事，您想不想做是另一回事，您要願意改，電話裡也能說，錄下音我幫您筆錄也可以。您要「隨他錯去」，可就沒法子了。我常想起我認得的這些「名人錄」上有名有姓的長輩們，就有些感慨；像「鄒忌諫齊王」的故事，那些話，只改一個字全適用；您們週邊的人全或愛、或敬、或有所求於您們，再不，與此不相干，也犯不上跟您們說這些不中聽的。我也是心裡藏不住話的，非得說出來不可！還自覺「君子愛人以德」呢！您就擔待了吧。

一九九七年十一月十五日

您上回在臺灣發表文章至今又有一、兩年了吧？也該寫點文章見見報了，想起一句《未央歌》裡藺燕梅的父親說的話：「淨讓人家誇你的荷蘭鼠做得好？」您的《未央歌》人家誇了四十年，《人子》也誇了二十幾年了，總該給人家點新鮮的誇了吧？今天「五四」，文藝界接連著有活動，我參加了昨天《文訊》主辦的「五四文藝雅集」，頒第一屆五四文藝獎，很熱鬧。遇到周密的媽媽唐潤鈿阿姨，她說過些天就要去美國了，會去看您。我笑：看姑父罷了，真該好好看看「我的姑姑」！您不服氣？我也算是文化圈裡的人，也見識過些人物了，像您這樣風範的，雖不多，文化圈裡還是能找得出些個可相頏頡的人物來，像姑姑的找不出來！

一九九八年五月四日

中央電臺那位朋友許薌君，寄來一篇汪曾祺先生寫的〈覓我遊踪五十年〉（另給您寄上），其中寫到當年他在西南聯大的事，提到「吳訥孫」寫春聯「人門南唐金葉子，街飛北宋鬧蛾兒」；不覺一笑：這不是《未央歌》中大余給米線大王寫的？講到這個，

鹿橋

6306 Waterman Avenue, Saint Louis, Missouri 63130 U.S.A.

314-725-7227

樸月：

今天已起始收拾這裏(乙園)的冬單衣服送出去洗、去看了一位八十七歲的老朋友。昭明和她的女伴昨天已去婷那裏。且溪南園的房子修整工作才剛開始，許多步驟在拆了之後才能進行裝修。啟南精舍的住客女兒今天是十歲生日，我們送了一籃水菓，但是未去茶會。老朋友艾爾帶了兒子下午來鋸一棵大櫸木，把樹幹截成柴木，枝葉堆在石牆邊給鳥及小獸作隱藏的地方。在鹿邑我寫字錄杜詩鏡銓(選錄)、在這裏剛起始錄孝經。這信用的是鹿邑園景里的信紙。我祖上在南宋住在河南固始。河南省有鹿邑。我在蘇州里的鹿邑是另有來源，不用細表。心情恬適寫一短傳真，明日有五十七年未見老友、未央歌中同學來訪，然後一、二日就去昭婷那裏轉鹿邑了。

九九七、五月廿九日

1997 5 29 鹿橋 20 延陵乙園（樸月提供）

明儀：這是一九七〇為製賀年片照的。

我信寫得又夠多更不夠快（蝸牛般從未學會，心上老是跟劉先生看法不（樣再加上忙，忘事，虧你提起合家歡，先用這張暫作復兵之用。再找出合宜的另寄。我忘了事請儘管催我，為此才好。

相片背景是（鹿邑）園景里家中的讀另（獨果）齋。讀是臥讀，因為這是臥房。五六八年買的這房子，因為房間夠，每個小孩可以有自己一間屋讀書。傢俱簡單，運貨木箱上架一平门板當書桌。睡覺在地板上一個單人床的褥子。這間臥房糊紙上舊，且有鏡框留跡，種種不甚整潔。我數了數糊紙花格，約六千餘，正好以易卦六十四填之，視覺因有此一醒目的字網，也就遮不過去，看不見那些舊迹了。周密文登在世界周刊上，篇幅頗大。縮印又加上傳真，既不易讀，此次是原大。再談

橋 九七、十二月十一午夜十二點了時

1997 12 11 鹿橋 36

明儀：

謝謝你給我算命（還是批八字？）還真是很準。若是能把年代更扣得緊些想更能驚奇。這裏一張是一九四五年春初到美國，馬上買紙（紙如此多容易選用，是一大快事）筆墨紙、複寫紙，就開始寫未央歌的後七章。

那個青年到了六十歲時，他的一個學生給他照了許多相片，這裏印出一張送你代我傳達感謝你的欽算盤：電腦。

一九六○年代，紐約的大中央車站有一個算命的機器（那時稱計算機，尚不說電腦）足足有八九呎高，十呎寬約五十呎長。花費（全卅五元（合日下二百五十元））它就磅利叭叉，打上廿多分鐘，按生辰加地點，日月星辰部位，印出一份五六頁的「福造」來。

橋 一九九七 十二、廿日子時

要挑您一個眼兒：書中大余說是選自「清末的陳維崧」的詞。陳維崧可不是清末的人，是清初詞壇名家；嚴格說起來，他還是明朝的遺民。他的父親陳貞慧是明末四公子之一，《桃花扇》中出場的人物。陳維崧生在明天啟年間，死在清康熙年間。就是《西風獨自涼》中納蘭性德的忘年好友「陳其年」！

一九九八年五月三十日

您說，一邊忙著，還一邊想我會怎麼嘀咕您這個那個的，把人家說得那麼「霸」，又那麼嘮叨！彷彿淨著「欺負」您，給您多大的壓力！其實，我嘀咕的重點，總共也不過兩件事：一、好好做個檔案，寫個自傳，把您自己交待清楚，給後世人省事。您正在看「世說新語」呢，邊看邊摸索著研究「這個人是誰」，累不累？己所不欲，勿施於人哪！二、把您「壓箱底」的文章整理出來出版！別把自己的心血湮沒了。這是您的一生事業，如今不比古時候，可以「藏諸名山，以俟來者」。這些事您不自己辦，誰能替您辦？不知道您怎麼想？別人事不干己，或不便，或不敢，還未必肯多這事嘀咕您呢！照您的說法，「明儀」和「樸月」是兩個人格，佔著侄女兼忘年「文友」的雙重身份，一則信得過您的人品性情，二則倚仗著姑姑，也不怕您著惱，才肯跟您說這些呢！換了不相干的人，我還懶得費心費力呢！您若嫌著多事，不說還不容易？真是！

一九九八年六月八日

聽姑父一句「小孩還不會！」笑不可仰，姑姑遇到了這位有理講理，沒理撒賴的「老小孩」，還真是無可奈何！可真只有認輸；講理的時候，「誰講得過小童呢？」撒賴的時候，人家都先自認了「小孩」了，姑姑還能認真計較？可不有理沒理全是他贏！姑父娶到大人大量的姑姑，「命」可是真好！要娶到也是個「童子星」的，兩個人爭著比小，您要當小孩，人家要作小囡，看您賴誰去！在姑姑跟前當「童子星」賣小，到我們晚輩面前，又當「老人星」了，說些什麼「老啦」！「人家都八十歲啦」！嚇得我們不敢催逼您寫信、寫文章、幹活兒！（姑父大概要後悔了：沒事找回了明儀來，淨夥著姑姑「欺負」您！）

一九九八年六月二十八日

十九日，文友張拓蕪過七十歲的生日。壽宴上，意外的見到梅新的遺孀張素貞，我就過去跟她一處坐。講起梅新去世時，我曾代您致意。她說她還記得，很感動也很感激。朱西寧的遺孀劉慕沙也坐旁邊，提起您們當年來臺，她們曾去訪問過您們。沒說您怎樣，卻盛讚姑姑如何的端秀清雅、溫婉賢淑。說話語音輕柔，好聽極了。絕塵脫俗的風華，更是「世上再找不出第二個了。」（鹿橋先生又給比下去啦！）她還說起寫您的《未央歌》和紀剛先生的《滾滾遼河》比較的事；原先有人建議她從東北寫到西南，涵蓋整個抗戰時代。她覺得那工程太大，不是一篇論文容納得了的，反而會寫泛了。所以就選了一本東北，一本西南。兩本書部頭都不小，她讀得很用心，也寫得很辛苦。她看起來氣色不錯。還在師大教書，兒子唸碩士，女兒唸博士，雖還未獨立，也都指日可期了。

一九九八年八月二十日

您們那張結婚照可珍貴了！照現代的詞彙，可真是「俊男美女」（因此我總納悶，現在晚婚都不稀奇了。那年頭，您們各自身邊的男男女女，都瞎了眼啦？能容您們這樣條件的好男好女「賴」到那時候！）全家福照片裡昭明有點嚴肅，昭婷笑咪咪的，很甜。就這麼一個嬌嬌女，姑父偏不偏心？昭屏、昭楹看著好像一般高。戴眼鏡的是昭楹嗎？（註：昭屏）

一九九八年九月八日

看了您的詩，也給您傳幾首七絕看；您也知道，我許久都不彈此調，實在說，沒有情懷，也無甚題材。倒是因著您跟姑姑的「你儂我儂」，引起些詩興來，真正是「戲」筆，您們看著玩兒吧。

戲賦六絕句呈鹿橋姑父、慕蓮姑姑一粲

葩經清艷數蒹葭，道阻何辭溯海涯。十八金釵題詠遍，傾心惟慕碧蓮花。

窈窕詩篇韻最嬌，青衿而立謝投桃。眾香國裡逡巡遍，弱水三千取一瓢。（註：謝，婉辭也。）

萬里雲槎赴海洲，摽梅織女待牽牛。仙緣自是前生定，卜鳳吹簫月滿樓。

自築延陵小洞天，詩書翰墨共雲箋。唱隨更有梁鴻侶，不履凡塵不羨仙。

餐罷流霞飲月華，釵荊裙布樂生涯。稱觴共賀雙星壽，笑憶當年挽鹿車。（註：首句意指戶外用餐，見李霖燦先生大作。）

Washington
WASHINGTON·UNIVERSITY·IN·ST·LOUIS
Arts and Sciences

Nelson I. Wu
Edward Mallinckrodt Distinguished
University Professor Emeritus of the
History of Art and Chinese Culture

08/28/98

寄蜀儀累月所集各件清單，隨我隨登錄。恐紙短，不及閑話，先就所傳來信提到台北時間是十夕，現在庚邑是七夕，順筆寫一則七夕小故事。

那年七夕，鵲橋都搭好了，織女一如往常，款款步上橋端，一路吱吱喳喳，喜鵲們爭着伺她問好。牛郎那頭可已亂了陣腳，管事的神職，聽了牛郎不知哪裏要去了，你推我賴，沒個敢往上呈報的。橋端的喜鵲早已感覺到異樣，開始細語，不覺把橋身也弄得影影動了。這時天宮出來抱着小王子的奶娘說：你們這些廢物，找不着牛郎着急有甚麼用？往上報反正也來不及，就把牛先送上橋去再說。牛郎也許隨後就到。這牛也去過好些次了，是熟路，說完就抱了小王子走了。那是後話。且說天上承平已久，辦事有些鬆懈，就去找牛，那知忘了牛郎是牽着牛走了的。這時就有胆大的說：找隻小羊染些黃顏色，充個小牛罷。亂哄哄中竟不知哪裏蹦蹦跳跳，來了一隻小羊，大家忙着去捉他，好給他上顏色，他早已跳上橋去了。那邊織女早已看見他，就伸手拍拍他那尚未生角、平平的白毛頭額。說時遲那時快，鵲橋的限期已到。千千萬萬喜鵲都到人世間來，織女同小羊就一同落下來，到了雲南昆明，留在未央歌第三十一到三十二頁上。織女至今未回天河彼岸。

(一)錄杜九八、四月廿八日覆頁、反面製單 (二)日本大宮擴平作河南省歷史地圖封面一頁、內一頁、不知歷史博物館存此圖否。(三)聖路易新聞河殤反思一頁 (四)致白太太為一男嬰事、(五)台灣中華書局、民六八、中華民國當代名人錄、共四冊，查良釗、查良鑑各一頁 (六)拙作中國及印度建築插圖一頁、(七)夏鐵肩贈八倫大統賊、頁 (八)王氏世系一覽二頁，(九)漫遊地球一周歸來。(十)舊開節本世說三張 (十一)最寶貝、一九五一冬結婚宴客時所攝。此外舊日相片已無多矣。(十二)一九六七四小孩在鹿邑華盛頓大學、(十三)全家福攝於讀易齋

鹿橋 一九九八、八月廿八日

6306 Waterman Avenue
St. Louis, Missouri 63130
(314) 725-7227

1998 8 28 鹿橋 41（織女故事）

樸月明儀共一身，呼名感舊號清新。他年附驥儒林傳，誰與鹿橋誼更親？（註：君子儒當入儒林傳，但恐後世考證，不知儀、月是二是一也。）

一九九八年十一月十三日

姑父實在讓人納悶兒；問您對我那些七七八八文字的意見，問錯啦？您不是挺喜歡打分數的？怎麼就沒見您給我打個分數？再說，您當年寄出了「凱旋」，難道不想知道老師有什麼反應嗎？我是不「愛」多心，可不是不「會」多心；這就「多」個給您瞧：您的「不置一辭」是不願、不肯，還是不屑？我怎麼知道這麼沒事調侃您，又「膽大妄為」，竟敢「太歲頭上動土」的改動您的偈和簡介，您會不會心裡生了氣，礙著姑姑說不出口呢？或嗤之以鼻地想：「這是什麼雞貓狗嘛！」所以給逼得沒辦法了，才勉強說了個「很好呀」；誰知道您說的是敷衍還是應酬！（早「警告」過您，「小姑娘」要「壞」起來，可難纏呢！）

一九九八年十一月十二日

讀「天聾地啞」呈鹿橋姑父

詩為心語畫心圖，故紙煙雲細揣摹。縱使亂真猶是贗，蟬衣盡蛻見真吾。
寂寞千秋陶令琴，更誰能識畫中音？目迷五色聲迷耳，天籟但託玄默心。
羚羊掛角繭成蛾，點畫毫端自放歌。交譽如潮猶有恨；鍾期沒世奈天何？
繁華落盡始歸真，遍歷大千誰與論？知識漸開靈竅閉，鈞天惟示素心人。

Washington
WASHINGTON·UNIVERSITY·IN·ST·LOUIS
Arts and Sciences

Nelson I. Wu
Edward Mallinckrodt Distinguished
University Professor Emeritus of the
History of Art and Chinese Culture

明儀：我發現近來寫信都是呼你明儀，把模月丟到一邊去了，不知道是怎樣解釋。今天很累，要再加寫一封信給歷史博物館的現在學會小心了。就把那信順延一天，先給你這一傳真，然後寄一張支票並謝謝你買的這些書，又一趟趟跑郵局給我寄。我已經忘了新店與台北的距離，有多遠？交通方便嗎？還是你自己開車？我的印象是開車反更不方便，路上擁擠還不要緊，到了地方沒處可停。

現在剛給你打了電話，為了傳真，就寫這信封，按所商定的方式寫地址。再謝謝你為我辦如許多多的事！

橋 一九九八、九月卅日

又：附寄剪報數件，留望齋一份兩是紀剛先生寄來，「鹿邑美術館」買那兩件花鳥的事與我無干，是記者放在一起報導的。

6306 Waterman Avenue
St. Louis, Missouri 63130
(314) 725-7227

1998 9 30 鹿橋 43

一九九八、十一月十日寄明儀：

淡化 一九九七、四月三日來FAX等等。

論語 講義堂讀書會

中訓團歌詠比賽

天華地啞(有深義焉！)

e-mail 原件

今天這就去郵局寄護照去要簽證。順便寫幾行：

看了來信，心上不太明白樸月都要甚麼樣的反應？論詩。我該跟你學！董彥堂(作賓)常說胡(適)先生教訓我們：不要作舊詩，鬧得我到現在不會作舊詩。給人家寫甲骨文只能用古人詩句。可是胡先生自己會做舊詩！至於我呢？我的詩可比唐詩古得多啦，至少是國風大、小雅，或稱「順嘴溜」。祝

好。

橋

1998 11 10 鹿橋 49

這四絕就非「戲賦」可比了，倒真受了點啟發。惟人生至此，「只可自怡悅，不堪持贈君」，也「高處不勝寒」吧？

一九九八年十一月十四日

聽您上回說的那一席話，我能了解，接受，也很高興並感激您懇切明說。其實還真承您「抬舉」了，當我「大官」呢！（這就忘了「五十五歲以下都是小孩」是誰說的！）這也正是我為什麼在前封信中希望：「誰也不許多誰的心」的原因；分明彼此都是善意，有什麼話都最好明說，而不要讓人「猜心事」。您自然是通達明理的人，這方面，我也不自菲薄！在這基礎上，縱使不能了解，也能諒解，至少能彼此尊重。就怕在心裡猜疑，存了芥蒂，那才辜負了這一番難得的遇合緣會！我想，我也要說明一下我這邊的情由：起因是這些「戲賦」實在是調侃了您，才想聽聽您怎麼說。文友之間，問問對文章的意見，原都是尋常事，也是切磋琢磨之道，未可盡以「功利」視之。何況您是「姑父」，我更不會想到這有什麼說不得、問不得。倒是真抱歉：沒想到會造成您那麼大的困擾，讓您那麼「為難」。聽您說明，很能了解您的用心良苦。談及那可能令您引為戒的故事，卻恐怕是您「敏感」了；如果我要藉您之口揄揚，何必問這些屬於「遊戲筆墨」，頂多三五知己得與分享，您又並非以此名家的詩詞？我的書您幾乎有全套，我的信您也都留著的，可以覆按：我幾曾請您為我的書寫過片言隻字？我告訴過您，我曾把《小小孩》託我的主編交給遠流繪本路線主編探路的事。另一段我沒說：我出《胭脂雪》時，我的主編想起來，問：能不能請您寫點什麼？我告訴她：不是不能，是不想！

能，是論「交情」夠得上能說；我當時並不知道您對寫序的想法。不想，則是不肯讓您們與我之間的單純情誼沾染上任何功利色彩。這也是我對自己有所為、有所不為的自許；已愧不多聞，人我之間，乃求因無欲而能直、諒而已！

您有您的性情，我也有我的！越是我親愛敬重的人，我越是珍惜彼此間單純美好的情誼，不希望受到任何俗塵沾染。當然，對他們人品、修養種種的期許和衡量標準也就高了。這種情誼，真是超越了年齡、性別、時空，感覺是一種人世情誼「美」的境界！事實上，我知道，也正因我以此自愛自重，人亦以此愛我重我！當然，雖說「人至無求品自高」，寫作也不能「不食人間煙火」，像請人寫序，我也不免；其實這還是應出版社要求，要依我，自己寫個「後記」可也。但雖未能完全達到「人至無求」的境界，我也以此自勵。至少，用一把快刀，快如風的把兩下裡劃分開，尤不敢以此俗務浼高潔之士！姑父！論學問、文章，「樸月」固然不敢自負；論人品、節操，秉承家訓，「明儀」亦不敢不自矜！

一九九八年十一月十九日

十九年半沒見！卻在短短時日中，幾乎天天見！我數了一下記在桌曆上的記錄，您們來了二十四天，我見了您們十八天！作陪客不算，還讓您們請我吃了六次飯；有一回是跟姑姑吃的，姑父上「清華」去了。想到別人想見您一面談談，請您吃頓飯都那麼難，就真不知何處修來如此厚福！本來想在家裡做一次飯請您們吃，又因下雨改絃更張。不過，我常覺得凡事留點欠缺也好，有時我會怕太圓滿，太圓滿就沒有「餘」了。

這樣欠著點，還可以留待日後再續！

平平安安的把您們送走，真放了心；想來經過這一次的長途旅行，和忙碌勞累，您們也對自己身、心兩方面的強韌度信心大增吧？今天一覺睡到九點多，睡得香甜踏實，醒來之後神清氣爽，對自己對生活的調適能力也很滿意。真的非常謝謝您們在這段時日中常給我的一切；有形與無形的都得到太多！我還得慢慢的涵泳回味您們言教、身教種種。希望能有點長進，也不負這一番殊遇。與您們共處的那種「幸福」的感覺，是很難言傳的。常在與您們共處時，思維銜接到當年在寶爸那兒的情景，心中就會泛起甜美而溫馨的感傷。我想，他都知道，而且，一定是含笑的。總之，謝謝！

一九九八年十二月二十三日

到家請來個電話報平安。好好休息！過些時再給您打電話。潔華說她錄了那天播出的專訪。我們都可惜太短，且太草率了，有些問題又「言不及義」。另有同感的是：雖說「文藝以人傳」，但有幸親炙其人的，實在太少了，還得靠「文藝」補其不足！您看！對大多數人來說，都是從《未央歌》、《人子》認識您的。您這一來，人家見到了您的人、聽到了您說的話，更自您的為人與言談、行事中，證實了您真不負他們因您的書，所產生對您的敬愛崇慕，甚且覺得「人勝其文」，聞名不如見面。這一點非常要緊；如果連「鹿橋」這「校園偶像」都破滅了的話，對年輕孩子的殺傷力真是無與倫比；那這世界上還有可信賴、可仰望的人嗎？這是先以「文藝」識其「人」，後以「人」證其「文藝」。所以，您還是該多出些書。當然，這得「表裡如一」如您才成。

文章寫得天花亂墜，卻經不起考驗檢視的，卻也不少！所以，我前封信說，我對具盛名雅望的人，檢視標準近於嚴苛，理由在此；居此令名，而德不稱，影響太壞！我是已經進入中年的人，失望之餘，雖也難過，絕決而去就算了，不會用傷害自己的方式來反彈，或因此造成人生態度上的偏差。可是，心性還不穩定的年輕孩子，就可能因此失去了對人的信任，甚至否定了世界的真善美愛了。有了令名，就有了作為表率楷模的責任，讓純真善良的心，因文章的誤導而寄望太高，又因失望而灰心，受到心靈的傷害，乃至因此造成了心理上的扭曲，是大罪過。（十九層地獄之說，或源於此？）涉世漸深，又薄具虛名後，於此我亦戒慎恐懼。這也是修德之道吧？

一九九九年一月十日

他（註：周夢蝶）住在一個環境不錯的新社區大廈裡，那一棟樓叫「觀日」，對面是「沐雪」；您說名字多美！（感覺「沐雪」更適合詩人住。）他的家是間套房，一大間，隔出一間衛浴，爐具就在進門的牆邊。陳設簡單，一張單人床、書桌、書架，兩張椅子。在照片上看來不會笑，好像很孤傲嚴肅的人，相談之下，才發現其實滿隨和的。雖然初識，談笑甚歡。您一定沒想到，他書架上，最多的一本書是什麼？《人子》！都是新的，有四本之多！（其次是周棄子的《未埋庵短書》三本。）他自己的書一本也沒有！您說，您跟他是神交，的確沒錯；我猜，他一定「常備」著《人子》送人！他說，看到您《市廛居》裏談建築的文章，使他覺得您是個淵博的人，懂那麼多的事！又很羡慕您的家庭美滿幸福。他看到您跟姑姑，就想起作家「思果」來，思果夫婦也非常恩愛和美。思果說，對妻子，一定要知恩感德，而且要找出她的優點，不斷的讚美，她就會為你赴湯蹈火也在所不辭。說著，我們就笑「女生真好騙。」幾句甜言蜜語，就能讓她心甘情願的鞠躬盡瘁。我說，您們之間，好像不是那樣的，像您在《市廛居》裡，也沒如何的描寫、讚美姑姑，卻誰都看出姑姑對您的重要來。彼此都「不落言詮」了，境界更高。

一九九九年一月十日

平安！姑父的郵件來得真快，給您打電話是八日的夜裡，今天（十二日）上午九點多鐘就收到了。謝謝！郵費真貴呀！可也真快。

見到您的手卷，才了解何以難複印了；有一丈多長呢，寬度也超過了最大的複印長度！老太爺的詩中充滿了忠憤鬱勃之氣，傷時憂世之忱，不用僻典險韻，以直抒之筆寫心中壘塊，使讀詩人如見肝膽肺腑，此亦「詩史」也！這樣的詩，絕不是如我這樣未經世亂的後生晚輩憑空臆度能寫得出來的。（相形之下，我的詩詞太纖柔清婉，有如小姑娘玩「家家酒」。）我已在電腦中「鈔錄」一遍，列印出來，就可以隨手取讀；手卷未處理之前，怕把您這麼珍貴的手卷弄髒或弄壞了。您真該好好的為老太爺寫點東西在「傳記文學」上發表，以傳其人其事，也為後人留下史料見證；當今之世，除了您，只怕沒有人能做這事了。

看到您那些「興之所至，手起印落」的印章，就想起小琳琳說：「吳爺爺有好多印章」，真是多！有一方印：「孤哀以來祇有姑姑二姐」，「姑姑」指的是您的「姑姑」

（老太爺的姐妹），還是我的「姑姑」？（慕蓮姑姑；您說以前也喊她「姑姑」）您不是還有哥哥、弟弟的？都不算啦？

蘇阿姨過世，我接到許多慰問的電話；今天一早，張秀亞阿姨遠從美國洛杉磯打電話來探詢慰問。其實，也不是很傷心難過；畢竟早有心理準備，而且，這對她真是解脫。但心裡就是有空落落的感覺。昨天，撿出多年來去看她時照的照片，想到以前總到她的宿舍去看她，那時她身體還很硬朗，總是笑得好開心！一定留我吃飯，吃那些又油、又鹹，絕不合養生之道的菜肴。她曾經希望我跟她打《楚辭》的筆戰，我「棄甲曳兵」而走；我不懂《楚辭》。後來她又希望我寫李商隱的小說，但，在讀了許多資料後，覺得沒法寫；因為我對她的看法，並不認同。她真的「苦」了一輩子，也寂寞了一輩子；她費了許多的心力在學術上，但許多的想法、看法，都太偏執，沒有得到共鳴。而文藝，早年的《綠天》、《棘心》，也早被時光湮沒。到頭來，竟只以人瑞「知名」！在照片裡看到她逐漸的衰老、病弱；連我也看出由年輕，漸入中年。最後一次見她，是她回大陸之前，去年五月間。照片中，她一直抓著我的手……

一九九九年四月二十一日

平安！張素貞來了電話，談他們給您演講作的紀錄。也談我傳給她看的《經典》中的文章。（您們收到了嗎？）由文中講到姑姑到處被人猜她是伍寶笙還是藺燕梅，談起當年梅新給您辦的作品研討會，李達海先生代您出席，硬被指為「小童」的往事。她說，那時李先生簡直百口莫辯，因為人家都先入為主認定了他。我就笑，我雖未曾拜識

Washington
WASHINGTON·UNIVERSITY·IN·ST·LOUIS
Arts and Sciences

Nelson I. Wu
Edward Mallinckrodt Distinguished
University Professor Emeritus of the
History of Art and Chinese Culture

明儀：今天晚上我在桌上放了兩張信紙，這一張上寫信給你，另一張寫給鄭麗娥。因為有一陣未寫信了，積，壓了不少要說的話，這樣才好想起一樁，就寫一樁。不久你當收到我一件手寫式的字（用醫療舖紙，名詞杜撰，摺起來所以有時字在摺縫上）寫的我父親的詩集《求志廬詩》不是全錄，只是舊筆搭不淨拆的產品。我的複印機不夠大，所以沒有留底，是以難為談助，不足法即證。不過我知道你一定喜歡收留。（以上是3/26寫的）現在已是4/4了時。剛同姑姑唱了許多歌，一個愉快。前後院的辛夷盛開是多年僅見，今天有風而已繽紛滿地。當女白前天看了那張字拿去複製，電話上告訴我成績不錯，也許過了周末才能還我，才能寄給你。我一高興，又犯了血糖低的毛病，字都寫亂了，你看多難！我們回來後兩人都看了牙醫不止一次。昭婷說：你們在台灣三個星期沒看大夫也過得挺好！倒是說得對。我想你收到字會拿去給董家看問怎麼办？順便代我問她，並問良嫻收到我為他取英文名字的覺得如何？喬 一九九九

6306 Waterman Avenue
St. Louis, Missouri 63130
(314) 725-7227

1999 4 4 鹿橋 50

這位「李伯伯」，但他的形象是個沈穩厚重的人，怎麼會像那個活蹦亂跳的「小童」？又講起姚秀彥阿姨曾被學生追問是《未央歌》裡的什麼人，就笑讀者真能「對號入座」！

一九九九年五月二十日

您那天問，柳如是與陳子龍的那一段情，是不是我杜撰？不是！柳如是的詩集《戊寅草》還是陳子龍給寫的序呢！那〈滿庭芳〉也的確是陳子龍為柳如是作的。越是末世，社會風氣頹靡，越出名妓。而名妓、名士本來就是「才子佳人」，容易一見傾心。那時，像侯方域與李香君；冒辟疆先與陳圓圓，後與董小宛；吳梅村與卞玉京、龔鼎孳與顧媚……可多呢！柳如是性情剛烈，可愛可敬，與陳、錢兩段情緣，也都頗為動人。「絳雲樓」失火，也是中國史學一大災厄；錢謙益為修史之志所搜集的史料，因而付之一炬。

您問先前看過我《柳如是》平劇劇本的人的意見。有一位名編劇，我本是請他看看劇本結構的問題。他覺得可以。認為優點是文辭典雅清新，看出古典詩詞的根柢。不認同的是第一場，柳如是因為陳子龍不要她，馬上轉而跟別人。他認為「不合常理」。我後來跟魏子雲伯伯討論過這個問題。魏伯伯說，他認為合理。因為，柳如是是個心高氣傲的青樓名妓，不能以一般良家婦女的「常理」論。陳子龍的冷淡，傷了她的自尊。賭氣之下如此做，正見其的剛烈性格與情緒化。如第二場，一般柔弱女子若遇人不淑，對方薄倖，只會哀怨自傷而無可奈何（如霍小玉）。她則是把負心人叫來痛罵一頓，最後鋼刀斷絃，也不是一般女子的反應。（所以我特別註明，可以用「京白」，京白更能表現那種尖銳、颯爽、絕決的性格。）魏伯伯很喜歡這個劇本，還特別覺得柳如是的性格寫得好。您們有何高見？

一九九九年六月十八日

那天您們來電話，我正為整合那三本書，忙得頭昏腦脹的。寄的那些小禮物，因為玉飾太嬌脆細緻，心裡一直記掛著，真擔心萬一給壓壞了。還好，平安到達。您們現在知道為什麼我說是「雙雙偕老萬萬年」了吧？不知道北方怎麼樣？我們南方作興送「鞋」為「新婚禮物」。因為，「鞋」都是成「雙」的，而且「鞋」與「偕」、「諧」都同音。那一對玉連環上，我特別請店裡給穿上兩個小「卍」字，可不就「萬萬年」了？「連環」本是一整塊玉雕成的，天衣無縫，也絕「解」不了。（齊后的辦法，實在不能算「解」。）所以我在電話裡笑姑父：您不是說「離不開姑姑」嗎？這就叫「離不開」！真是好口采吧？能找到這麼適合您們的禮物，我自己也頗得自得。那些小蝴蝶，還真精巧漂亮，又便宜。我也給小琳兒買了好些；姑姑是真「偏心」她的！這些東西，論價錢並不貴；最貴的是玉連環，也還是三位數，其他就更便宜了。您們別放在心上，喜歡就好。論起來，倒是真用了心，尤其那兩件玉飾；結果姑姑選的哪一樣？

一九九九年七月二十一日

那天打電話（姑父出門了。）問姑姑挑了哪一樣玉飾，姑姑說，姑父說也不說，就把玉連環搶跑了。我原先就想，大概姑父會搶著要那一副玉連環，才特別在信上加了那一句：「姑姑先挑！」結果還是不出所料。哎！姑姑，反正您已經讓了這「倚小賣小」的「小童」一輩子了，還有什麼可說的？而且，我起意找「玉連環」，倒還真是給姑父「離不開姑姑」的詞兒引出來的。還笑他說「玉連環」的別名就叫「離不開」！姑父搶「玉連環」，才真是他自個兒的心境寫照呢！

一九九九年七月三十一日

前兩天，文友張拓蕪過生日，請吃飯。也請了周夢蝶伯伯，我與他同坐。我問他記不記得還欠我一頓麵？他說忘了。但答應「還」，說要做牛肉麵請我吃（他不吃素）。上一次他寄書送我，用毛筆寫了兩句詩，字是瘦金體。我回信謝他時，特地把您寫的「湘妃廟」詩的影本給他看，笑說您和他彼此欣賞，但，不但「人」完全兩樣，連寫的字也「各如其面」。他還記得，說您的毛筆字寫得真好。又講起當年《人子》封面上，用的就是您的手稿，您的鋼筆字也寫得好。您跟他不但性格、家世、命運全都迥異，連字也真各如其貌，您的字看著也是挺「福相」的，他則是瘦金體，瘦骨嶙峋。

一九九九年八月十七日

平安！您也許知道，也許不知道，為什麼我總在每封信的開頭先寫上「平安」兩個字；這是耶穌要門徒們相互祝福的話。平時，似乎像是虛言泛語，而現在，真知道這兩個字是何等的可貴了！

姑父那天來電話，告訴我在這樣的災變中，也正是人向內收斂、省思的重要時刻。這是我能了解也能接受的。事實上，我也努力的澄定自己的心神，以「收魂攝魄」。但

Washington

WASHINGTON·UNIVERSITY·IN·ST·LOUIS

Arts and Sciences

Nelson I. Wu
Edward Mallinckrodt Distinguished
University Professor Emeritus of the
History of Art and Chinese Culture

一九九九年七月二十九日子時

明儀、

一連三天忙還是趕不上點兒。眼看今天晚上（廿九子時廿八夜）又作不了多少事了。方才在電視上看見大陸上法輪功風波情勢之有擴大、不像樣子。心上有好些景象、一幕又一幕、不知下一個場面是怎麼樣情況。

早上、（廿八日）收到你的電腦傳真。姓名之外都是電腦程式的符號字母。顯然我的電腦（蘋果），不能收信。這是寫此信的主要原因。

修士也回來後也添了些他們認識後添的許多事。給他們出版物題了個封面，書名一篇文字，月底要交卷。

昭明，昭庸加上昭禮一家四口下星期來。光是說床單、枕頭布、鋪擺屋子已夠忙了。不過有孩子們在家不愁姑姑沒有人守着。再來，南京穩看這三層樓的家充滿了孩子腳步与笑語，也可助文思。對功課只有好處。

再談

祝好

橋．

6306 Waterman Avenue
St. Louis, Missouri 63130
(314) 725-7227

1999 7 29 鹿橋 58

不斷傳出的災傷種種，總那麼容易就再度撼動激盪著心情；情之所鍾，正在我輩，耳聞目睹的種種瘡痍，又怎能無動於衷？有朋友勸我別看電視，別看報導，理由是：你又無能為力，只把自己的心情陷下去！勸我要努力「自救」。中秋節路上遇到一個舊識，她祝我「中秋節『快樂』！」我說：「此時此際，誰能『快樂』？」她說：「別想那麼多了，想些快樂的事吧。」我啞然；人是可以這樣自欺的嗎？以不聞不問當作沒這回事？我不知道別人怎麼樣，也許我修養不到家吧，以此擺脫愴懷，我做不到！

雖然為家人無恙，慶幸感謝，但災情的慘重，仍讓人觸目心驚。全省全倒、半倒的的大樓就超過一萬二千多棟，死亡人數已達兩千，還有許多瓦礫堆中尚未挖出的罹難者。加上受傷的，超過萬人。無家可歸的，恐怕就要以十萬為單位計了。可以想見，那些大高樓華廈，在人們賣下的時候，多麼的歡欣；能為家人買下這樣安身立命的住宅，應該是許多人一生最大的願望之了！豈知，一夕之間，這數百萬乃至上千萬的華廈，卻成了無情吞噬家人性命的兇手。更可怕的是：房子毀了，貸款仍在。許多倖存的人，因著交通斷絕，困在山間的人。全靠著軍方的直升機空投救援物資，才免於飢寒；這還是經媒體報導，知道有人受困的地方。而餘震不斷，山區氣候寒冷，又下雨了，更為那些露天席地的災民雪上加霜。「天地不仁，以萬物為芻狗」，一至於此！不忍卒睹！卻又怎忍得住為了關心，去看那我平時其實很少看的電視。震央地區，受災最重南投、埔里、東勢、竹山等……原都是山明水秀，民風淳樸，讓人嚮往，甚至想作為日後終老的地方，一夕之間，如經浩劫！陵谷之變，也只在一夕之間；山谷就在那一瞬間隆起，成了數百公尺高的山陵！南投翠綠的九九峰，全都脫了一層皮，成了「黃山」。原先省政府所在的霧峰中興新村幾夷為平地！散布在山區中的村鎮，許多的大樓民居坍塌，多少人慘遭活埋，到目前還沒法確定。看著電視中的景象，才真知道「哀鴻遍野」是怎麼解釋的。無家可歸的災民已逾十萬，一般民生物資，在各方捐輸之下，湧向災區，一時應不致匱乏，但，後續呢？家破的，人亡的……不忍卒睹，亦不忍卒言。

心裡鬱悶得很，潔華約我去故宮走走，看「漢代文物特展」；這一次的展出，包括了南越王墓和馬王堆。由大陸運來了許多展品，包括了外棺內槨，和利蒼夫人。漢代文物之精美，真令人歎為觀止。沉緬於古代的文化氛圍中，令人忘卻現世紛擾。真得感謝潔華；故宮之行，對我心情的平復，的確有些助力。

參觀後，為您買了一本圖錄，一件印著漢代瓦當「青龍」圖案的圓領衫。大號的，我想您能穿，要嫌小，您家還有條「小龍」昭明呢。記得「三星堆」展出時，我告訴您，我買了個墨玉鷹鈴佩，您遺憾沒給您買一個。所以這回給您挑了一個和闐糖白玉仿製的韘形佩。

我跟潔華說，要給您挑一個玉佩，但不是我送您，是用您的錢，代您買。潔華就擔心，不知道您中不中意？說：「你怎麼知道吳伯伯會喜歡？」我說您不信任我的眼光也不成，只能「認」了。話雖如此，我在好幾件玉飾中，看中這個之後，還是請潔華、我的故宮友人宋正儀也幫著「長眼睛」，結果「英雄所見略同」，這是我們三個人共同的選擇。真的非常典雅美麗，玉質也甚佳。而且雙面彫刻，很是精緻。選定了，又穿上了可以當項練的中國結。老闆另送了一個掛皮包的短中國結飾，您可以自己拆下另穿。如果您不想要，也沒關係，我自己也喜歡，樂意留下。

我自己買了一個紫瑪瑙佩，瑪瑙沒有玉貴，但質地温潤剔透，顏色是我喜歡的灰紫色，十分雅緻。潔華還說，看著就天生是給我這種人戴的。您還有什麼需要的？過些時給您寄去。

一九九九年十月一日

「憂思令人老」！何憂思之深耶？您是率性了一輩子的人，天下事，因因果果。人人說您的字好，您卻似乎並沒有以此「名家」的自許，所以才這麼破布爛紙的，全憑著高興。既然如此，就想開點吧！總歸您留贈的有緣人總是珍惜的。（這可又記起您「許」了我的「破布」了！哈！）身外物，身後名，恐怕也「如夢幻泡影」，不是強求得的。比起許多人，您已經得天獨厚啦！就像您說的：當時不知多少人也許都寫了，卻只留下了一本《未央歌》來為那個時代留紀錄！

一九九九年十一月二十三日

姑父自己覺不覺得？您好像一跟我說「忙」，就犯「小心眼兒」。彷彿認定我既不了解，也不相信，還「不懷好意」似的，就又急又氣。這回不知又為了什麼事不開心了，硬「賴」我認為您「閒得不得了」。您自己說！我幾時認為您「閒」來著？倒常笑：「就從來沒聽您說您不忙過！」所以才問您忙些什麼。我跟您們說「忙」的時候，您們不也要問問？關心嘛！這又犯上您的忌了？

Washington
WASHINGTON·UNIVERSITY·IN·ST·LOUIS
Arts and Sciences
Nelson I. Wu
Edward Mallinckrodt Distinguished
University Professor Emeritus of the
History of Art and Chinese Culture

明儀：早上（你們晚間）掛來的文件只傳了不到二十行，末二字是「人子」。我們那時家裏有年輕（四十七歲）朋友來給我裝剛改裝了的電腦，又是我們忙着要去看牙醫……。我給你打了兩次電話，連鈴聲似皆無有。方才（我們晚九時）又打電話，老太爺說你出去與朋友午飯去了。

這本張伸真說的有「弘一法師翰墨因緣」，我收到過一本「弘一大師墨跡文物圖錄」（甚可寶）更令我悲哀。我寫的字多在破布，爛紙上，時至即消滅，別為我傷心。我有預感，未傳來的信中有重要消息，希再傳一下，謝謝。

鹿公公，憂思令人老也

一九九九 十一．廿一夜

6306 Waterman Avenue
St. Louis, Missouri 63130
(314) 725-7227

1999 11 22 鹿橋 61

乙園聽泉 一九五一

Listening to the rushing water. 1951
Yenting Yeyuan. Cheshire, CT

明儀：今天事多、明日一早又會有工人來修理房頂及接流水的簷下水溜，不能不早起。現在只為你能去北京看、你筆下寫的、心上揣想的，歷史環境，實在值得坐下寫一短信賀你好運。彼方友人一定爭為你導遊，結識你。看甚麼地方都需要有內行引看，這個機會太好了。我想這千禧年對你一定大吉大利！

祝宗嶺地址是海淀區北京農業大學宿舍601樓西棟。她先生是婁成後教授，電話我沒有。

李模的消息和我大哥去世的消息接踵而來，我只能說，還能說甚麼呢！ 2000.1.7.

2000 1 7 鹿橋 64

Washington
WASHINGTON·UNIVERSITY·IN·ST·LOUIS
Arts and Sciences
Nelson I. Wu
Edward Mallinckrodt Distinguished
University Professor Emeritus of the
History of Art and Chinese Culture

01-15-2000
鹿邑 晚八時四十五

明儀：
你遠行在即，一路小心飲食睡眠。多看多聽，
多記，少說，少哭，慢下結論。一路福星。平安回家。
目下請你打電話把麗娥找着，叫她打電話給
我。我寄去的幻燈片、掃瞄硬碟為試做用，想已有
結果。我等她報告才送第二批去做。用費是相當
高，但是一定要先做存底再則郵寄遺失就無
法補寄了。不多寫。祝
好
橋 一、十五晚

6306 Waterman Avenue
St. Louis, Missouri 63130
(314) 725-7227

2000 1 15 鹿橋 65

橫豎您已經「生過氣」了，就索性挑明說吧！恐怕有些時候，我的直也造成您一些心理壓力了。（您曾說，您常在做什麼的時候想：明儀會怎麼說）其實，我也知道，您們日常生活中，有不少花時間的事，像上醫院等醫生，那的確也是挺急「忙人」的；等的時間挺長，白閒著，又沒法利用。您的「中文輸入」不行，就算帶著小電腦，也沒法做「中文事務」。但，要說我認為您「閒」，不如說我覺得有時候您做事沒計劃，不分輕重緩急。（這恐怕是「小童」的本色。用您的詞兒：亂騰騰地。）有些事有時間性，有些事是不急之務。您率性慣了，只要自己高興，就可能擱著有時限逼著「該做的」，而去忙活那些「愛做的」。該做的雖沒做，心上也未必真能撇開，總有些心神不定。時候到了，這也沒做，那也沒了，交不了差，怎不自己著急？就性情來說，這倒也是您的率真可愛處呢，只是「急己急人」！

一九九九年十二月五日

您說您自己也是「藺燕梅」的原型之一，這話要說給寫小說的人聽，才容易懂。就像我寫的歷史人物中，都免不了有「我」的投影。您說給松鼠咬了手指頭，真有趣！我倒一直想問，「史宣文」有這個人沒有？祝姑姑說她記不得了。

您說，您的話可能讓我想改動我的稿子，但一動，結構就全不對了。我也這麼認為。所以，不論您說了什麼，我的稿子只能刪三個字：把「商務的普及版」，刪成「商務版」，別的全不動。一動，原先一氣呵成，那熱和、快樂的情味就全走樣了。現在我還得等著聽祝姑姑的意見。其實想想，也不一定要拿出去發表了；我的快樂原在寫而不見得在發表；就像給您們寫的那麼多信，寫的時候就很高興，知道您們也愛看，就更開心，又哪為了發表？這篇稿子，我認為重要的幾個人：您、姑姑、祝姑姑都看過了，發不發表也就無所謂了，是不是？我雖以「鹿橋的侄女」為榮，可也明白一點：作家的「身前身後名」，得靠著自己的作品，而不是「我的朋友胡適之」！試想：古往今來有多少「名父之子」，在「父」生前多風光！到名父不在了，誰理會他兒子是誰？自己不成器，親父子也「蔭」不了！

二〇〇〇年二月二十一日

那天姑父說起曹操，未盡其意。我認為，當此亂世，出了個曹操，是百姓的福氣！不管他是否正當亡命之際，因心虛誤殺呂伯奢一家。但就當時整個局面來說，虧得有他，才能讓局面大體的安定下來。漢朝經過桓、靈之世，氣數早糟蹋盡了。我寫《亂世孤臣父女淚》時，讀過一些後漢書的資料，真讓人恨得咬牙切齒！說他「挾天子以令諸侯」，是個笑話；在他迎奉之前，天子什麼也沒有，等於是個乞兒。誰怕了那個「天子」？又有誰聽了「天子」的話？諸侯威服的，是他擁有的強大武力，並不是「天子」！說狐假虎威，他才是虎呢！「將軍魏武之子孫」，在明代《三國演義》問世以前，歷史對他的評價，也並不全是反面的。

二〇〇〇年二月二十八日

給祝姑姑寫了封信。您是不是又要問「說些什麼」？當然說您啦，還能說什麼？您這麼個磊落人，還怕人說？（哈！）

二〇〇〇年三月八日

祝姑姑不太像我想的伍寶笙的樣子；倒不是好看不好看的問題，只沒想到她年輕時那麼「甜美」，不太像個「大姐姐」的樣子；當然，她那時也是黛綠年華的小姑娘呀。她說，那在長沙芭蕉樹下照像的時候，應該就是與您友情開始的時候。算算都六十三年了！她附了封信給我，我也傳給您看。她信中提的那封 e-mail 我始終沒收到，她也沒再寄；說，反正想法已改變了，也不必再寄那封信了。

她給我傳的 e-mail，我這邊能看；我裝了簡體字的軟體。但她說我傳給她的，是亂碼。沒法閱讀。要等過幾天她的大兒子回來，讓他研究一下，有沒有什麼法子改善。如果能以這種方式通信，就太方便了。

二〇〇〇年三月二十二日

我跟潔華說，您們三位，我當然都很「愛」啦！但仔細思量，最愛的人還是姑姑！潔華很詫異，因為她覺得姑姑沈默內歛，不像姑父那麼熱誠開闊，讓人容易親近；她大概也真沒什麼跟姑姑親近的機會。我跟姑姑講話的機會，雖沒有跟姑父多，但是，心裡就是感覺著「親」！所以，姑父睡覺，或不在家的時候，總很高興：能跟姑姑痛快的聊聊了；要姑父在家，哪有給人家插嘴的縫兒！（姑父要「醋」也沒法子；您本來就沒人家姑姑「可愛」嘛！在我這兒，您也第三名！）她說沒看過《懺情書》，我給祝姑姑買的時候，順手買了一本給她。（現在市面上很少見《人子》及《懺情書》。連網路書店都沒有。我好不容易才找到！）她看了，說：對姑父當年情事覺得又有趣又感動，也了解我的「戲賦六絕」怎麼回事了。完全同意我那「讀後感」：「鹿橋真是個賈寶玉！」我們都想問：姑父為姑姑寫過文章沒有？《市廛居》裡處處見「慕蓮」，亦見深情，卻總是一筆帶過。

二〇〇〇年四月五日

您對提到《懺情書》裡對「情」的看法，我頗能理解，也很贊同。但，人之不同，各如其面；人真是三六九等，心性、心術都不同，也不能一以概之。我基本上也是願意看人家的優點，與人為善的，所以能有那麼多朋友。但，君子與小人，又豈能用同一種方式對待。我大概修養沒您好，沒法這麼「有交無類」的。君子可以欺其方，好人受欺，反而成了年輕孩子的負面教材了！我贊成孔夫子：以直報怨，以德報德！我常很慶幸，有一個可以讓我離複雜的人與事很遠的環境；其實，我若想進某大機構工作，十幾年前就進了。但，我想我的個性不合適。要在那麼複雜的環境裏工作，我一定會很不快樂。所以我跟好意介紹的人直說：「我不想踩著人的頭往上爬，可也不想讓人踩著。」工作辛苦我倒不怕，但「為五斗米折腰」仰人顏色的事，我沒法受。幸而，現實生活也還沒有逼得我非為「稻粱謀」不可；在複雜的人事環境裏，會把人的一點真性情都蝕磨了，那讓我覺得付的代價太大。在「情」上，我寧可單純。也因此，到現在，我還能維持著把功名利祿排除在我與人交的條件之外，對心性、人品倒是比較重視，總希望與朋友交，彼此以素心相見！我自己的原則是：尊重別人，可也不委屈自己。遇到難以忍受的人與事，也能絕決而去。虛與委蛇的與非我族類乃至心中不齒的人周旋，我不會，也不幹！對「不對味兒」的人，我躲著走！

黃舒駿來了電話，我已把您的意思都跟他說了。您給人出的功課可都不容易呢！《未央歌》的第十三章，是文字、場景、情境最美的一章，卻未必如您講得那麼容易掌握表現呢！潔華慫恿我去編劇，我說：「既不能，也不為！」我的原則：不跟「朋友」（廣義的）共利害相關之事！尤其不把單純的朋友關係，變成從屬關係；那可能使彼此都為難。鬧不好，友誼都成了犧牲品！比方，要跟您合作什麼，您有您的主觀，我有我的意見，非鬧彆扭不可！如今，跟您怎麼說，怎麼鬧都沒關係，誰也不多心。那時恐怕心裡就不免芥蒂了。那姑姑可就麻煩了，調停不完的爭執，打不完的圓場，還夾在「兩造」之間為難！

祝姑姑來了一封信，我好像跟她也真是有緣的，見那麼一次，就這麼難捨難分！她的原信是簡體字，我用WORD2000轉成繁體，印在後面給您們看吧。她講到那些跟妻伯伯間鬧小彆扭的事，挺好玩的。她也承認比不上姑姑溫柔包容；我看姑姑是「不癡不聾不作才子婦」！懶得跟「小童」計較；嫌累！

二〇〇〇年四月十九日

已給祝姑姑傳了e-mail去，告訴她在美國有四個知音了！只有點疑惑：昭婷不是不懂中文嗎？拿了書去，也看不懂呀！這書的出版時間是一九九五年，她說是她七十五歲退休後才完成的。看序上的說法，最早應該是妻伯伯一位兄弟（妻昌後）起的頭，沒做完就去世了。後來接手的一位，也「中道崩殂」，最後才由祝姑姑完成全部翻譯和校訂的工作。祝姑姑說，這種書再版的機率極小，大概以後也就沒有了。她若能再找到一本，就給我寄來。我已告訴她，先給姑父了，因為，姑父老嘀咕著想看，「要不先給他，他心裡會一直記掛，『鬧』個沒完！」（姑父至少跟我說了三次：「我真想看看她那本書！」都「明示」了，我怎麼能裝沒聽懂？姑姑您看：人家送我照片，老爺子也一開口就是：「給我寄來！」那麼理所當然的！就沒想到：以前是「他的伍寶笙」，如今可是「我的祝姑姑」啦！不知道他心裡醋不醋！哈！）當然，另一個原因，是我實在不懂生物！寶劍贈烈士，紅粉贈佳人，書也要送看得懂的人，對不？您那邊有這麼多人喜歡，祝姑姑一定也開心。

我說得沒錯吧？祝姑姑那兩張照片，只讓人覺其嬌柔甜美，哪像個「大姐姐」？說「慈愛」更奇怪了。也許姑父一直在她跟前當小弟弟，總受人家照顧，才有這種近於孺慕的情懷。

二〇〇〇年四月二十五日

跟潔華通了幾次電話。我心裡總疑惑：陸國民先生說我把人家對「伍寶笙」的好夢搖醒了的說法，倒底正不正確？我不認為我筆下的祝姑姑讓人「失望」；我見到她，也並沒失望。潔華說，她認為我筆下的祝姑姑很真實，也很可愛，她並沒有什麼失望。如果因為伍寶笙「老了」，讓人夢醒，她覺得夢也該醒；哪有人不老的？我也問了些其他的朋友，沒有人覺得「夢被搖醒」，反而都很開心，覺得那心裡影像模糊的伍寶笙落實了呢！

您實在夠彆扭的！潔華幫您把電腦帶去有什麼不好？什麼叫「從不麻煩別人」？這話跟別人說也罷了，跟潔華也說這個？就不想想過去您麻煩她多少事！所以她開玩笑說：「敢情吳伯伯心裡，就只明儀不是『別人』，可以安心的『麻煩』！」講起這件事來，我們都氣得不想理您了！

二〇〇〇年五月二十八日

我說要給您們寫信，小琳琳說她也要寫，就寫了封信給您們，高興得很。今天我跟她散步的時候，她說，如果她是個老爺爺，希望能像吳爺爺，因為吳爺爺很「活潑」，會跟小孩玩。如果她是個老奶奶，她希望像姑奶奶，因為姑奶奶好「溫柔」。還說：女人就應該要溫柔。（聽聽！）她媽媽問，吳爺爺和姑奶奶，她喜歡誰多一點？她還是說「姑奶奶」。她問我：「姑姑呢？」我說我也是更喜歡姑奶奶一點，她就很高興。姑父那「人家見到了姑姑，就愛姑姑超過愛我」的結論，在小姑娘這兒，也還沒改！

二〇〇〇年八月二日

自己的演講，自己是不能評論的，倒底成績如何，您得問麗東。還是那句話：「希望沒給您丟人！」美南週刊剛轉載了〈我見到了伍寶笙〉，整整兩大版！大家都看到了。我又帶了上次到聖鹿邑的照片去現場傳閱，大家都開心得很。我的講題是「歷史與文學的交響」，舉了許多「製造」出來的歷史人物的例子。像西施、紅拂、梅妃、穆桂英……現場發言很踴躍，除了歷史小說等問題，還加上了「伍寶笙」、「鹿橋」。有人提出：您當年一定有意識或無意識的「傾慕」過祝姑姑，惹得全場大笑。其實這也是純

Washington
WASHINGTON·UNIVERSITY·IN·ST·LOUIS
Arts and Sciences

Nelson I. Wu
Edward Mallinckrodt Distinguished
University Professor Emeritus of the
History of Art and Chinese Culture

明翔：

自從你到了美國，姑姑与你談的都是坐機旅行，乘甚麼飛機、去哪條航線，種種大人的事，沒有小孩子插嘴的地方，也沒有跟花郎背老頭了打岔的機會。我倒覺得台灣離鹿邑比康州還交通、電訊來往方便些，頗有「日近長安遠」的感覺。

現在已六月中，行動的日期也緊了，先寫一短信歡迎你們來，希望多排得妥當，一路平安順利

橋 二〇〇〇，六月十六

6306 Waterman Avenue
St. Louis, Missouri 63130
(314) 725-7227

2000 6 16 鹿橋 70

情的少男情懷。我的想法是：見識過了「伍寶笙」這樣的風華絕代的人品才貌，等閒庸脂俗粉您哪看得上？所以，直到遇到「伍寶笙」加「藺燕梅」的姑姑，才算讓您「動了凡心」。

二〇〇〇年八月二十四日

非常謝謝您把您珍愛的「陸游詩卷」送我。前面的小序，也是您真性情的寫照吧？您曾在信上說「新筆捨不得用，舊筆捨不得扔」，這詩卷正是證明。只恐怕後人大概不容易知道「姑姑」是誰？就像您那方「孤哀以來祇有姑姑二姐」的閒章，也令外人不解。恐怕也因著這不是為了給人看的，只是在那種心情下率性而為，字反而格外氣韻生動；就像您在《未央歌》裡，講女孩子走路，知道有人看著，就會不自覺的不自然。您這一件，全是「雲無心以出岫」之作，才真是「大自然」呢！我會請董家給您印兩份（只有他們家附近能印這麼大張的，還不肯告訴我在哪兒。不知道能不能讓印章以紅色印出，因為是一整張的印，也許不容易。）

我也非常喜歡您給李霖燦先生那封「文言文」的信，沖淡中自有咀嚼不盡的滋味，立意尤深。您真還有不少零散發表的文章，何以索驥？

二〇〇〇年九月八日

跟李宗慬聯絡了，她說，「清蔚園」的「園丁」們已告訴她我答應移交給他們資料的事，都很興奮。還說，有人要寫關於《未央歌》的論文，去找她。她覺得她也幫不上忙，人家卻已覺得收穫良多。她還說：「該去找樸月才對。」我想「不對！」因為，我並不是「研究」您的作品的人。對您的認識與了解，一點也不「學術」，也少了那種出於崇慕之情的距離美感，倒是很平實，很「生活化」的認識您這個「人」，跟寫論文一點也不搭軋。資料原是為了給人用的，實在不必當成珍秘的「私房」，反而埋沒了。沒什麼意思。剛才進入了「國家圖書館」的網站，發現可以直接在網上下載這些他們掃描的相關資料。我已去登記了一個「閱覽證」，再打聽一下如何去開個帳户，讓他們直接扣下載費用，以後就不用那麼辛苦的去圖書館找資料了！但，以我看，也不齊。有些是我沒有的，也有些我有的，他們還沒列上呢。

二〇〇〇年九月十六日

好久沒跟祝姑姑通電話；回來後給過她一封短信，答應給寫長信，但目前忙的情形看來，簡直不可能。（這不正給您們寫長信嗎？她要知道，怕要笑：明儀還是偏心！怎麼給姑姑、姑父就有空寫長信了？）她接到電話非常高興，說很想念我。又說她近來身體不太好，腿很疼，但她還是盡量不坐輪椅，還是每天在樓下吃飯，樓上睡覺，就怕要是不走路，坐輪椅，以後就真不能走了。她還說，她的睡眠也不太好，兩個鐘頭醒一次，有時多看看書，或有什麼事興奮，把精神提起來了，就更不能睡了。但還是很開朗，說「老了唄，總免不了的。」他們的房子可能要修，人家建議他們先搬到對面空房子去住。她說，他們都老了，寧可忍受修房子的吵鬧，也決不能搬家。因此很同情您們搬家的辛苦。知道我要去大陸，很希望我能到北京去看她。我說，這得看老爺子怎麼決定。她說，我家老爺子，和她家老爺子一樣歲數，有時總得將就點。我說，有時得哄著點，有時也得兇著點。她大笑，說：她不好意思說，叫我給說出來了。（琳琳都說了：「吳爺爺說，他是老小孩，我是小小孩，可是，還是當老小孩好！小小孩不乖要挨打，老小孩不乖，也沒人能打他！」我說：「姑奶奶比他大，能打他。」小姑娘嘆口氣：「可是，姑奶奶那麼溫柔，又不打他！」彷佛覺得吳爺爺也該有個人「打」才是！）祝姑姑還說：希望還能見到我。我說我總歸還是會去北京的，答應我若去北京，就一定會去看她。

姑姑！姑父答應要把後門口那幅窗簾給我，您幫我提著他！到您們卸下那幅窗簾的時候，得給我寄，別讓他忘了！

二〇〇〇年九月二十四日

您們就寬心養病，尤其姑父，別給自己添心事、加壓力！我現在感覺，姑父一面是「小童」，另一面是「藺燕梅」。您能不能別像「鑽牛角尖」的藺燕梅，把「樂天知命」的小童找回來？我真覺得您這一陣的心情很鬱悶沉重，這樣對您的身、心、眼睛都不好，讓人擔心。「命」，也是需要「人」配合的。我相信「修心補相（命）」，您們「大劫小難」恐怕也真是「修來」的！您至少得盡自己這一方面的「人事」，保持著心情的寧靜；「樂天知命」也不是只說了算。別再這麼又憂又急，又忙又累的，才能聽「天命」呢。

聽您說，昭婷管得緊，不許喝茶、喝咖啡、吃巧克力糖，就像魯智深說的：「嘴裡都淡出鳥來了」，不覺大笑。不過，您也真該有個女兒管著，不然也不會乖乖兒地聽醫生的話。看來，搬到波斯頓，因為有昭婷在旁邊「管」著您，姑姑倒能省點心了。（小琳琳不早說了：「老小孩不乖，又沒人能打他！」「姑奶奶那麼溫柔，又不打他！」老爺子們也只有靠著女兒管！）

二〇〇〇年十二月二十五日

我明天還有事得出門。您囑咐寄的《未央歌》過了這一兩天就給您辦。現在我與祝姑姑真變成忘年知交了，一年中跟她通信的（包括兩方）總數將近五十封，僅次於跟您們。彼此都很高興，這可是託了您的福！您因此常可以知道她的音信，也算是意外的收穫吧？許多事，說是偶然，卻又好像是緣與命的冥冥註定；您看，就那麼一念之間，跟您說想去看她，您還不大以為然呢。卻這麼曲折離奇的，不但一見如故，還成了知交。除了說前世有緣，更如何解釋？

二〇〇一年一月十五日

您現在用動過手術的眼睛看書、寫字，是不是習慣些了？看您寫來的信，倒也跟以前沒什麼差別。祝姑姑以前怎麼寫信沒見過。就她的來信，倒不像您說的：一大張紙，言簡意賅的寫上三幾行，當止則止，絕不惜紙上留白的樣子。現在更是越寫越長了。但，每在「跑野馬」離題的邊上，總能即時勒馬控韁，回歸主題，這一點，也真能見學科學的人的特質。依我的看法，我的這兩位姑姑都比您理性。您也學過理科，但氣質上就是文人！理科給您的好處，大概在思考學問時的客觀度吧？

二〇〇一年一月二十八日

這一幅窗簾寫得真好！您的字好像越是率意而為，越好！也許因為沒有心理壓力，就更揮灑自如吧？還有那張照片，可惜不夠清晰。寄的過程，大概因為布是軟的，有些摺痕，我立時就到照相館給加了一層「護貝」把他攤平了。照片裡的姑姑真美，尤其那份風華，難描難畫。有《人間四月天》裡林徽因的味兒。（如今對臺灣朋友這麼一形容，人家就都明白了。）姑父笑得好開心，看您們這麼鶼鶼鰈鰈五十年（今年您們可是「金婚」呢），真讓人想起《牡丹亭》裡「如花美眷，似水流年」那段讓林黛玉癡絕的曲子來！那時姑父真瘦。是什麼時候，什麼地方照的？看來至少是四十年前了，真是一對璧人！也掃描存檔了。

從您的聲音裡都聽得出您的「累」來，做事還是得自己節制一點，畢竟不是小童時代了。年輕時的累，往往只是身體上的，倒頭好好睡一覺，起來就又是生龍活虎好漢一條。如今，除了年歲、體力，還有心理上的累；說您豁達，有時您的心思又挺重的，惦記的事來得多。什麼事該辦沒辦，什麼事想做沒做，而且越累積越多。這實在「不好玩」，還是得自己放開些，事情總得一樁樁的來。別老做著這樣、記掛著那樣的，反而分心。不如訂出本末先後，一樁樁的了結。總得留下青山，別一下透支太多了。姑姑也要多保重，別太勞累。

二〇〇一年一月三十一日

祝姑姑有信來；倒比您最近的這兩封信寫得長多了呢！也許她也想：「當年吳訥孫寫信，就是這麼長的。」如今都想學對方，換了樣。

二〇〇一年二月八日

你傳來那篇大陸學者評《未央歌》的文章，就「唯物論」教育之下的人來說，已然不容易！您的書太「唯心」了！我想，有許多您想表達的喻意、哲思、理想、情調，對他們而言，距離太遠。您寫的「西南聯人」與他們習知的恐怕完全兩樣；我記得您也說過，您不是不知道那些負面的事，但不要寫，因為「不乾淨」。但，對他們；甚至很多臺灣的人來說，都會覺得太「烏托邦」，太不實際了。您恐怕也不能否認這一點，因為您的確迴避了許多的「不乾淨」。有人拿您的小說與瓊瑤相提並論。但瓊瑤小說雖然恩怨情仇強烈熱鬧吸引人，卻沒有您的寄託遙深，也沒有這些咀嚼不盡的「情味」與「內蘊」。這其實是超越在「故事」與「人物」之上的。說真的，我平時也很少認真去想您的作品。寫到這兒，卻如泉出地，就流出來了。

我想，我與您有一部份相似（不知是不是因為跟您一樣，我的八字日主也是辛卯），我也不喜歡種種的不乾淨，甚至對那些濁惡之事，有逃避傾向；有時我會想，自己這樣害怕、且排斥「反面」人與事，不願意面對人生實在存在的種種醜陋的性情，就寫小說來說，會不會是個缺點？我想，您一定也在我的作品中感覺，我對我筆下的人物，都有著同情，太「溫情主義」了。

二〇〇一年三月十四日

給您的幾個小朋友：黃淑英、張玲玲、鄧潔華、李宗慬打電話，告訴他們您的近況，和您決定《未央歌》連續劇「不玩了」的事。她們都頗能理解，也贊成如果您沒有

Washington
WASHINGTON·UNIVERSITY·IN·ST·LOUIS
Arts and Sciences
Nelson I. Wu
Edward Mallinckrodt Distinguished
University Professor Emeritus of the
History of Art and Chinese Culture

2-7-2001 子時

明儀：

謝謝！包裹到了，包得真好，有似天然演化而成的有機體。如一生物，五臟六腑都舒舒服服擠在肚子裏。代蓮愛那背心，愛得不得了。我一看陸游是為孩子看的趕緊讀完。別的尚堆在一起，待登記登記。你深入淺出的功夫是真本領。

橋

6306 Waterman Avenue
St. Louis, Missouri 63130
(314) 725-7227

2001 2 7 鹿橋 86

Washington University in St. Louis
ARTS & SCIENCES

Nelson I. Wu
Edward Mallinckrodt Distinguished
University Professor Emeritus of the
History of Art and Chinese Culture

March 6th, 2000
9:40 P.M.

明儀：此間大風雪，溪縣一帶所受似較輕，無停電，倒樹，傷及房屋，人畜。州長宣佈屬員不必冒險開車來上班。公路空蕩蕩，亦是一景。沿海巨浪拍岸，頗有損失。

我星期一再次查眼，結果要星期四才能知道，因為沖洗燈片，因風雪故，遲了一天。但是，我心上樂觀。到時自知。便中請轉告伍寶笙，我那學長、保護人、慈航天使、中西、今古、印、度、華夏一同。老天爺還要我工作些時。夏的芸瀛若能以e-mail告訴她我收到大陸版「歌」書，十分感謝，她婿修地址亦請告我。

千萬告訴我，你的感冒，嗓子疼也已完全好了。

橋

Washington University in St. Louis, 8 Francis Street, Brookline, MA 02446
(617) 277-5132, FAX: (617) 277-5164

2001 3 6 鹿橋 96

意願，又嫌累，就別玩吧。只有潔華，直問：為什麼不能玩？為什麼您嫌累？為什麼不容易做好？您可以監督呀，我可以幫您呀……我說，如果您想「玩」，我會盡力幫您把這事做好。如果您根本不想玩，我絕不會勉強您去做您又累、又不快活，浪費了時間心力（您最浪費不起的），還得不償失的事！現在連我自己都不肯勉強自己去做不想做的事了，何況您！

二〇〇一年四月十五日

平安！十六日接到姑父的信，說「快累死了！」讓人很擔心；您不能常把自己搞得這麼累法，就像祝姑姑說的，年輕的時候，「拼」一下就過去了。到了這個年齡，凡事得有個節制，不能這麼蠟燭兩頭燒。再有天大的事，也總得留著健康才能辦呢！得學會割捨與選擇，不相干的先拋開，以節省時間心力呢。（宗慬說，我真像您們的大女兒。我覺得更像滿人家的「姑奶奶」；滿人家姑奶奶在娘家極有身份，侄子都不喊姑媽，而喊姑爸爸的。雖不住一塊兒，但事兒管得多！一笑）

二〇〇一年四月十八日

平安！好些天沒接到姑父的信（並沒多心，只納悶這些日子您不知又忙些什麼），二十八日跟您通電話，是為了李雲湘女士來信問多出的一本《未央歌》要怎麼處理？以我看，那位也是個急性子，要等我告訴她您的地址，她寫信問您，再等您回信，也不知等到什麼時候了。既然要給她寫信，就趁便了結此事。不意，接電話的人，好像又是「鹿公公」（您記得這「憂思令人老」的典故不？）不知您這一陣又鑽進了什麼牛角尖

Washington University in St. Louis
ARTS & SCIENCES

Nelson I. Wu
Edward Mallinckrodt Distinguished
University Professor Emeritus of the
History of Art and Chinese Culture

March 31, 2001
06-06

明儀：我好像過了一關口。昨天又特別去查一次眼。醫生已成好友、覺得一時又見樓宇窗门彎曲扭八，未顯露眼內有器官變化、再過一月再看。這兩天因為媽媽生日、昭明在此。是他陪我去看大夫的、昨天一日大風雨。今天彥也從西岸來。

昨晚熱鬧中大家幫忙做湯麵、我獨自暗然神傷、因為自戴了深度眼鏡、在強光下仍看不清字。我不敢告訴家人。直到團聚快喫完時才說出來。大家研究了一番乃是瞳仁被放得這麼大！ 到晚上尚未恢復！

我覺得也許時光也漸轉化向好了。

橋

Washington University in St. Louis, 8 Francis Street, Brookline, MA 02446
(617) 277-3132, FAX: (617) 277-3164

2001 3 31 鹿橋 107

Washington University in St. Louis
ARTS & SCIENCES

April 8, 2001
日光時間，23:41

Nelson I. Wu
Edward Mallinckrodt Distinguished
University Professor Emeritus of the
History of Art and Chinese Culture

明儀：一連幾天忙那我最厭煩的稅務，收集紀錄文件，好交給會計師去報稅。如：部份家用、開支，做得真正又詳又好。我們搬來未完，做這類工作的老電腦留在鹿邑，我在此另起爐灶，要學新程式用法，事倍功半。

難中也有新覺解：這要從雷射保住我剩下的左眼讀書能力說起。雷射入左眼在視覺網後面將不應伸張的微細血管燒成疤，免它們入焦點。血管不伸張了，但是那地點就有一小疤。這小疤就成了視野中的一個黑斑。我這個小乖黑斑是個黑蝴蝶，隨了我眼睛跑，就在視野中心的左下方。也像是一隻亦步亦隨的小黑狗。我若向下、偏左移動得快，它也躲得快，尚未踩着他。（事實上不可能踩着它。）

直行看書，它擋了要看的方向，令我不知道這一行看到底了沒有。看英文時，它只是在下一行跟着我眼自左往右跑，待我看完一行，回到頁左，它也在那蹲着等着啦。

有時另起一行，那頭一個字母有本文中的四五倍大。這小黑狗就把那四分之三高的下截擋住，讓我猜它是哪個字母：

是 I 還是 T 或是 J，要從下文（不是上下文）猜。

我記日記，幾十年來是橫書，所以也可以說沒有多少不便。但是寫文章則不同，是直行的。我這麼多年要用正體字（不可說"繁"體，那是先生"簡"，又因之稱正為繁），也主張順自然情勢演化，寫台灣，不必一定臺灣。但是"人門南唐金葉子"不要"入斗南唐……"。為了幫助下一代看舊書。

現在大陸的未央歌著要橫排，並且有簡体（不繁體），我的黑蝴蝶又橫扇着隨眼飛，我也就帶着小黑狗去溜達了。

橋

Washington University in St. Louis, 8 Francis Street, Brookline, MA 02446
(617) 277-5132, FAX: (617) 277-5164

2001 4 8 鹿橋 110

Washington University in St. Louis
ARTS & SCIENCES
Nelson I. Wu
Edward Mallinckrodt Distinguished
University Professor Emeritus of the
History of Art and Chinese Culture

April 11, 2001
酉時

明儀

大相士鐵算盤指點迷津，趕快給我們看、本月（陽曆）底到下月中、要去鹿邑搬第二批家。此一日去、或留在溪縣那時照婷他們也不都能不出门。令我們兩頭都難。

你告訴祝姑姑這一門也有一手沒有？

這一行是小聲說的意，所以字小些。

喏！這裏先多謝了！

橋

Washington University in St. Louis, 8 Francis Street, Brookline, MA 02446
(617) 277-5132, FAX: (617) 277-5164

2001 4 11 鹿橋 111

裡「不出來」或「出不來」（猶「不為」與「不能」之異）。您的眼睛又怎麼了？要說那些話嚇人！

給祝姑姑打電話。她說近日「不好」，痔瘡發得很厲害，起坐不方便。她年紀大了，也不想去開刀。我說「有這毛病的，火氣大的食物，像辣椒、油炸類的都要少吃。多吃涼性、清火的。」她就笑：「才大吃了一頓炸明蝦！」她上封信說的那本書，已經寄到了。內容很豐富，真是感謝她的有心！我打電話去，又是婁大哥接的；他在北京的時候真多！就聽他喊：「媽！您的『小朋友』來電話了！」我們相交不到一年半，可還真是相識恨晚的「忘年知己」呢！（不許吃味兒！）

二〇〇一年五月四日

我星期二要到臺中去看《西施》排演。跟黃淑英約了，她在星期三午飯後接我去善慈寺去看寶爸。等回來再告訴您此行的情況。

上回說，請您小心您的血壓和眼睛。您說，最好別生氣。您有什麼可生氣的？倒會在書裡勸人別鑽牛角尖呢！自己性子又急，又愛操心，還彆扭的不得了，一點事就把自己逼住了！看看人家姑姑的修養吧！結婚半個世紀了，也沒能把您「感化」！真是！

二〇〇一年六月二十五日

二十七日下午，淑英來接我到寶爸那兒去。替他把小窩擦擦乾淨，權當掃墓。跟他嘀咕了好一陣；真覺得有好多話說。後來淑英請我去喝很棒的英式下午茶，聊起來，連她也覺得跟李老爺子拉上了關係；要不是因為李老爺子，我不會認得您們，也沒法當上

「鹿橋橋」；以您寫信之難，未必跟她再聯絡，也未必再提起繪本的事來。如此，恐怕還未必有《小小孩》呢！眼下我的好多朋友，都與您有關。人生緣會，就像是一張大網，牽牽連連的，真是奇妙。我也跟斯本說，要不是我與李老爺子那一段緣份，我未必是今天這個我。也不會寫歌詞、歌劇；今天她也沒有《西施》可導了！這不都是「緣」？

二〇〇一年六月二十八日

另一件事，恐怕您也得有點心理準備：祝姑姑出院回家了，我跟她通過了電話。她問我，知不知道她得的什麼病？我有點心驚，口中卻說：「您不是說痔瘡嗎？」她說：「不是，是直腸癌。」而且，雖然已割下了一段腸子，癌細胞恐怕已經擴散了。因為不在定點，不能用照射的方式醫療，只能做化療。她說，她的年紀大了，要考慮做化療受不受得了，有沒有必要？因為現在她身體較前虛弱，所以正由醫界的朋友評估中。她還是您的「伍寶笙」，說得很平靜，很淡定。還說，接到我的電話，很高興。現在還有個小傷口沒復原，不能坐，只能躺著。等能坐了，要給我寫信。問我幾時再去北京？希望我能去看她。我也希望！本來我們學會與西安的「西北大學」九月間要合辦學術研討會的，但被他們那邊的工作人員把報批的手續耽擱了，不知幾時能辦出來。如果要開會，我就可以從西安轉到北京去。但目前全不確定。

這些接踵而來的事，很影響我的心情。可是，我也知道，人到中年，許多事是無可避免的要面對、要接受的。您也一樣。我知道，對您來說，祝姑姑不僅是個學姐，更是個心中一尊完美的偶像，無可替代的最親愛、最依慕的人。知道她得這個病，恐怕比您自己得病還讓您擔心、難受。但面對這樣「無可奈何」之事，除了面對、接受，並且更加珍惜這段日子，以期無憾，又能如何？

二〇〇一年七月三日

回來收到您的傳真，您的舊居賣給了識貨的，大可喜也！至於您的身體，就我對您的「信任」，與對「小童」的期許，相信您自己應該是能善自面對、調適的，未必願意別人為您憂慮。所以，我當然關心，但反沒有像對祝姑姑那樣難過牽掛。我願意知道您的情況，可不會給您「發新聞稿」（看您說的）！頂多跟幾個「近人」談一下；像潔華、淑英。這幾位都是真關心，也知分寸的。還有劉俠；我的朋友雖多，論知己，還是她！我沒有什麼不能跟她說的，就像對您們一樣。我喜歡與人分「享」一些快樂的事，至於這些牽掛的「心事」，只能與極少數人分「擔」，可幸的是，總還有人能分擔。

二〇〇一年七月二十五日

對您堅持《未央歌》大陸版「正體字直行排」，並不那麼認同。但，尊重您的「唐吉訶德」精神。您卻沒有尊重那許多從生下來就學習簡體字，並沒有學習「正體字」需要的平民百姓的閱讀權利！不想跟您爭論，但還是要說：對您這一點堅持，我敬佩、感動，但並不以您為然。

二〇〇一年七月三十日

看了您說對我「放心、滿意」，心裡很感動，也喜悅；您記得，寶爸去世那年，您

Washington University in St. Louis
ARTS & SCIENCES

Nelson I. Wu
Edward Mallinckrodt Distinguished
University Professor Emeritus of the
History of Art and Chinese Culture

June 2, 2001 晨

明儀,

我們五月卅一日与屏兩輛計程車(一輛我們三個坐,另一輛車運行李)同到機場,一路變化繁多。先問好的班機人多,怕臨時不能得座位,改購下一班。屏先照料我們上飛機,他另去西南公司趕他的班機去加州。西南的空姐即是你們到「鹿邑」去的那個。

昨天我忙了一天拆郵件、撕紙張、理髮、買菜。今天就忽然想用幾節短「吟」作小標題,寫這篇觸角似的文章再試与我的小讀者們接上頭兒。

曉色雲開,春隨人意,驟雨初過,還晴(晚?)。手邊無書可查,請你將作者(范仲淹?)原詞找來,傳給我。小孩又乖乖地要寫稿樂。

橋 於溪縣

Washington University in St. Louis, 8 Francis Street, Brookline, MA 02446
(617) 277-5132, FAX: (617) 277-5164

2001 6 2 鹿橋 122

臨行特別要我和小金去跟您話別，說的可是「真不放心」我呢！

二〇〇一年八月八日

不知為什麼，想到祝姑姑時，心中常覺不寧。接信後，打了電話給婁伯伯，自報姓名之後，聽到接電話的女士說：「是小朋友來電話」；祝姑姑曾說，他們家裡的人，都喊我「小朋友」。我告訴婁伯伯，我已確定在九月十一日到北京去看祝姑姑。婁伯伯說，祝姑姑目前已有點昏迷，恐怕是末期了，他覺得很遺憾……我不知道還能說什麼？只能說，請他保重，並請他有什麼事的時候告訴我。姑父！我認得她到現在，也只有一年半。但感覺上，就像她說的，好像彼此相知已經很久了。很難形容自己的心情，我很遺憾；這緣份不能說不深，卻是這麼短！就像我跟寶爸、跟韋瀚章伯伯，也是深而短的。很難過，卻又很慶幸：曾經有過一段彼此無憾的情緣。我想您一定會很難過，比我還難過。我知道對您來說，她有多重要！就像您說的：她是您的學姐、保護人、天使、慈航。雖然中間有這麼長久的睽隔，但在您心中，她永遠也是您的「伍寶笙」！說來她也算是有福有壽的，但，怎麼能「夠」呢？一想起，便覺心亂如麻。您更要保重！

二〇〇一年八月二十四日

平安！剛才接到婁伯伯的信，祝姑姑在昨天過世了。我想是發現得太晚；她一直以為是痔瘡，沒有留意。在開刀時，才發現直腸癌已擴散，已到末期了；照這樣看，不開刀可能還好些。但人世間事，就是沒有「早知道」的。所以我二十三日打電話告訴婁伯伯「我九月十一日到北京」時，他說，很遺憾；他心裡已知道，我來不及見到她了。

Washington University in St.Louis
ARTS & SCIENCES

Nelson I. Wu
Edward Mallinckrodt Distinguished
University Professor Emeritus of the
History of Art and Chinese Culture

Sunday, August 5th, 2001
夜亥時

明儀、

無論我多累、多睏，一定要發這個傳真給你，才去睡覺。「西施」這樣麻煩，但是有這樣兩場，實在應該慶幸，為你放心、滿意，而且前途，我覺得是看好，是不會錯的。九月大陸之行，除了中間這一場折騰，已可預示此去也是平安、而成功的。

今天中午，也許已是下午，我的傳真機熱鬧了一陣但未傳過甚麼來，也不知道是誰打來的。

素花：小琳琳及素花妹妹、妹婿來，洪澤好，也熱鬧了一大場，她一定會給你詳細報告。

祝姑姑那邊，也求上天保祐這麼一位婦人！

太睏，這就去睡覺了。我覺得「西施」給你帶來的新朋將來都會更有發展。

橋

Washington University in St. Louis, 8 Francis Street, Brookline, MA 02446
(617) 277 5132, FAX: (617) 277-5164

2001 8 5 鹿橋 128

我還是會到北京，也會去看妻伯伯。那時祝姑姑當已安葬，我也會去看她的。

不論如何，她這一生，無論是為人處世、學術事業、婚姻家庭都算得圓滿的，也真無虛此生了。為此，您不可以太難過；您的好學姐也一定不願意您為她太難過。

自己要多保重！姑姑說您這幾天吃得好一點（這一點最重要），體重增加了一些。要繼續增重，您還有那麼多事要做呢，不能不顧惜身體！

二〇〇一年八月二十六日

我是十一日中午到北京的，進了賓館，將近下午一點鐘，我想妻伯伯是老人家，恐怕有午睡的習慣，所以到三點才打電話。明昆大哥接的，說正等著我的電話。我馬上叫了計程車（他們叫「打的」）就去了。樓下原先祝姑姑住的房間，設著靈堂，看到祝姑姑的照片，就忍不住掉下淚來。給她行了禮，也把我給她帶去的《西施》節目單和劇本供在靈前。跟他們談祝姑姑的事。大哥說，完全是因沒有警覺性給耽誤了，到內部潰爛流血，還以為是痔瘡，一檢查，已到末期了。照大哥的說法，開刀是傷元氣，但不開刀也沒辦法了。

大嫂拿出照片給我看。喪事辦的很隆重，她一生為人處世是非常成功的，所以一進醫院，探病的人川流不息，所有兒、孫也都回來了。告別式，兒、孫們每人一個花環圍著她。親朋、學生，都非常愛她，特別做了一床淺黃色與白色玫瑰花編的被子蓋在她身上，整個氣氛悲戚而温馨。火化後，就葬在他們家附近，以前她很喜歡的一個山坡上。我這一次因他們家裡有靈堂，又實在沒有時間，所以沒有去她墓上，下次一定要去。大哥說，他們的孩子也都大了，不在身邊，也不必操心了，所以他們決定從溫哥華搬回北京。婁伯伯目前住的房子等級太高，是有限制不能賣的，他們也覺得房子太舊了，要整修也得費大工夫。以婁伯伯的身份，若退還房子，公家會給一筆不少的購屋費。不夠的部份，他們再貼一點，就能另外買更好的房子，現在正在物色，以後婁伯伯就跟他們一處住。大嫂還說，等他們買了新房子，以後我到北京也可以住他們那兒。大嫂非常明達而賢慧，我們也一見如故，相處甚歡。她說，在祝姑姑晚年，我給她帶來很大的快樂，接到我的信、給我寫信，都是她最高興的事。婁伯伯說，她住在醫院裡的時候，我寫給她的信，他也都帶去醫院，唸給她聽，她也覺得很高興。總之，現在雖然祝姑姑不在了，我跟婁家還是會繼續往來的，不會因她不在了就斷了線。

二〇〇一年九月十八日

潔華說，我該給祝姑姑寫一篇文章（其實，您更該寫！）我想是對的；即使不發表，心裡積了那麼多的事，也該寫出來。已寫得差不多了，寫完了，我會傳給婁伯伯看，也是個紀念。（您要不要看？）邊寫，邊想著她。這樣一位才、貌、品、學俱全的人物，也真是上天格外眷顧的，替她想想，也真此生無憾了。有時，我想：人世情緣到底該怎麼才能恆長呢？過去，總以為人世情緣不能糟蹋，要珍惜。如今，卻又想：因珍惜而太「好」，是下輩子情緣的累積，還是這輩子快速的消耗？與祝姑姑，是不是就因為太「好」，把時間「濃縮」了？與您和姑姑，又該怎麼相處、相待，才「恰如其份」？我也「反省」，有時候我也挺讓人「沒輒」的，太率真了，總以為人家都了解我的善意，也都「大度能容」。恐怕這想法太天真，又一廂情願。

給您寄了照片和拓印的碑帖去，算算時間，除非寄丟（我掛了號）應該收到了。如收到，請告訴一聲，沒收到的話，也好追查。還有給您買的書，忙亂著還沒寄。

二〇〇一年十月十日

平安！現在能跟姑父說上話，真是難得，非常高興。您的聲音聽來有點疲弱，我知道，這病難纏，各種治療的方式，都免不了「以毒攻毒」，所以會引起強烈的反應。您是健康了一輩子，從不肯吃藥的人，一旦為病所困，在心理和身體上都格外難以承受，可受了苦了。這也是無可奈何之事，只好多忍耐吧。（感覺上，常生病吃藥的人，好像比較少聽說得癌，是不是因為日常吃的藥，也順便克制了癌細胞？）您身體雖有醫護人員、姑姑、弟、妹們細心調護，自己也要配合。您是豁達的人，也是有慧根的人，人在順境的時候，怎麼「好」都作不得準。您這一病，等於給了您的人生境界一次嚴厲的考驗。身體受苦的時候，精神、意志、靈性上的修養，更格外重要。我會特別為您祈禱，除了您身體痊癒康泰，更祝願您能保持心境祥和平安！

您說想寫信，因著大年下的，覺得不合適。您是豁達人，我也是，不必忌諱。您若有力氣寫，願意寫，隨時都可以寫，不要緊的。

二〇〇二年一月二十二日

平安！那天跟您們通電話，好容易趕上姑父醒著，偏偏您們那個電話機出毛病，只跟姑父說了一句話，真是可惜。您說，我見到您，都會不認得您了。如果「以貌取人」，也許因您瘦了太多，與當日形貌有異。但人之相知，貴相知心，對我來說，您永遠也是您，一如我永遠也是我；不管外貌怎麼變，我認得的是您這個「人」，不僅是那張臉，是嗎？聽來您的聲音還不錯，至少當時的精神應該是不差的。

幸好姑姑換了一具電話，還是說上話了。我問姑姑您的心境如何？知道您還能常保持不錯的心境，很覺安慰。

二〇〇二年二月七日

您現在的形貌，我只能想像；這一回的五十多磅，加上二〇〇〇年到聖鹿邑時，您說掉了十八磅，加起來，較您來臺時，已掉了七十多磅，合三十多公斤了，形銷骨立可知。前些天，我還在電腦上叫出您和姑姑回臺灣時的照片看；我真不想臆測您現今的模樣，讓我就記著您來臺時英挺軒朗、神采奕奕，精神煥發的「鹿橋姑父」吧！您上次電話裡告訴我，您自己已經有準備了，要我不要害怕。其實也不僅是害怕、難過，更是牽念、關切，尤其關切的是您的心境；由您的談話中，感覺您現在的心境已回復了平和安詳，一如您說，現在的您跟過去一模一樣。對我而言，這是最足安慰的事。記得我寶爸過世的時候，您對我說的話是：「人總有這麼一天的！」我覺得，重要的是「此生無憾」；不說什麼「留取丹心照汗青」，至少仰天俯地，無愧無怍，心裡平平安安的。人生三不朽，曰立德、立言、立功；這頗與您喜歡的那一句話相符合；以人傳，立德也；以文藝傳，立言也。而立德、立言，本身就是一種「功」，您也可算是無負此生的。您曾告訴我，您對我放心、滿意。我也這麼說吧：現在這個您，也讓我放心、滿意了。因此，我對您還是充滿依慕不捨，但不再害怕。

您已坦然的把話說到這一步，我就想跟您說一句肺腑之言了：如果「時報」那本書您覺得沒法完成了，就把他們付的預付版稅退還了吧！您是責全求備乾淨了一輩子的人，總要全始全終，不要無心的留下「呆帳」，落下話柄。

二〇〇二年二月十四日

見到婁伯伯和大哥、大嫂。我請他們陪我去看看祝姑姑。他們就陪我去了「溫泉墓園」，在一個山坡上。樹還是枯的，但桃花已打蕾朵了。等春天到了，風景一定很美。那地方視野非常開闊，大嫂說，是非常好的風水寶地。半腰有一片長數十米的骨灰牆，祝姑姑就暫厝在最正中最高的格子裡，面對著望兒山。大嫂說，祝姑姑的遺言是要他們把骨灰灑了，他們捨不得，未遵母命。還說，這是暫厝的，因為以老爺子的身份，百年之後，一定能進「八寶山」，那時再把媽媽請去一併合葬。離開後，他們又帶我到鳳凰嶺去吃中飯。婁伯伯和大哥、大嫂都對我都非常親切，跟他們在一起，真彷彿是一家人一般。大嫂說，他們買的新房子就在圓明園的對面，離北大、清華都近，五月交屋，然後裝修。大嫂說，八月底我去時就可以參觀了。他們會等秋後再搬。

二〇〇二年三月十六日

姑姑：

平安！這一夜還睡得好嗎？家裡少了一個人，（又是那麼「熱鬧」的人），您大概一時還真會有點不適應吧？我知道您與姑父結婚五十年，伉儷情深，有如神仙眷屬，心裡難過是必然的。記得我媽媽去世時，姑父打電話給我，跟我說：

「一定有很多人會勸你節哀，但哀是不能節，也不必節的。你要難過，要想媽媽，你就跟我說，我願意聽。你要沒處哭，你就跟我哭，不要緊的。」在那時候，我才真哭了出來。姑姑，您如果難過，也不要悶在心裡，能說就說出來，想哭就哭吧。這一路，我看著姑姑表現的勇敢、堅強、冷靜，卻心疼極了。

今天姑父要火化了，您說昭婷要把爸爸留在家裡，真是令人感動。這樣，也等於姑父還是在陪著您的。您知不知道，他曾在給我信裡，說起您跌跤，告訴我：「把我心疼死了！」（後來發現您沒事，放了心，又說姑姑人矮，又輕，離地近，跌跤都沒事。讓我又好笑、又生氣。）您要好好保重，別讓他擔心。

有什麼事，您隨時給我打電話。我也還是照樣會給您打電話；雖然，我跟姑父簡直忘年知己，總有說不完的話。打電話也總是他霸著說，搶著當「主角」。但，要不是姑姑，他才「撿」不著我這侄女呢；您才是「我的姑姑」呀！

您累了那麼久，大事了了，更格外要留神；一直都懸著心，提著神，整個人繃得太緊，怕一旦鬆弛下來，原先壓著的病痛容易趁虛發作。一定要多多保重！

二〇〇二年三月二十二日

「中華日報」副刊主編說，〈依〉稿發表後，得到許多很好的回應。她希望我寫您，因為見過您和姑父的人，都對您們留下深刻而美好的印象。（如淑英說，姑父看您的眼神都是深情款款的）卻沒有人曾與您深交（當然也好奇啦）！我沒有答應她。我私下是會寫的，題目都想好了：〈一生一代一雙人〉；我真想讓人家看看我的姑姑是多麼「好」！但一定會尊重您的意思，除非得到您認可，不會拿出去發表。我總奇怪姑父寫了一輩子的文章，居然就沒好好的為您寫一篇。他說是您不給寫！但我還是想趁著記憶猶新，把與您之間的林林總總記下來。不為您留下點記錄，太可惜了。

明儀二〇〇二年五月十七日

祝宗嶺←→樸月（明儀）

祝姑姑：

平安！這是我回到臺灣寫的第三封信；頭一封當然得給「介紹人」鹿橋姑父啦！第二封是「公事」。然後就是您了。

這一回在北京，真可以說「天時、地利、人和」都佔全了。而最開心的，就是見到了在《未央歌》書裡認識了三十多年，嚮慕已久的您——伍寶笙！

回到臺灣的當天晚上，給您打過電話之後，給姑姑、姑父打電話。那位老被我笑「起居無節」的老小孩，大概又開了一夜的夜車，在那邊的上午十點鐘還在睡覺。我也「壞」，明知道他一定愛聽我「報告」，偏不要姑姑喊他，就歡天喜地的向姑姑報告此行種種，也告訴姑姑跟您見面和通電話的經過。講到我跟您說的笑話：現在我們三個人裡頭，他已經落到了第三名了，就相與大笑；可憐的姑父！他形容得一點不錯，姑姑對他而言，真是「大姐姐」、「小媽媽」！疼他、照顧他，也容讓了他一輩子。您一定知道，他多愛說話！在任何場合都是談笑風生，滔滔不絕的。姑姑就陪在一邊，臉上帶著溫柔、欣愛、了解又縱容的微笑，看著他。姑父在臺灣的名氣大得不得了，喜歡文學的人，尤其六、七十年代，幾乎沒有人不知《未央歌》與《人子》的。一九九八年應「歷史博物館」之邀到臺灣演講，風靡了多少人！我「榮幸」，他們來了二十四天，我足陪了十八天。事後我跟他說：「一邊陪著您，一邊可冷眼檢視著您的言行，看您值不值得我尊敬。要是您讓我失望，我可就『不跟您玩』了！」不過，我最後也把結論告訴他：「謝謝您，沒讓我對『鹿橋』失望！」

姑父是率性任真了一輩子的人，遇到我，從小給長輩們嬌寵得不知「敬畏」何物，也是率真慣了的，可遇到了對手了；那些姑姑看在眼裡，擱在心上，怕他不樂意，就都不說的「毛病」，全讓我取笑、嘀咕。還理直氣壯的說些什麼：「君子愛人以德」，「要不是看著姑姑，才懶得理您！」之類氣人的話。常弄得他疼也不是，笑也不是，氣也不是。姑姑就在一邊笑；他在姑姑面前老是「倚小賣小」的撒賴，這一回可遇到了又比他小，又比他還能撒賴的了。他一定覺得，那麼賢淑溫柔的姑姑，怎麼偏生有這麼個「難纏」的侄女，儘著「欺負」他？偏又真投緣，簡直算得是忘年知己。

頭一天沒通上話，第二天我給姑父寫了封傳真。先打電話過去，他一接電話，忙說：「我醒著，沒睡覺！」一開口，先問「伍寶笙」。一再說，像您這樣風度的，再找不著了。應該寫出來，讓後生小子們知道，世上有這樣的人品、風範！而且，他認為可以用您現在的照片，讓人知道，當年的伍寶笙，老了是怎麼個風度，當年的小童（他自個兒）又是什麼個樣。還擔心這文章不容易寫，給我寫壞了呢！我知道，在他心目中，您們的友情是極其聖潔尊貴的，如他所說：「已到達了人間感情完美的境界！」他是個重情的人，我總笑他《懺情書》裡，兩年鬧了十八段子的「故事」，還寫詩調侃他。（我少年時代寫舊體詩詞，久已不彈此調，這些新寫的，大多是被姑父鬧出來的靈感。）其實他最幸運的是：姑姑對他的信任、尊重、包容，絕不是一般女子所能至！姑父有一回到北一女（臺灣最出名的女校）演講。有個高中女孩問了個問題：「鹿橋先生，您的《人子・小花豹》裡，小花豹已有了他的雌豹子和小小豹子，可是最後，他卻跟另外的那隻雌豹子跑了。請問，您是否曾有過『精神外遇』的經歷？」我坐在姑姑身邊，聽了這問題，忍不住回頭看了姑姑一眼。她笑笑，溫和而淡定的說了一句：「噢，他倒是沒有。」您說，這份信任與自信，幾人能及？

姑父心目中有三個完美的女性形象：他的二姐詠香姑姑、您（直覺的想喊您「寶笙姑姑」）、和慕蓮姑姑。他認為，您們三位都是「風華絕代」，而又各自不同的。詠香姑姑去世得早，我沒見過。您和慕蓮姑姑，就我的觀察：您的性情比較明朗、熱誠，發光發熱，像太陽。而慕蓮姑姑，溫柔內斂，跟人不那麼「熱和」，像月亮。

照片洗出來了，挺好！隨信給您寄上。您可別忘了許了我的照片喲！祝

安康！並問婁伯伯安好（姑父一詞還是留給鹿橋姑父專用吧）

明儀二〇〇〇年一月二十六日

寶笙姑姑：

平安！雖然收到您的照片後，已與您通過電話了，還是想寫封信給您。謝謝您對我的「好」！我很能了解您心裡對這整個事情的喜悅與疑慮，其實我也是一樣的，非常快

明儀：

昨日寄上的譯文目下只找到一冊，還是托此書的責任編輯黃宗甄先生代辦的。黃先生已經退休，他與我都曾師從羅宗洛先生（曾任勝利後第一任台灣大學校長），雖然不是同時和同地，但是總有同學之誼。他答應為我再找一本，我將寄給慕蓮和訥孫。此書只是個樣本，這只有黃先生能辦到。

達爾文的工作和著作，後人非常敬仰，確實沒的說的，當然現下已在此基礎有不少進展。這裡只想稍提一下譯文，我曾多麼想能原汁原味地把達爾文的文字譯出，即不失真實，又是中國話。但是，譯後只幾年，剛剛翻了一下，又看到不少不足之處。還是寄給你，不想藏拙了。

至於本書的內容，連著者都在緒論中說“……無需閱讀所有細節，”又說“可先讀最後一章……包括總結”（見第六頁倒二段）。我寄給你，只為留個紀念，只為你對我的盛情的一點點回應，我還沒有過將此書贈給非同行人，您是頭一位。　祝

安好！

宗嶺 宗嶺

2000、2、12

2000 2 12 祝宗嶺

樂，恨不得與天下人分享這一份快樂！但，在寫這篇文章時，卻又有著許多的顧慮，我真的多麼愛這文章中所牽涉到的三個人：您、姑姑、姑父！我不希望因我的不慎，傷害了任何一位；我引用了許多我與您們的談話，但有些談話，當事人並不一定想要公諸於世。或是否有人會感覺受到傷害。（您不是問姑父為「第三名」的事會不會生氣嗎？他沒有，只是我想，不免有些失落感吧。）這是我一定要先給您們三位都看了，才肯「拿」出去的原因。定稿改正了一些，也作了一些文字上的修飾。這家報社，是臺灣所謂「兩大報」之一，會有許多的人看到。刊出後，我會給您寄一份報紙去，希望您會喜歡，也能與您喜歡的人分享；我想，因為《未央歌》並沒有正式在大陸出版，在大陸上，恐怕還不太有人知道「伍寶笙」是誰。但在臺灣，可不一樣！其實，我知道，報社之所以來搶這篇稿，並不是因為「樸月」，而是因為「鹿橋」和「伍寶笙」呀！

看到您的照片，與我心中那模糊的「伍寶笙」形象有點差距；我打電話給姑父、姑姑，才跟姑父說到這裡，他就說：

「你大概沒想到她那麼慈愛！」

「不是。如果是『慈愛』我就不意外了。她出於我意外的是『甜美』！」

「慈愛」恐怕是他對您最念念不忘的印象。可是用「慈愛」來形容當時雙十年華的小姑娘，也有點奇怪吧？就《未央歌》書裡給人的印象，應該像「大姐姐」一般的伍寶笙，您介意我用「甜美」來形容您嗎？但您的笑容真的得用「甜美」或「嬌美」來形容！當然，那時您也正在該甜美、嬌美的黛綠年華呢！

我把您的照片掃描進電腦，也用e-mail把您的照片傳給姑父、姑姑看。但他很失望，因為他的電腦沒法接收影像。還「理所當然」的說：

「你先影印了給我傳來，再把照片給我寄來！」

他一定想：是「他的」祝宗嶺嘛！照片當然歸他。但我怎麼肯給他！說：

「那是祝姑姑送給我的呀！還落了款呢，我怎麼能寄給您？」

姑父為之啞然。又吵著要我去複製一份給他。（您可真有先見之明，另寄了兩張兩吋的來。但我故意不告訴他，這樣，就可以給他一個驚喜了。）

接到您說收到掃描照片的e-mail，真高興您的電腦能接收影像；又給您傳了幾張照片去，有：姑父一九三七年（十八歲）春在皖南山中；姑父一九三九年（二十歲）在昆明西南聯大的南院；姑父、姑姑一九五一年結婚喜宴；姑父、姑姑一九五一年「延陵乙園」初建時；和《未央歌》剛完成時的，有些是複製的，效果不太理想。還有一張是我二十歲時的照片，用作對您的答謝。但這一次我不是用直接剪貼的，是用附加檔案的方式，不知道您那邊能不能看？

我給姑父寄了您那本《植物的運動》去，他已經收到了，開心的不得了。他說，原以為只是一本小冊子，不知道是這麼件大工程，就格外興奮！

與幾個好朋友分享了您的照片（用e-mail），大家都好高興，認為我「甜美」的形容貼切。又羨慕我能又多了您這麼個好姑姑！這些朋友，都與姑父有淵源，可以說是從他那兒來的朋友。他忙，沒空跟人家「玩」，到後來，朋友都歸我，我又成了「鹿橋橋」了。現在通電話時，他總不忘問我：「祝宗嶺怎麼樣呀？」」聽說我跟您又通電話，又通信，羨慕得很呢！（不好意思問「說些什麼」了。）

上午收到您一e-mail，真高興您那邊可以收我的中文e-mail了。但拜託您一定要趕快把中文打字練好，因為我的英文糟透！（早就「放棄」了。）不怕您笑話：多虧著有翻譯軟體，才能知道您說了些什麼呢！可是，您也知道，那種翻譯是完全談不到文字通順的，只能知道大意而已。對了，我把您的e-mail轉寄給姑父了，您幾次來信，因無甚私密，我也都傳真給他看了，以慰想望。（我覺得他對您的感情，簡直近於「孺慕」；所以才會用「慈愛」來形容。）

本來這封信準備寄的，現在能隨時的通e-mail了，真高興！祝

安康（問候妻伯伯，下回到北京一定要拜見他；他也是「姑父」啦。）

明儀二○○○年三月二十四日

寶笙姑姑：

平安！跟姑父通了電話，他有事要我轉達。他說，要等他寫信太難了！他「忙得不得了！」而又非常希望讓您知道一件事：您的那本書，在美國找到了四個知音！他和姑姑之外，還有他們的女兒昭婷和女婿（蘇格蘭裔的美國人）！這幾天，昭婷夫婦帶著女兒岱蓮（女婿說，女兒從母宗，隨母姓，連他都要跟著姑父姓。所以姑父說，這不是外孫女，是孫女。很漂亮的九歲小姑娘）從波斯頓來省親。昭婷夫婦都是學生物的，姑父就把您那本書拿出來獻寶。昭婷看了非常喜歡，兩個人都說，讀過許多達爾文，沒見過

這一本「植物的運動」。非常有興趣，而且對您把這麼大的一本書譯出來，十分感動。問姑父能不能給他們帶回哈佛去（她在哈佛作生物研究）？姑父說，他自己已經「拜讀」過了，一高興，就答應了。但他說，他還是把許多章節影印了留下來。要我一定要把這件事告訴您。

另一件事，是我把您那兩張小照片，還加上我掃描後，從電腦裡印出來的，放大成3×5吋那麼大的照片，都寄給他了。他已收到，說：他認為那兩張照片還是沒照出「伍寶笙的風度」來；那是只可意會，不能言傳的！我不知道，這其中有沒有他自己的想像成份。他寫《未央歌》的時候，已經離開西南聯大了。但，您在他心目中的完美，是無可置疑的！後來再見，也並沒有令他失望；還是他那「永遠的伍寶笙」。他還說，他手邊只有您一張照片，還是十幾個人一起，在嶺南大學門口照的，人只有米粒大！當然，更談不上看出什麼風度來了。結論是：還是沒人知道當年伍寶笙什麼模樣！正好留給讀者去想像。（他好像對這一點十分滿意。）您說他可不可笑？論起「可笑」，我認得這麼多人，還是這位「小童先生」排名第一。所以姑姑說，跟他在一起，從沒有發「悶」的機會。怪不得姑姑看著那麼温潤，有個人天天在跟前逗樂，天天都開心呢。

華僑出版社來信，《梅花引》、《月華清》兩本書他們已經跟這邊的出版社簽了合約了。反而《漫漫古典情》因為書太小，還得找能搭配出版的書，只能暫緩。那本書的確是小，而《梅》、《月》二書又是我最喜歡的，所以還是很高興。但，我想，還得排版、印刷，得到下半年才出得來呢！

知道您喜歡看我的信，不會嫌信多的。雖然才傳過一封，既有這許多事，也不妨再給您傳一封去。只是麻煩婁伯伯了！就給他請個安，告個罪吧。祝

安康

問候婁伯伯安好

明儀二〇〇〇年四月二十一日

明儀：

你好！連續收到你的兩封信，非常喜歡看，你說對了。兩封信都安排得挺規範，你的新電腦已經沒問題了。我上次的信件怎樣？有望改進嗎？

我在五、六月份也要熱鬧起來。老三捷昆在五月初來京幾天。他聯繫些事。老二茂昆一家四口在六月下旬來京。他們夫婦住兩周；兩個孩子留在北京過暑假。老三的兩個孩子也將來過暑假。故此，要忙到八月底。我雖做不了什麼事，但是還要操心照料的。好在我的保姆和我家關係不錯，能幫不少忙。而且孩子們也比較大了（兩個小孫子都十一歲。一個孫女十八歲，回去就上大學；另一個十五歲）也可鍛練、鍛練。

達爾文的譯文，能找到知音，我很高興。可是記得你說過，你姑父的兒女不懂中文，我想，一定是為了收藏吧！那我也很高興。

你的《梅花引》、《月華清》兩本書即將在大陸出版。盼望你能再來北京在首發式中出現。

關於「伍寶笙」我沒有什麼好說的。反正「伍」是他書中的人物。原型上加了許多

想象，對吧！

請代向令尊問好。他和妻成後是同年人。好像他生日早些，是清末吧；妻成後生在十一、十二月，已是民國人了。再談！

宗嶺二〇〇〇年四月二十五日

明儀：

你好！收到你的兩封長信，你便帶著我這位難得出門的人拜訪了美國的兩個州。

先說說頭一個，也就是 St. Louis 鹿橋家，我是在九二年去拜訪過他們的，住了一晚，就住在那間牆上寫字的屋裏。飯後也談了些時候。但是，旁邊缺了你這樣既聰慧又淘氣的人兒，氣氛便不會那麼活躍。不過，我覺得，我們三人大概在某些方面有什麼共同之處，至少在出生年代上，使得我們說起話來很自然，很能相互理解，雖然慕蓮和我僅是第一次會面，訥孫也難得見到。那次會面給我留下的印象很深，至今歷歷在目。這已是八年前的事了。還想談另一件事，便是從你來信中看到，你們三位每晚都圍著餐桌談笑到十二點之後，我讀完後的一個即時反應是，這兩位八十多歲的人身體真好。我想的對吧？這因為我過去常開夜車，為寫或改稿，為玩，兩三點都不在乎。可是現在，就甭提了。好像生物鐘有些紊亂，需要用中藥調理調理。

我又隨著你到了休士頓。好像我就坐在你對面，在感受你的音容，在欣賞你的交響。我完全相信（你給鹿橋先生增了光），而且，還給在座者留下了你的才華光芒！我又跟著你參觀、遊覽、到海邊吃海鮮，就是有點熱。

告訴你，我打 e-mail 有些進步了。是自己打的，也不用寫草稿（別人代打時，需要寫），在電腦上改改就可以了。不過，還是太慢，太慢！主要的限制還是在拼音上。我三兒媳的親戚看到你那篇文章，要把其中相片寄給她，她說再轉寄給我。我正在想，文章在哪？就收到你這封信。好像你知道我在想甚麼似的！那麼，便不客氣了。我的地址是：

北京海淀區圓明園西路中國農業大學 601 樓西棟，100094。

祝賀你完成了《順治皇帝》稿件。我都替你感到輕鬆些，該休息休息了。

北京沒那麼熱了，可是有時，還有些悶，需要開一小會兒空調或電扇。再過些日子，便是北京最美好的時光，大約一個多月，香山的紅葉真是悅目，只可惜遊人太多，太多。

到十一月初，就得靠暖氣過日子。北京的四季氣候變化真大。我生在這裏，大半輩子生活在這裏，從民國初年到今天，變化也真不小，刮過大風，下過大雨，我們倆都扛過去了。能活到今天，看到了父輩們沒有見到的日子，該知足了。

這封 e-mail 不算短吧!?

請代問候你們全家，這首先是令尊，再便是令弟和令弟婦，當然還有你的那位可愛的小侄女。再談。祝

安好

宗嶺二〇〇〇年八月二十七日

明儀：

你好！你今天應該到家了。原來是希望我這封信能比你先到，現在電腦出了毛病，發不出去，正在設法找人幫忙，這就不知何時能發到了。

令尊和你一定都很累，特別是令尊，那麼大年紀，這次到大陸來，尤其是又有你這樣可愛又可心的女兒陪伴著，太高興了，難免多走了些地方。他老先生哪里像清末生人，頭腦不但清楚，而且還很明智，這表現在和我們相處的那段時間內，還有便是你說的他自己對生活的安排，那麼獨立，那麼有序！除去耳朵不聽使喚外，處處雍容神氣，瀟灑自如。想這還是與DNA有關，所以才有你這樣出色的女兒！反正你們父女二人給我們一家留下了非常美好的印象，我便不多說了。

你們去過的南方幾處，我多半也到過，味道確和北方不一樣。只是我去時只能是走馬觀花，因為時間都很短，會後的一兩天而已。現在可以從電視上看看，多少有點小補吧！

前幾天，我在找東西的時候，發現了我留下的一篇底稿，是為紀念一位老友寫的。內容提到聯大的生活，想給你看看，因為你對聯大有過興趣，也因為裏面有些真情；只是寫得不怎麼樣，獻醜了。現附在這封信下面。再談。祝好。請代問候令尊。

宗嶺二〇〇〇年十一月十八日

附：憶世燕

祝宗嶺

世燕和我相識於一九三五年入學南開大學的時候；我在下一年轉學北京，七七事變後又重逢於西南聯大，直到三九年畢業。當時聯大學生的家園多已淪陷，學校又是新遷，生活清苦。困難重重，更不用提國家的危難了。只是那時在聯大老前輩們的教導下，薰陶下，我們都深信不疑，我們會取得最後的勝利，我們當時的所學將來可為國家效力。於是讀書便成為我們當時的職責。就是在這樣氣氛中，我們度過了我們那兩年既艱難又美好的戰時大學生活。

世燕和我在聯大的兩年間，我們同室而居，同桌而食，同上圖書館，同逛正義路；而且，同飲一瓶水（同室十人，只一瓶水，竟無一人有茶杯！）同去小鋪吃小碗米線，同熬剩菜粥（當時我們讀四年級，臉皮較厚，待食堂偶然有好菜時（如回鍋肉），便等待到其他餐桌上的同學都離去，將所有可能剩下的油和菜倒在一個自備鍋內，加上米飯，帶回宿舍用小火熬粥，實一美食也！）。我們除因不同系分別上課外，生活經常在一起（當然還有羅宏孝和唐尊繩另兩位同學）。那時也因是年輕，會苦中尋樂，忙中偷閒。在上述活動中，最積極的有世燕和我。最可依靠的，最不怕麻煩的，是世燕。比如，當年用炭火熬粥，可不是件簡單事！做這種事的時候，世燕總是主持者。

世燕的性格特別坦誠，明快，待人寬厚，從不疑人。因而許多同學願意與她交往，我便是其中之一。在聯大的兩年中，我們彼此以誠相待，相處極為融洽。

只是畢業後便分手了，直到解放前夕，我家回到北京後，才再見到。解放後又因兩人住處相距較遠，還因為忙及其它原因，難得一見。近些年來，大家都老了，已退休，倒有了閑情，相聚過好幾次。每次見面或通電話時，大學時的情誼又會復燃，說話的味和調都年輕了幾十歲。

這樣的交誼是不多見的，我極珍惜。聽到世燕竟先我而去了，是意外，也是意中。說句老話吧：「下輩子咱們還同學」！

明儀：

你好！連接收到你的幾封e-mail，我這裏倒成了啞巴，該怎麼說呢？連道歉都不知如何道了。我還是依賴於你的理解和諒解。因為你就是你，我的一位不一般的朋友，相識雖只一年，相知卻好像有好久好久！我可以這樣說嗎？

讀了你在去年年底的長信，是讀了幾遍。這樣交心的信，真是難得！你說你過得很安詳，很踏實，也很快樂。我好像很能明白，我還想加一點，就是你過得很豐富。你太富有了，好像上帝特別偏心，給了你那麼多，特別是在智慧，在才能，還有勤勞的品質。這也許就是你前世修道所種下的福報吧！在你獨身這方面，我有時還真是很羨慕呢，特別在兩人吵嘴之後。這方面就不多說了。

你另一信中提到我給你的卡片。其實我在電腦的使用上，連托兒所都沒畢業。現下會給你打e-mail了，發e-mail還不太有把握，常出麻煩，就得發出求救信號。那天正有位同學來幫忙，成後也在旁邊，我請那位同學代我發的。我很理解和我年齡相仿的人對電腦的看法，甚至是舉雙手投降，因為我原來就是這樣，現在也沒好多少。還是因為要給你回信，又不能用筆寫了，才學的。這要給你記上一功。

收到八日信，我這裏沒事。再談吧！請代問候令尊安好。祝你

一切順利

宗嶺二〇〇一年一月十日

西安可是個值得去地方，古都的風味不一般！又及

祝姑姑：

平安！真高興收到您的信，不過，我打開電腦收到時，已到了九日了。

先向您報告：我真的把病毒「趕盡殺絕」，病已完全好了。一向算是滿健康的，也許上帝就是要讓我這麼病一下，好提醒我：「已經到了該注意健康的年歲了」吧？

您們這個婦女節過得真熱鬧，兩代的男士，宴請兩代的女士。我倒希望您有機會還是要出去走動走動，老悶在家裡，與世隔絕，不是健康的生活方式。我近二十年來，常參與殘障機構的各種活動。臺灣推動殘障福利的龍頭老大杏林子劉俠是我情同手足的摯友。十幾年前，她為了鼓勵殘障孩子走出來，辦了許多的户外活動，我曾陪著那些孩子上山、下海、野外求生呢！一直到現在，他們談起來還津津樂道。我真喜歡看到他們雖

然身體不方便，還活得樂觀進取！他們也都跟我很「親」，大大小小的都喊我「樸月姐」，都成了「官稱」了。

我們家的男士是老爺子，他就像古時候的隱者：「山中無曆日，寒盡不知年」。才不管「今夕何夕」呢！總歸是我做他吃。倒是姑姑今年陰曆生日（二月十四）就在陽曆的三月八日，我給他們寫了封信，不為賀節，倒是為了賀姑姑生日。

姑父這一陣子，在信中常提起您來，您知道他用些什麼詞兒來形容「伍寶笙」嗎？摘一段他的信給您看：

便中請轉告伍寶笙，我那學長、保護人、慈航、天使，中西、今古、印度、華夏一同，老天爺還要我工作些時。（他去檢查眼睛，情況良好。）

另一封信則是：

屢在你祝姑姑信中得益，如半世紀前那樣，請代我謝謝，並問候她。（我常把您的信傳真給他看，因為他非常喜歡由您的信中，知道您的近況。）

我的看法是：他的年齡、身份都擱在這兒了，幾乎走到哪兒，人家也都把他當「長者」了；沒多少人比他大。卻不知道，他自己還真不喜歡給人這麼當長者尊崇。姑姑年齡雖然比您還大，但在他身邊，除了他公開說的「大姐姐、小媽媽」照顧他，容讓他之外，因著姑姑的嬌柔婉順，樣樣聽他的，使他還是覺得自己挺「男子漢大丈夫」的。因著我的北京之行，等於也幫他「找回」了您。這個「我就是不想長大」的「老小孩」，終於有了可以名正言順當「小弟弟」的對象了。所以一想到您，在心理與心情上，就

「回到從前」，理直氣壯的「賣小」。

我也喜歡當您的「小朋友」，進入中年，當「小朋友」也很不容易了呢。祝

安康！

問候妻伯伯、大哥、大嫂

明儀二〇〇一年三月十日凌晨

祝姑姑：

平安！四月十二日給您傳了一封信，告訴您北京與長春之行取消了，不知您是否已看到？也許是一種倦怠吧，我對溥儀滿洲國的那一段的歷史與人物，都很不喜歡，在心情上就排斥去寫。既不想寫，也不必勉強自己，讓自己不開心，您說是嗎？

也許也有的編劇反能「點鐵成金」。姑父也說過，好小說不一定能改編成好電影，也有小說不好，倒給電影拍好了的。我支持姑父「不玩」的主要原因，是我們這位「小童先生」是個完美主義者；別看他愛笑能鬧，好像開朗豁達得很。其實，他們家裡心思重，「累」的人，可不是外表嬌柔文靜的姑姑，而是他這看著像頑童似的老爺子！對這類事，他是很放不開的。會一直心裡放不下的牽著、掛著。他現在就一天到晚的喊累；昨天還來信跟我說他「快累死了」；我想，並不是形體的勞累，而是他心思用得太多，千頭萬緒的。姑姑就說，他一件事要放在心裡想一百遍。照這麼才接到人家一封徵求同意拍《未央歌》電視劇的信，就「煩悶了好幾天」，後來還來信多謝我「指點明路」，謝謝您參贊，把事情解決。（他的意思是：我們支持他「不玩」。我想他對您和我的看

法是很在意的，所以要徵詢我們的意見。若我們都一力的慫恿、鼓勵他要做，或許他也就勉強同意了。但，我怕那會把「短痛」變成了「長痛」，累得沒完沒了。）他什麼全在意！拍連續劇，多大的工程！這位八十二歲的老爺子，怎麼禁得起那麼折騰法？當然也有人不了解，我為什麼會支持他不玩。還說：你可以幫著他呀！我的想法是：如果他想玩，我當然可以幫他盯著點，把工作做好。但他根本不想玩，我也絕不會勉強他的。因為，這會使他又累，又不開心。您記得吧？去年提起這事時，他勉強同意考慮，還說都是您跟我「鬧」的！而且，《未央歌》的好看，本也不在故事情節。《未央歌》的故事情節就戲劇來說太單薄了。倒是其間的情調、哲思、意境高了，還有姑父的文字、情境之美，那些形容、描繪……卻都不是戲劇表達得出來的。所以「難」！當初，也有人建議我寫劇本，我的說法是：「我絕不拿跟姑父、姑姑這麼美好的情誼去『孤注一擲』，因為這老爺子在這樣的事上，一定疙瘩難纏得要命，我一定會跟他吵翻的！」這話，我跟姑父也是這麼說的。還加上兩句嘔他的話：「跟您吵翻也不要緊，我可捨不得我的姑姑！」他這些地方器量大得很，哈哈一笑，全沒事。其實也是無可奈何吧？我專能跟長輩淘氣！他的學生說，我像他的大女兒（我自己笑：像滿人家的「姑奶奶」；雖不住一起，管的事兒來得多）！什麼也能講，他還肯聽。其實，還有很大的成份，恐怕是「忘年知己」。照姑父一向的說法，「朋友」是人與人間尊重最多、包容最大、要求最少的一種美好關係，信然！

目前還不知什麼時候能到大陸去。到時候，一定告訴您的。我還念著您許的炸醬麵

呢！祝

安康

問候妻伯伯安好

明儀二〇〇一年四月十七日

妻成後←→樸月（明儀）

明儀：

宗嶺於二十五日去世，承關注，特此告知，希轉告鹿橋等她的生前友好。

成後二〇〇一年八月二十五日

妻伯伯：

您好！上月下旬給您寄了幾張照片去，不知您收到了沒有？其中也有給大舅舅的兩張，麻煩您轉給他。（他跟祝姑姑真像！）

上午跟慕蓮姑姑通了電話（姑父在睡覺，做化療讓他很疲倦，更「起居無節」了。）姑父還繼續在做化療，據檢查，化療已見效；他從春天到暑假，掉了三十幾磅，做化療後，現在已經不再掉磅了。前些時，沒胃口，也睡不好。姑姑說，現在也已有了改善。當然化療是很辛苦、很折磨人的。但能有效總是可喜之事。

姑姑很關心您現在的生活情況；我也告訴了她，大哥、大嫂決定搬回北京，在北京買房子，跟您一起住的事。她也很高興，問您們房子看得怎麼樣？什麼時候搬家？

搬家當然也得費點時間精神。不過有大哥大嫂張羅，您也不必費神了。幾時搬了家，別忘了告訴我電話和地址呀！

我現在已經確知一定參加的研討會，是明年八月，在北京「現代文學館」。那時，想必要到「新居」拜望您了。祝

安康

問候大哥、大嫂。

明儀二〇〇一年十月十七日

明儀：

我和明昆閱讀了你寫的〈回憶錄〉（儀註：我寫的〈依然在我心深處〉），都感到那樣細緻、認真、感情充沛文章，我們寫不出來。我們能夠和你們在海峽兩岸分居多年、素不相識的人，在短短的兩年內就交上朋友，非常有幸、難得。

對我個人說，我和你的姑大鹿橋，在昆明見面機會很少，只是和宗嶺談話中，才瞭解到他的才華、為人熱誠。我回到抗戰大後方，西南聯大的清華研究所，已經是抗戰的第二年了，那時宗嶺已經畢業，開始在聯大暫時任職，隨即去重慶和他父親、大弟宗梁住在一起，正式任中央大學生物系當助教。

我家和祝家原係世交，祖輩就相識、父輩在美國同學時起，就一直有往來。每年逢過新年，兩家大小都要進行團拜。因此，宗嶺還是小姑娘時，我們就曾見過面。有幸在大後方困難中重逢，情投意合，很快就結為終身伴侶。結婚後，才租到的新居，就被日本飛機炸毀，立即隨研究所搬到西郊山腳下的「世外桃園」來，在那裏度過了我們青年

時期最快活、時常回憶起的七年，雖然戰事進行的並不順利，生活過的日益窮困，然而大家一起抱著必勝的信心，無後顧之憂地過窮日子，反而覺得很自在。

從此往來的都是研究所同事們和他們的家屬，工作與生活都在一個院內。有時走到昆明城內聯大教課，也都是和教師們有往來的多，因而和《未央歌》中描述的大學生生活有些隔離。

結婚後的六十年來，我們兩人行動始終在一起。交際生活很簡單，從未脫離過學校活動的範圍，到他去世為止。我在同事給我們召開的慶祝會上。可以大致說明我們經過。

宗嶺於二〇〇一年八月二十五日下午三點半在北京西苑衆中醫院逝世，享年八十四歲。八月三十一日九時，在八寶山墓場遺體告別。我的悼詞為：

「宗嶺老伴，旅程安祥。」

明昆為：

「媽媽放心。」

她患病期間，全家老少都先後來探望過。遺體火葬前，長子明昆、長媳恩博，次子茂昆，三子傑昆都在場。

婁成後二〇〇一年十一月三十一日

附：天意憐幽草，人間愛晚晴（節錄）

婁成後

二〇〇〇年九月二十二日　北京

……

初生正值辛亥革命，政權幾度反復，華北軍閥拉鋸混戰，日寇蠶食入侵，家居平津，瀕臨危亡！幼年多病，閉户避亂養痾，幽居寡和。無緣接觸廣大社會與生產實際，不善人事酬應，心情抑鬱，莫知所從。攸事複雜，奈難投入。矢志追隨祖輩的後塵，從事自然科學的教學研究事業。

一九二八～一九三九期間，在天津南開大學與北平清華大學、廣州嶺南大學，美國Minnesota大學分別獲得學士、碩士、博士學位。研究內容都是圍繞著一些敏感植物的感應性中，電化學波等的信號傳遞，用來探討植物以整體活動適應環境條件變化的生理過程。

抗戰期間，東部濱海省份陸續被日佔領，西南聯合大學在大後方建立。清華農業研究所隨校遷到昆明，一九三八年由湯佩松教授籌劃，增設植物生理室。殷宏章和我先後在南開、清華再留美國攻讀植物生理，我們二人都被邀參加該室工作。他先我一年結業，當即歸國就任西南聯大教職，兼任植生室研究工作。我次年結業後，當即繞道越南，趕回昆明植生室就任。

該室和生物系的房舍連在一起，巧遇世交長女祝宗嶺，才在該系畢業。異地寄居重逢，倍加親切。她家居重慶，隨即在中央大學生物系羅宗洛教授門下任職。轉年暑假，我去重慶訪問，就在日機轟炸下結為終身伴侶。我們一起返昆明後不幾月，研究室與租用的新家都被日本飛機空襲炸毀。

植生室隨農業所遷移西郊的「大普集」村落，在原倚山修建的果園內，重起爐灶，和研究所其他幾個單位（無線電、金屬）的建築連接一起。所址雖處窮鄉僻壤，背有綠縠碧潭，可攀登游泳。城居親友，學校師生，不時來訪問、交談；借業餘無線電訊，瞭解國際風雲動向。植物生理的試驗加工室、圖書集會室，溫室菜圃、水電裝置，以及湯佩松、殷宏章和我的家屬三户，陸續增添的青年員工宿舍，都集中設在同一大院內。工作則不論晝夜假休，研討課業，相互切磋；休養則遊園操練，賽球戲牌，齊歌群舞，圍繞篝火歡渡佳節。儘管生活艱苦，篤信抗戰必勝。同心同德，體態健旺，舒暢。

只是戰亂拖延，物價累漲，供應鋭減，工資入不敷出。多方籌劃，靠副業收入彌補（宗嶺在家刺繡綢巾，我參加電解食鹽產氯廠的設置工作），才能應付。回憶六十年來，和祝宗嶺結伴生活共度。致力教究工作。紛亂遭遇中，靠她酬應料理，得以度過。……

宗嶺在陝北工作期間，家住「道鎮」，照例按時搭學校運貨卡車進入溝內校址工作。行經三十多公里的崎嶇道路，行車動搖中，油桶倒下，壓碎她的腳板骨骼。全賴親朋家小多方料理，往返京陝間，多方就醫。雖未能及時矯正，還能勉強癒合。我們歡度鑽石婚後，她於前年悄然離我永逝。

……

婁伯伯、大哥、大嫂：

平安！好久沒寫信問候您們了，都好嗎？從新聞報導中聽說，今年北京天氣酷熱，尤其這些日子，異於往常，又溼、又悶、又熱，比黃梅天還難過，許多人都不適應。您們要特別的留心，儘量少出門，以免中暑。

跟您稟報過，我八月底要到北京開學術研討會。說著也就八月啦！還好，論文已完工了。我預定八月二十八日到北京，抵達後，就由「中國作協」接待，他們安排住的地方在朝陽區。會期是八月三十一日、九月一日。會後還安排遊覽。「客隨主便」，不知能不能「自由活動」，希望能抽出時間去探望您們。

慕蓮姑姑知道我要到北京，馬上就問我有沒有時間去探望婁伯伯，我說應該是會去的，她要我代她問候；她對您的生活起居很關心。問以後您是不是跟大哥大嫂住一起？我說是，她很安慰，說您們教子有方。他們家也是呀！前兩天，孩子們都回來大聚會，讓姑姑很開心。她說現在除了不良於行，眼睛和牙都不好，小毛病挺多，也很擾人。幸好女兒就住隔壁，每晚回來看著媽媽上床才回家。要出門旅行，總要把媽媽帶著。兒子們也一有空就回來陪媽媽。姑父去世後，遺體火化，女兒說，她不要爸爸離開，就把爸爸留在家裡。這雖然不大合中國規矩，但我覺得也沒什麼不好，姑父原本也不是墨守成規的人，而且，他們五十年伉儷情深，他也一定願意留在家裡陪姑姑。

到北京再跟您們聯絡。您們多保重呀！祝

安康

明儀二〇〇二年八月三日

翰墨因緣

引言

鹿橋姑父不曾以書法名家自許。但他出身於書香世家，他的父親吳藹宸先生，精擅詩文書法。二姐吳詠香女士，更是當代著名的女畫家。從小家學淵源，耳濡目染。雖然他自稱「六十學書，七十學畫」，其實並不真的從六十歲才開始寫書法，而是自謙之意。所以他有一方印，印文是「六十學書，七十學畫，五十以前，所作書畫」。早在六十歲之前，他的書法已自成一格，而且在日本得過蘆屋書法獎。「寫幾個字」（毛筆），與寫日記，是他數十年如一日的「必修功課」。這種恆心毅力，也是讓人欽佩的。

姑父對自己寫的字，並不太珍惜，他常把字寫在他所說的「破布爛紙」上；他家那些寫了字或畫了畫的窗簾，是用白色的舊床單做的。他存有許多人家贈送的好筆好墨好紙，他卻覺得用那些來寫字，會使他有心理負擔。日常寧可率性而為的用舊毛筆把字寫在醫院鋪在檢查床的醫療用紙上。對他來說，那才有率意揮灑的痛快！

對自己這些書法作品，他倒也不「惜『贈』如金」。但能得到他的墨寶，還得「因緣具足」；我就知道有不少人向他求字，他答應了，也有誠意要寫了送人家，卻始終沒有寫成、送成。因此，我深覺自己幸運，竟能「不求而得」的擁有他這麼多的墨寶。

在他們一九九八年來臺之前，他和姑姑特意來電問我，要他們給我帶些什麼來？我說，臺灣什麼都買得到，旅行以輕便為要，不用費心了。他卻說，難得十幾年才來一次，總要帶點什麼給我。我隨口說：如果姑父願意，就寫幾個字吧！

他給我帶來的「字」不是新作，也不是為我寫的。而是四張他們一九七五年來臺住在「統一大飯店」時，隨手寫在飯店信箋上，他自稱「順嘴溜」的小詩。

後來，他又出其不意的陸續給我寄來了他特別為我寫的杜甫〈湘夫人祠〉、他父親的《求志廬詩》長卷、《陸游詩》長卷。最後收到的是他答應送我的窗簾，上面寫的是選錄自司空圖的《二十四詩品》和他自己作的小偈。從一九七五的遊戲筆墨，到「鹿橋八十」（一九九九）的窗簾，倒真看出了他書法的日益精進。

除了他贈送我的之外，雷戊白提供的〈未央歌題詞〉和謝宗憲提供的〈人子吟〉，也都是非常珍貴難得的墨寶，在此與讀者分享。

陶光業伯伯用傳真傳來鹿橋在一九三六年畢業生念册裡的題辭，使我們得以自十七歲的「少年吳訥孫」給他的「哥們」的留言中，看到他純真爛漫的文學萌芽。也是一件難得的「文獻」，一併列於此章中與讀者分享。

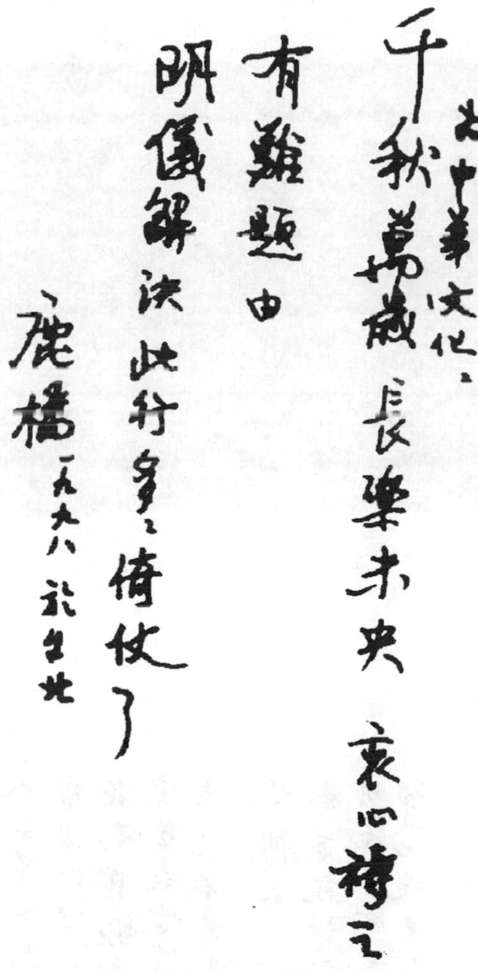
為中華文化千秋萬歲長樂未央 衷心禱之
有難題由
明儀解決此行多多倚仗了
鹿橋 一九九八 於台北

鹿橋為樸月題《未央歌》

（樸月提供）

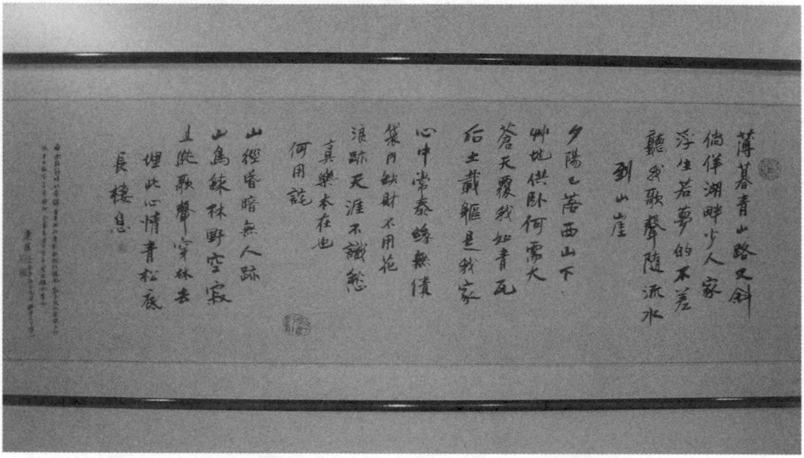

《未央歌》題詞（雷戊白提供）

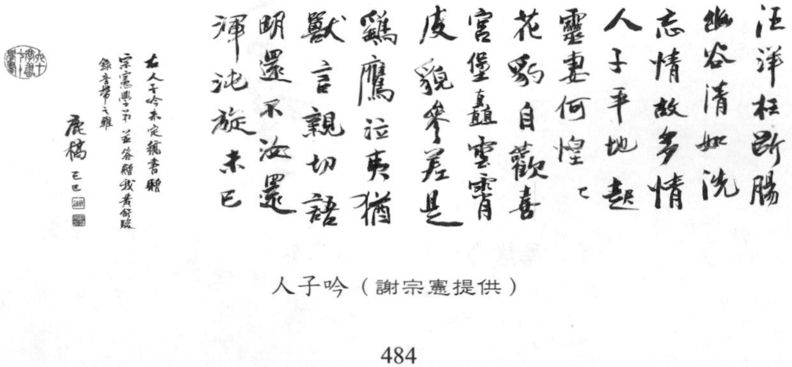

人子吟（謝宗憲提供）

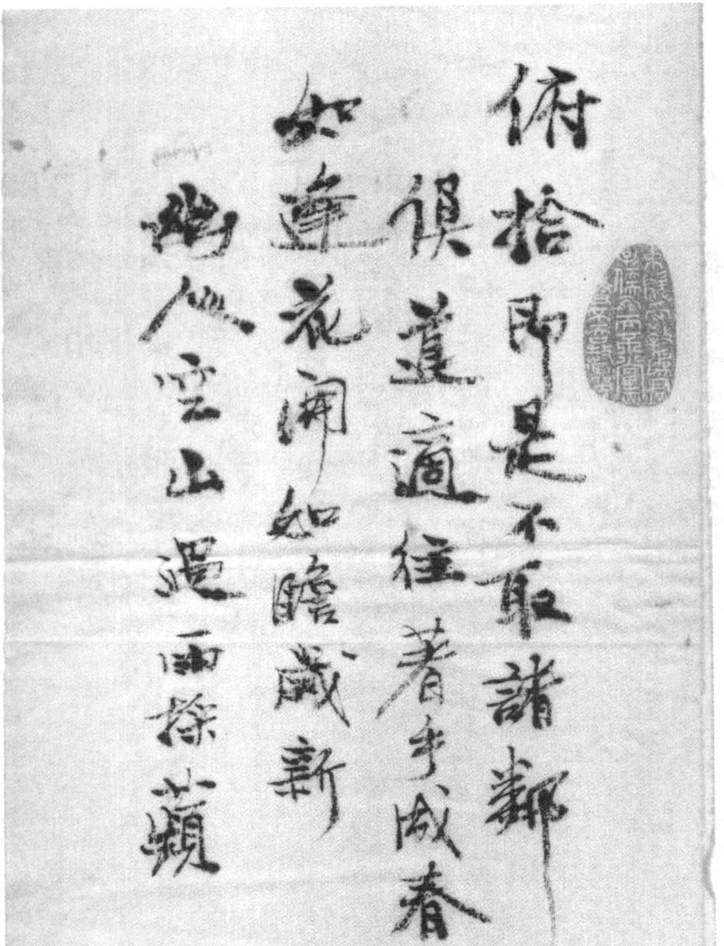

鹿橋自書窗簾 司空圖《二十四詩品》（樸月提供）

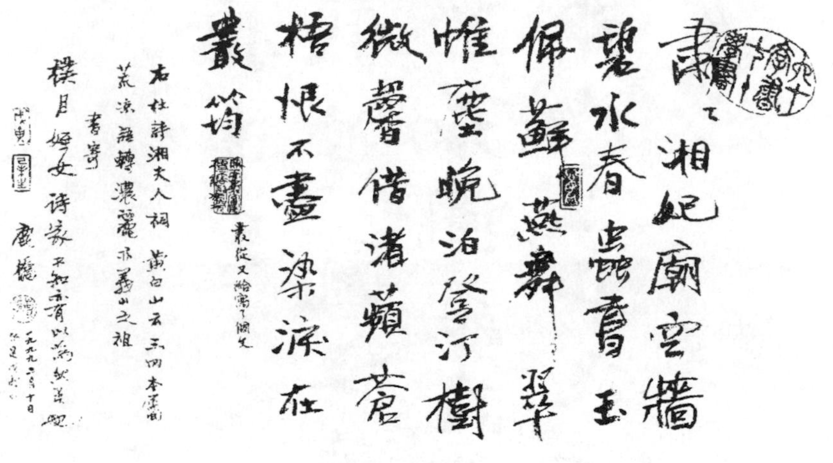
肅〻湘妃廟空牆
碧水春蟲書玉
佩蘚燕舞翠
帷塵晚泊登汀樹
微馨借渚蘋蒼
梧恨不盡染淚在
叢筠

杜甫〈湘夫人祠〉之二（ 樸月提供）

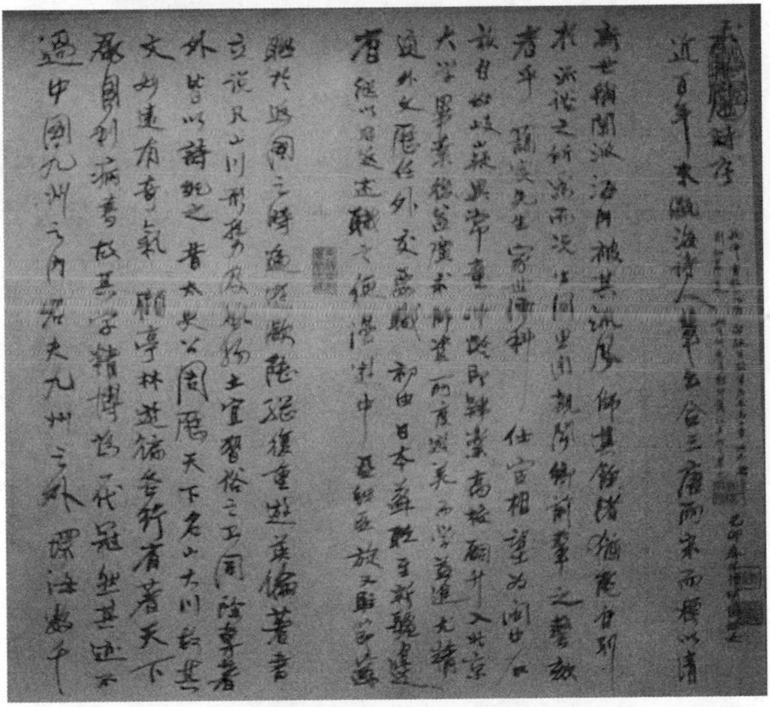

求志廬詩序（樸月提供）

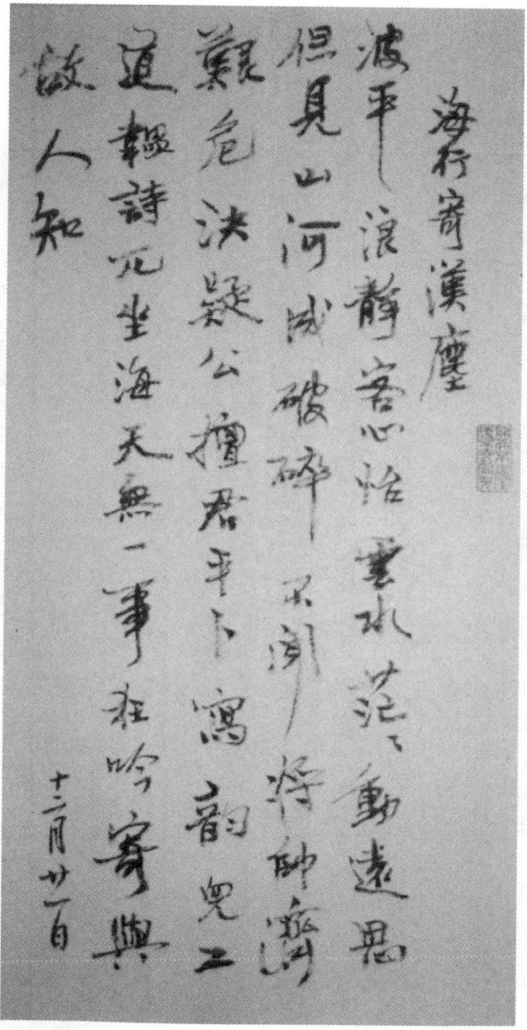

鹿橋書其父吳藹宸先生〈海行寄漢塵〉詩

（ 樸月提供 ）

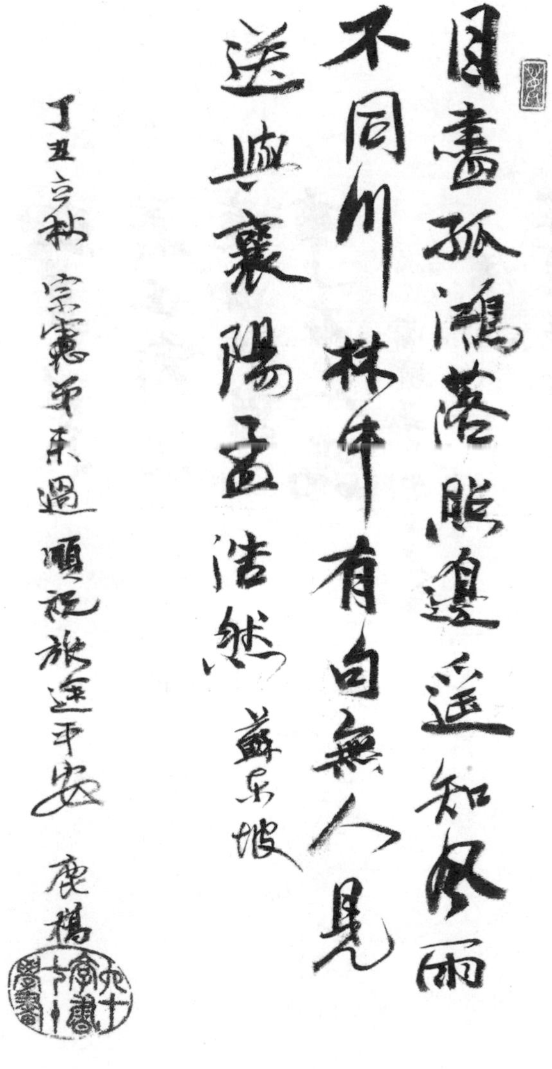
目盡孤鴻落照邊
遙知風雨不同川
林中有白無人見
送與襄陽孟浩然
蘇東坡
丁丑立秋 宗憲弟來過 順祝旅途平安

蘇東坡詩（謝宗憲提供）

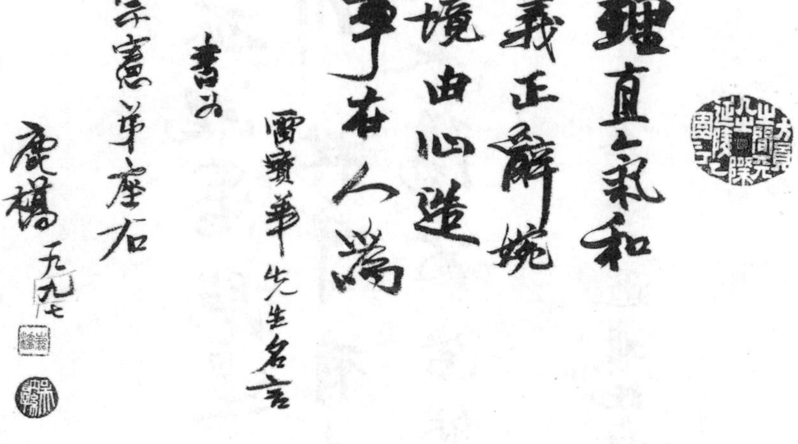
理直氣和
義正辭婉
境由心造
事在人爲
雷寶華先生名言
鹿橋 一九九七

雷寶華句（謝宗憲提供）

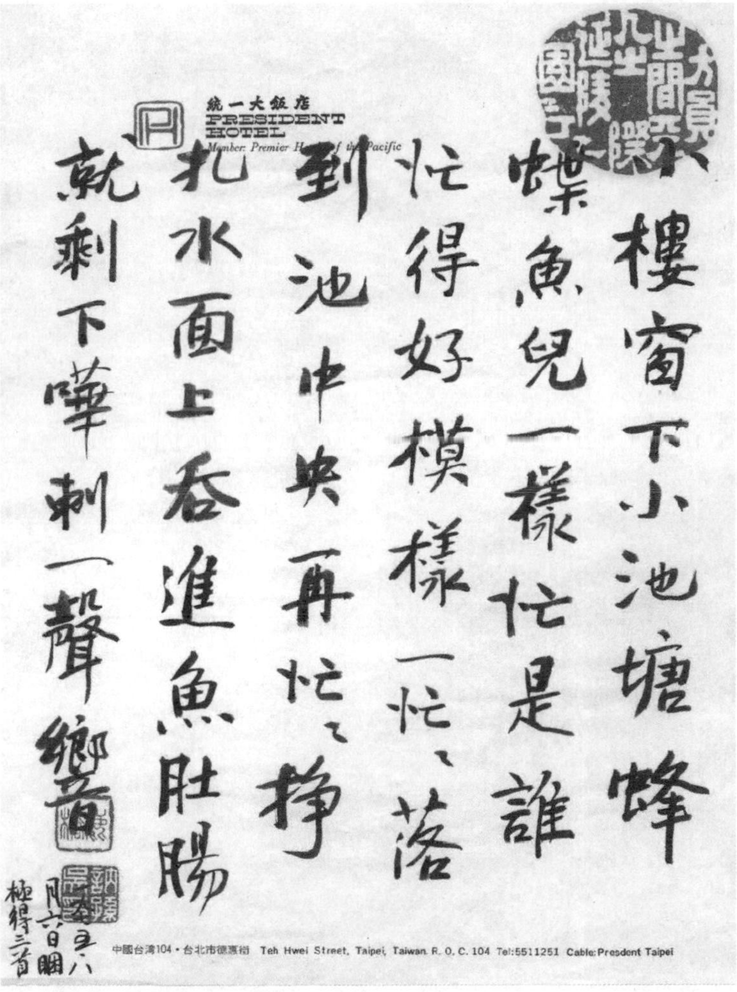

鹿橋雜詩 小樓窗下

（ 樸月提供 ）

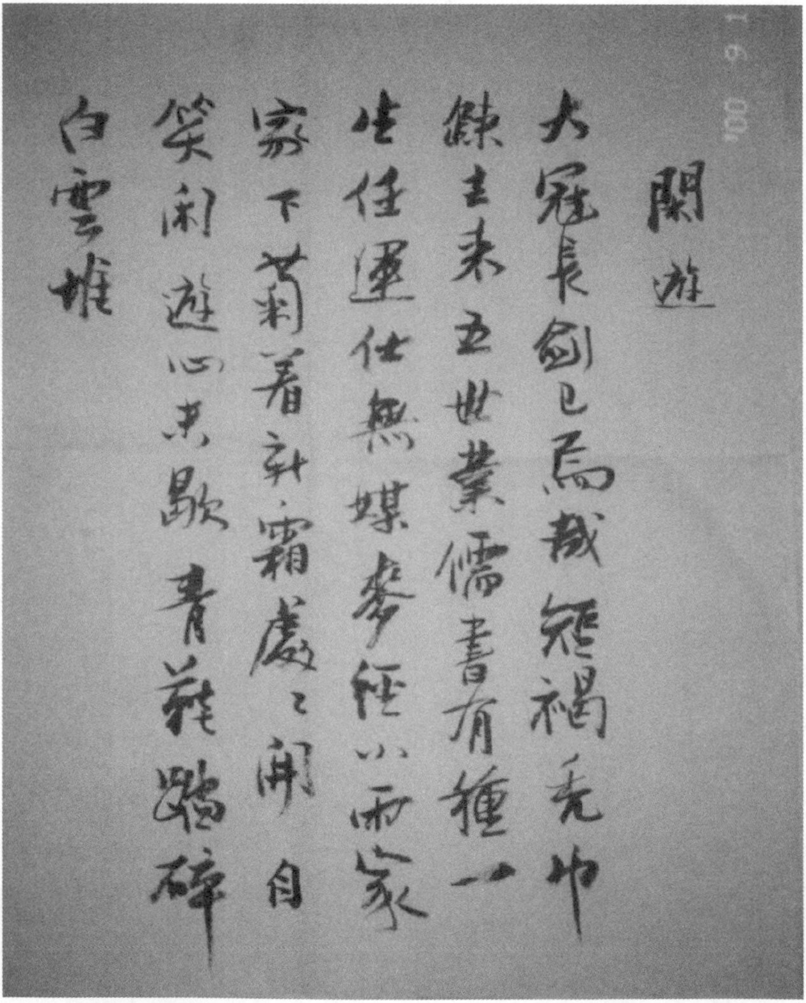

鹿橋書陸游詩 閑遊

（樸月提供）

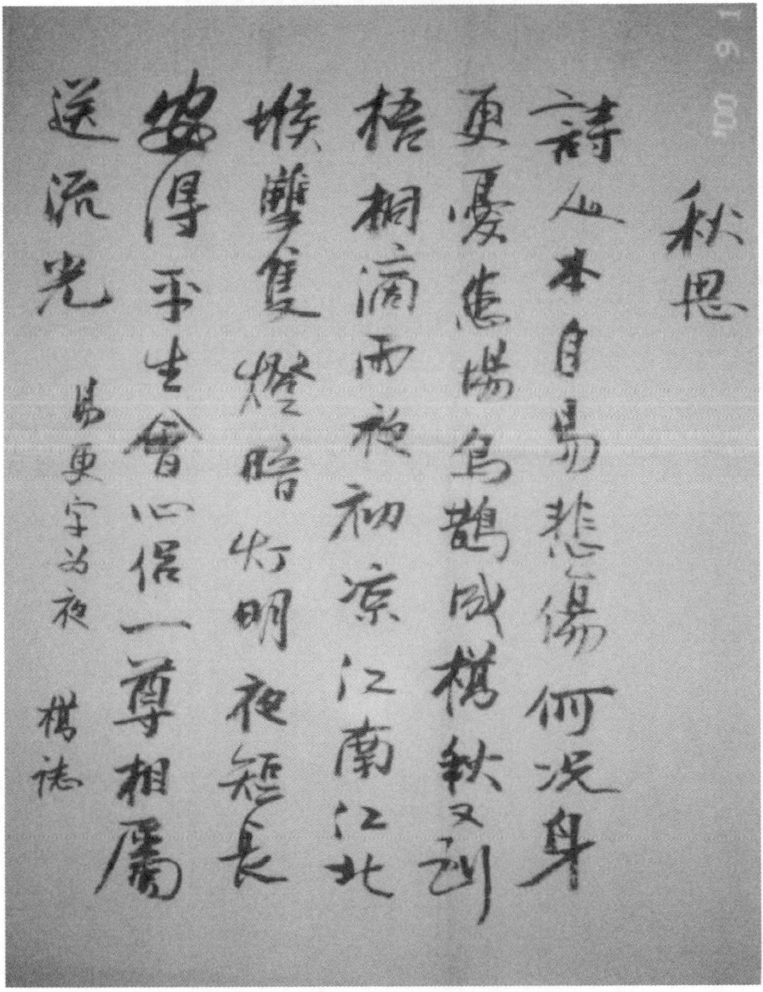

鹿橋書陸游詩 秋思

（樸月提供）

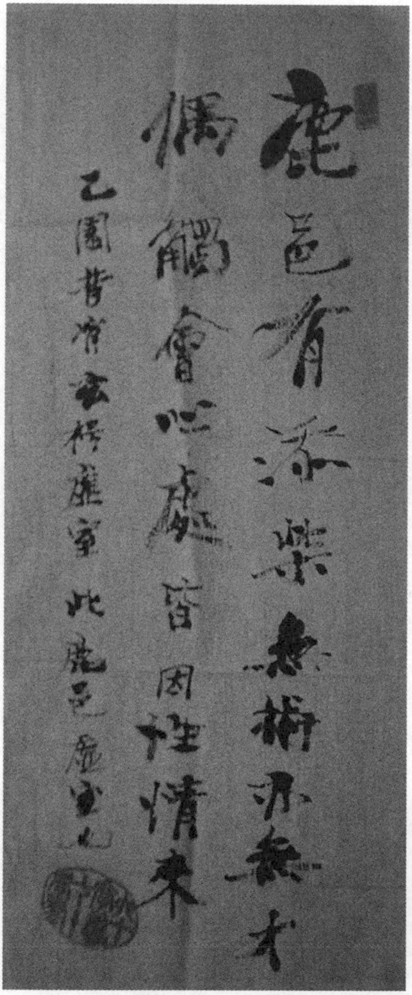

鹿橋自書窗簾 鹿邑有添柴

（ 樸月提供 ）

鹿橋書「鹿」

（樸月提供）

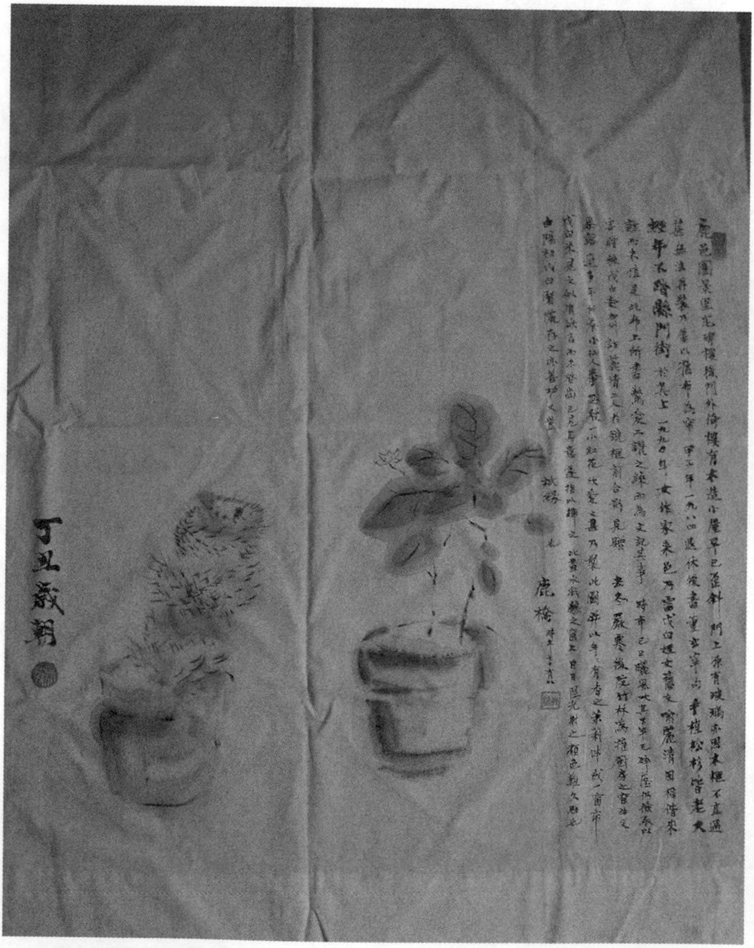

鹿橋自繪自寫贈雷戊白窗簾

（雷戊白提供）

畢業紀念冊題辭

哥們：

我希望常有快樂伴著你，但是你不免有時失去了它。我告訴你它往往躲在哪裡。

春天，它在青郊外，微風裡，白雲間。

夏天，它在綠水畔，花蔭下，晚霞前。

秋天，它在月光裡，蟲兒的歌聲裡，星星的眼波裡。

冬天，它在洌風中，爐火旁。

我再告訴你，快樂常在你朋友的心裡，他很願意把那取不盡的快樂分些給你。

摘自「南開中學一九三六年畢業生紀念册 吳訥孫自題」

博雅文庫
鹿橋歌未央

文庫主編◆吳涵碧
編著者◆樸月
發行人◆王學哲
總編輯◆施嘉明
主編◆葉幗英
美術設計◆吳郁婷

出版發行：臺灣商務印書館股份有限公司
台北市重慶南路一段二十七號
電話：(02)2371-3712
讀者服務專線：0800056196
郵撥：0000165-1
網路書店：www.cptw.com.tw
E-mail：cptw@cptw.com.tw
網址：www.cptw.com.tw

局版北市業字第 993 號
初版一刷：2006 年 2 月
定價：新台幣 390 元

ISBN 957-05-2025-6

鹿橋歌未央 ／ 樸月編著. -- 初版. -- 臺北市
：臺灣商務， 2006[民 95]
面 ； 公分. --（博雅文庫）

ISBN 957-05-2025-6(平裝)

1. 吳訥孫 - 傳記 2. 吳訥孫 - 作品研究

782.886 94026067

廣	告	回	信

台灣北區郵政管理局登記證

第 6 5 4 0 號

100臺北市重慶南路一段37號

臺灣商務印書館　收

對摺寄回，謝謝！

讀者回函卡

感謝您對本館的支持，為加強對您的服務，請填妥此卡，免付郵資寄回，可隨時收到本館最新出版訊息，及享受各種優惠。

姓名：＿＿＿＿＿＿＿＿＿＿＿＿ 性別：□男 □女

出生日期：＿＿＿年＿＿＿月＿＿＿日

職業：□學生 □公務（含軍警）□家管 □服務 □金融 □製造
□資訊 □大眾傳播 □自由業 □農漁牧 □退休 □其他

學歷：□高中以下（含高中） □大專 □研究所（含以上）

地址：□□□＿＿＿＿＿＿＿＿＿＿＿＿＿＿＿＿

＿＿＿＿＿＿＿＿＿＿＿＿＿＿＿＿＿＿＿＿

電話：（H）＿＿＿＿＿＿＿＿＿（O）＿＿＿＿＿＿＿＿＿

E-mail:＿＿＿＿＿＿＿＿＿＿＿＿＿＿＿＿＿＿

購買書名：＿＿＿＿＿＿＿＿＿＿＿＿＿＿＿＿＿

您從何處得知本書？

□書店 □報紙廣告 □報紙專欄 □雜誌廣告 □DM廣告
□傳單 □親友介紹 □電視廣播 □其他

您對本書的意見？ （A／滿意 B／尚可 C／需改進）

內容＿＿＿ 編輯＿＿＿ 校對＿＿＿ 翻譯＿＿＿

封面設計＿＿＿ 價格＿＿＿ 其他＿＿＿＿＿＿

您的建議：

＿＿＿＿＿＿＿＿＿＿＿＿＿＿＿＿＿＿＿＿

＿＿＿＿＿＿＿＿＿＿＿＿＿＿＿＿＿＿＿＿

＿＿＿＿＿＿＿＿＿＿＿＿＿＿＿＿＿＿＿＿

臺灣商務印書館

台北市重慶南路一段三十七號 電話：（02）23713712轉分機50～57
讀者服務專線：0800056196 傳真：（02）23710274．23701091
郵撥：0000165-1號 E-mail：cptw@cptw.com.tw
網址：www.cptw.com.tw

博雅

博雅